走出丛林法则
——推动构建人类命运共同体是必由之路

陈文海◎著

中国财经出版传媒集团
中国财政经济出版社
·北京·

图书在版编目（CIP）数据

走出丛林法则：推动构建人类命运共同体是必由之路/陈文海著．——北京：中国财政经济出版社，2023.12（2024.11重印）

ISBN 978-7-5223-2536-1

Ⅰ.①走⋯ Ⅱ.①陈⋯ Ⅲ.①国际关系—研究 Ⅳ.① D81

中国国家版本馆CIP数据核字（2023）第195228号

责任编辑：孙　琛　　　　　　责任印制：党　辉
责任校对：徐艳丽　　　　　　责任设计：陈宇琰

走出丛林法则——推动构建人类命运共同体是必由之路
ZOUCHU CONGLIN FAZE——TUIDONG GOUJIAN RENLEI MINGYUN
GONGTONGTI SHI BIYOUZHILU

中国财政经济出版社 出版

URL：http://www.cfeph.cn

E-mail：cfeph@cfemg.cn

（版权所有　翻印必究）

社址：北京市海淀区阜成路甲28号　邮政编码：100142
营销中心电话：010-88191522
天猫网店：中国财政经济出版社旗舰店
网址：https://zgczjjcbs.tmall.com
北京密兴印刷有限公司印刷　各地新华书店经销
成品尺寸：170mm×240mm　16开　16.25印张　212 000字
2023年12月第1版　2024年11月北京第3次印刷
定价：82.00元
ISBN 978-7-5223-2536-1
（图书出现印装问题，本社负责调换，电话：010-88190548）
本社质量投诉电话：010-88190744
打击盗版举报热线：010-88191661　QQ：2242791300

谨以此书，献给所有为推动构建人类命运共同体而奋斗的人！

在二十一世纪，无论是像我这样从事研究的脑力工作者，还是从事体力劳动的劳动者，对美好生活的向往是我们共同的心愿。而要实现这一心愿，环境与健康无疑是我们共同关注的核心问题。在更广泛的意义上，人类社会的心愿相通，命运与共。我们所做的一切工作，无论领域为何，都有一个共同的目的——回应和实现这些共同的关切与心愿。这正是我为此书作序的原因。

当《走出丛林法则——推动构建人类命运共同体是必由之路》的作者请我作序时，我的脑海中立刻浮现出几年前到欧洲一所著名大学访问时的情景。那时，接待我的学校负责人兴奋地告诉我，他们通过几十台大型计算机的联网，最终战胜了世界顶级围棋高手。他那自信甚至略带傲慢的神情让我至今难忘。我与他讨论时指出，人工智能无疑是人类进步的重要成果，但与自然智能相比，制造和使用计算机需要消耗大量的能源和资源，加速熵增，加剧气候变暖。如果人类不能迅速且有效地抑制这种趋势，当二氧化碳浓度达到临界值时，地球将不再适宜生存。尽管他对我提出发展自然智能的想法表示赞同，但显然，人类对人工智能的热情远高于对其所引发问题的关注和研究。

智慧的人类面对任何事物，都应进行全面分析，反复比较，弄清事实，遵循规律，理智选择，避免因盲目自信和盲从而导致的严重错误和后果。正如十八世纪之前，中国的文明高度发达、治理有方，使得同时期的欧洲人认为中国的文明优于他们的文明。如今，我们这一代人生活在一个由西方主导的世界，由于其在政治、经济、文化等方面占据优势，许多人自然地将西方文化视为先进，将本土文化视为落后。然而，第二次世界大战和殖民地革命，反映了西方社会在应对人类社会发展时的局限性，同时也是人类社会探索更好发展道路的客观选择。然而，苏联解体和东欧剧变，使这一探索遭遇了曲折。冷战结束后，由西方主导的人类社会以自由、民主、人权为普世价值观，短暂享受了一段和平发展的时期，但随后不断爆发的经济危机，让冷战思维的阴影再次笼罩全球，战争频发，新一轮的对抗重现世间，恃强凌弱、零和博弈等行为大行其道。普世价值在这样的背景下，被不断践踏。人类再次面临何去何从的抉择。

历史的发展有其必然规律，它并不会因人的意志而改变。现代科学揭示的宇宙演化原理表明，初始条件决定事物的发展，历史事件的集合构成了事物发展的过程和结果。我们必须面对现实，从历史的进程中寻找问题的根源，解决当前存在的突出矛盾和问题。

二十世纪，我们面临和平与发展的两大主题。历史反复证明，战争必然导致衰退，唯有和平才能促进发展。对于拥有自然智慧的人类来说，二十一世纪的主题应当是摒弃冷战思维，在和平与发展中解决环境与健康这一核心问题。坚持和平与发展的根本目的，是为了创造更好的生存环境，实现人们健康美好的生活。这正是人类不断追求文明进步的动力源泉，也是检验我们所追求价值观是否正确的唯一标准。要解决这个时代的主题，我们需要推动构建人类命运共同体，形成共同的世界观、人生观和价值观，建设环境友好型、资源节约型社会。在应对全球资源破坏、环境污染、战乱频发、生存危机、生态危机、生育率下降、病毒肆虐等共同挑战的过程中，我们要继承优秀文化传统，打破不适宜的思想束缚，勇于改革，善于创新，使生产关系、上层建筑与经济基础和生产力的发展相协调，形成良性循环的社会生存秩序，实现我们所追求的美好生活，迈向每个人都是历史创造者的伟大时代。这需要我们每个人的共同奋斗，否则，任何美好的愿望都只能是一厢情愿。

该书指出，"许多人倾向于将人类发展的历史视为'丛林法则'的延续"。但如果事实真是如此，进入二十一世纪的人类将不得不抛弃这一选择。然而，从人类所创造的丰富文明中，我们同样可以找到更充分的理由，将我们的历史视为与"丛林法则"抗争的历程。这意味着历史进程并非任意选择。人类历史，特别是科学史，反映的是事件发生的内在秩序。这个秩序既不是神灵创造的，也不是人类意识可以随意支配的。宇宙并非任意构成，若电子的电荷稍有不同，宇宙与人类便无法诞生。尽管我们可以质疑是谁将其调整得如此精细，但同样的逻辑是，如果宇宙未曾诞生，我们也不会存在，更无法提出这些问题。对于智慧生物而言，真正的智慧不在于追求意识的无限欲望，而在于认知并遵循宇宙的内在秩序，走出"丛林法则"，以实现健康美好的幸福生活。

文以载道，化成天下。中国需要了解世界，世界更需要了解中国。随着科学技术的发展，人类社会日新月异，物质文明和精神文明都超越了以往任何时期。人类对自然和自我的认知能力达到了新的高度。人文与科学、人与自然的相互渗透和共生是这个时代的重要特征。正如通过严格的范式进行专业研究促进了各学科的发展一样，探索新的研究范式和表述范式，对各类研究进行综合创新，让我们的成果更多地走向社会，走向普通读者，形成广泛共识，是解决二十一世纪人类主题的迫切需要。本书运用新的话语框架，将多种研究成果融会贯通，以严谨的逻辑、生动的文字和流畅的表达，讲述人类发展的过去、现在和未来，回应构建人类命运共同体、解决环境与健康这一时代主题的共同关切，给人以深刻启迪。

  本书的作者长期从事行政管理工作。因为发展北斗产业，他曾向我请教一些具体问题，我们因此相识。2023年底，我在湖南老家过春节时，读完他所著的《走出丛林法则——推动构建人类命运共同体是必由之路》，便立即给他打去电话，鼓励他的探索精神。这是一部值得广大读者阅读和深思的书，因为它与我们当前面临的问题紧密相关。

刘经南

二〇二四年十月

序一作者：刘经南，中国工程院院士，武汉大学原校长，北斗导航奠基人。

序二
FOREWORD

人猿揖别，人类诞生。有意识思维能力的人成为在一定思想观念指导下的自我认识、自我决定、自我规范、自我实现的认识主体和实践主体。人的实践认识活动在本质上是文化的和社会的。极而言之，人类文明成果的根本价值旨向，是"究天人之理、通古今之变"，"认识自己"，探寻人类安身立命、世界和平安宁的自然规律和社会法则，为协调人与世界关系的社会秩序和实践规范提供科学正义的合理依据。然而，由于人们思想观念的主体性、主观性，特别是在"文明社会"所有制关系中的差异性，往往导致文化形态及其价值旨归的差异和冲突。科学与伪科学、文明与愚昧、正义与邪恶，如影随形。一方面，人类文明日益兴盛，人类社会凯歌行进；另一方面，人类历史往往惊人相似，不断重演战火频仍、生灵涂炭的人间悲剧，使科学蒙难、文明蒙羞、正义蒙辱。两次世界大战差一点摧毁了人类几千年累积的文明成果。

当下，人类又一次站在了历史的十字路口。和平还是战争、繁荣还是衰退、团结还是对抗？穷兵黩武、以强凌弱的"丛林法则"会导致第三次世界大战吗？人类能够用科学、文明、正义和理性、智慧、宽容走出战争阴霾、走向光明吗？时代之问呼唤理性回声。

陈文海著、中国财政经济出版社出版的《走出丛林法则——推动构建人类命运共同体是必由之路》一书，在学界哲思明辨丰硕成果的基础上，研究阐述了"走出丛林法则"的必要性、必然性及推进"构建人类命运共同体"的现实性、合理性，以其独特的视角、经典的史料、严谨的推理、深邃的思考及合理的观念，为时下我国学界现代文明探索成果，增添了厚重的一页。

第一，该书用文学语言阐述哲学思考。正如作者所言，他想"写一本通俗的读物，并期望所有读到这本书的人从中得到愉悦"。通俗读物具有文明传播普及功能，可读性强，通俗易懂，老少咸宜。读罢全书，读者会被该书形象生动的文字和优美流畅的语句吸引；加之诲人不倦的故事、发人深醒的案例和资料丰富的先贤沉思、启迪心灵的生存智慧，使读者强烈地产生"读下去"的意愿。

但是，该书是用文学语言阐述深刻的哲学思考，研讨的是关乎人类前途和命运的本质性、必然性、规律性和普遍性的主题，极其重大、重要和紧迫。在"可读性"文字风格的同时，该书亦使用了大量的学术语言、哲学原典和科学知识，具有学术著作的风采，其学术思想发人深省。人类社会的历史逻辑是如何揭示文明演进规律的？东西方的文明特质是什么？什么是"丛林法则"？"丛林法则"的本真含义是什么？"丛林法则"是怎样演变成为以强凌弱的"掠夺法则"的？如何"走出丛林法则"？如何创造一个和平发展公平正义民主自由的美好世界？围绕研究主题，该书深度探讨了本体、自然、运动、空间、意识和生存、进化、平等、自由、未来等终极问题，并创新提出了"本体文明"与"自由文明""生存平等"与"平等生存""平等自由生存"等极富启发意义的重大命题。特别是,该书关于"意识"及其功能多角度细致入微的研究阐释,令人深思。与此同时,该书阐述了"人类命运共同体"的"本体"依据、世界意义和人类价值,给人们以真理的"普照光"及"走出丛林法则"的现实道路、意义支撑和价值引领。

第二,该书用哲学思考揭示历史逻辑。以哲学视域观之,人类社会的历史逻辑,是自由与必然对立统一的演进历程。一方面,落叶归根,百川归海。世间万物,秉性而生,率性而归;人类社会,亦是如此。另一方面,意识属性及思维功能使社会客观规律的实现方式打上了人类意识的烙印,人类呈现出某种"意识自由"。该书提出:"所谓的自由就是平等或者由平等支撑的意识自由空间。""意识自由让人类走出了动物世界。"

那么,意识如何使人类获得自由?事实上,自由是对必然的认识、遵循和利用。客观存在的自然法则是最本真、最普遍的"自由"。因此,人类行为最合理、最根本、最广泛的自由即是认识和遵循"本应如此"的必然法则。与此同时,"意识自由"必须遵循"平等"原则。倘若超越了必然法则、渗透了某种特殊私利的主观意愿,越出了"平等或者由平等支撑的意识自由空间",意识就会形成"自由的陷阱"。正如该书表述的那样,所谓"自由的陷阱,是人的意识自由追求的必然结果。……自由追求的背后推手似乎不是自由本身,而是欲望的诱惑"。由于"权力、金钱"等对意识的诱惑力太大,"使生存环境与本体之间"的和谐状态被打破。于是,"意识自由"便导致"自由的陷阱",使人们陷于某种"囚徒困境"之中。这说明,人类的意识自由是有限度的,其欲望及实现欲望的手段同样是有限度的,这就是必须遵循客观规律性及价值目的性必然法则。如若"自由"超越了必然限度和平等原则，欲望无限膨胀，就会陷入"自由的陷阱"，造成意识及行为的不自由，并受到"必然"的限制和惩罚。

该书将"人类的进化称为文明的进化，以区别于动物世界的自然进化"。创新提出"意识自由"的人类文明可以区分为"本体文明"和"自由文明"，陷入"自由陷阱"的往往是"自由文明"。该书提出："基于自然血缘"关系、人与自然统为一体、遵循本真自然法则的东方文明是"本体文明"；"基于意识存在"、强调人与自然差异对立的西方文明是"自由文明"。该书强调，东方的"本体文明"追求的是"平等生存"；西方的"自由文明"追逐的则是"生存平等"。"生存平等的西方世界，依靠国家存在，支撑社会的是资本的力量。平等生存的中华民族依靠国家存在，支撑社会的是人民的力量。前者信仰物质利益至上，追求生存平等，主张个人自由。后者信奉人民当家作主，追求平等生存，坚持以人民为中心。"两类文明差异区别、交锋冲突、交流融合，演绎了人类文明发展史。

该书以新的研究视域和大尺度历史观，以"平等生存"与"生存平等"对立统一、"肯定、否定、否定之否定"的辩证运动，概述了人类社会的历史逻辑。认为，人类从诞生到现在发生了为数不多的巨变。"第一次是奴隶社会时期。它是部落时代的平等生存转向生存平等。第二次是英国资产阶级革命之后，生存平等催生工业革命，开始人类社会工业文明时代。第三次是十九世纪，由共产主义思想兴起而引发的社会运动的崛起和社会主义国家的产生，将奴隶时代的生存平等转向平等生存的探索和努力。……现在是第四次，是平等生存与生存平等的相互比较与选择。"今天，到了东西方文明"相融互鉴，共同构成人类未来进化的推动力"、创造"平等自由生存"的历史时期。

第三，该书用历史逻辑透视现实矛盾。东西方文明"相融互鉴，共同构成人类未来进化的推动力"、创造"平等自由生存"的历史时期，并不会一帆风顺，有时还是惊涛骇浪。许多现实矛盾和问题与历史逻辑密切相关。在"百年未有之大变局"的当今世界，经济全球化遭遇逆流，单边主义、霸权主义、强权政治威胁上升，国际形势复杂多变。文明特别是科技异化会毁灭人类吗？人类会自取灭亡吗？这个世界会好吗？问题的提出意味着问题解决之道同时创生。

历史是现实的一面镜子。在一定程度上，现实矛盾和问题是"自由文明""丛林法则"历史逻辑的延伸。该书深度剖析了当今世界陷入"丛林法则"的"自由文明"根源。深刻指出："用相对运动的观念观察人类发展史——人类起源于平等。……但现实的存在往往充满了意外，文明进化的过程正如达尔文所言，是'适者生存，优胜劣汰'的过程，为了变成'适者'获得生存，竞争、竞争、再竞争，成为人们获得所谓自由幸福的必然选择。它遵从的法则好像跟动物世界的丛林法则没有本质的不同。"但事实上，"人类的进化是抛弃优胜劣汰、丛林生存的过程。因为只有这样，人类发展才能获得属于我们自己的真正自由。"大自然遵从自然法则，尽管形式上"不平等"，但实质上是平等的。然而，"文明社会"诞生后，特别是唯心主义的"意识自由"与生产资料私有制相结合，"权力和精神的异化成为人类社会的桎梏"。人格化资本主导的、无限膨胀的私人欲望，渗入到被抽象化的"自然法则"之中，致使有差异、不平等的自然禀赋成为了掠夺者的合法外衣；致使"丛林法则"获得社会属性，使其演变成为"社会法则"，成为不合理、不平等的"掠夺法则"，使人类掉入"意识自由"的陷阱、陷入掠夺式"丛林法则"的泥潭。"可见，唯心主义的错误认知，经常使人们的意识陷入困惑，并将我们对人生意义的理解与追求带入歧途。"因此，走出"自由文明"导致的"丛林法则"，"人们要站在'物竞天择'的立场，抛弃'适者生存、优胜劣汰'的片面认知，对意识认知的理想追求做出明确而肯定的回答。"该书关于现实矛盾和问题鞭辟入里的分析，为提出解决之道的"价值引领"，作了学理铺垫。

第四，该书用现实矛盾导出价值引领。如何"抛弃'适者生存、优胜劣汰'的片面认知"？如何解决现实矛盾和问题？该书深度揭示的"意识陷阱"、"文明冲突"与当今世界掠夺式"丛林法则"的关联性，启示我们，在一定意义上讲，解决现实矛盾和问题、走出丛林法则，必须超越"意识陷阱"及其掠夺式"丛林法则"。

超越"意识陷阱"、走出掠夺式"丛林法则"，需要价值引领。一是借鉴本真意义上的"丛林法则"，"抛弃'适者生存、优胜劣汰'的片面认知"。本真意义上的"丛林法则"是指发端于自然世界、在主要群居丛林的原始社会居于主导规范的生存法则。在纵轴上，它是生物与非生物、人类与非人类等多样物种构成的"食物链"整体；在横向上，它是多元存在的命运"共同体"。因此，本来意义的世界即"本体"，有其本真意义的"丛林法则"：第一是物竞天择、天然合理，自然禀赋决定其在"食物链"中的位置；第二是相互依存、和谐共生，多样物种组成共存命运"共同体"。每一类存在体都是生命循环的一个环节、共处群体的一个部分；第三是多元一体、平等互利，每一类存在体都是"食物链"和"共同体"平等的一员，共同支撑着社会群体。多样性是共同体的生存法则，单一意味着共同覆灭。这样的"丛林法则"，是"原初形态"的社会秩序和实践规范，具有可资当今人类社会借鉴的历史价值。

二是依据意识本质，超越"意识陷阱"，构建符合人类进化的价值取向。该书认为，"意识的本质就是人类的本质。而意识的一切创造，来源于本体的生存与平等对立生存并与生存环境相对运动产生的自由空间。人类选择平等生存，就意味着本体的自由空间拓展，意识的空间被限制；选择生存平等，就意味着意识的自由空间拓展，本体的自由空间被限制。"因此，"意识的趋利避害本能在与生成它的能量场所作的相对运动中，只能通过对生存有限满足的自我限制，意识才能使本体产生多样性自存而获得自由。"由此可见，"意识认知人的本质意义的价值追求，首要是如何满足本体获得更多自由。这就要让劳动而不是资本决定什么是属于人的本质意义的真正价值…让平等支撑生存环境与意识空间实现平等（自由）的相对运动，既不被权力内卷，也不被资本内卷，更不被绝对自由内卷，进而获得属于人的本质意义和意识想要的真正自由运动空间…走向每个个体都是历史创造者的伟大时代。"这即是说，"只有遵循自然选择和唯物史观，意识才能将人类引向美好未来"。

该书提出，"当下的人类社会，是平等自由生存与生存平等两种生存方式选择"。在利益多样、价值多元的当今人类社会，必须

"向宇宙求和"——向历史、向自然、向自己求和，超越"意识陷阱"，摒弃"生存平等"的"意识自由"及其"陷阱"，"走出丛林法则"，建构"平等自由生存"的新文明，逐步迈向共产主义社会。逐步迈向共产主义社会，"人类命运共同体"价值引领是必由之路。

第五，该书用价值引领"走出丛林法则"。为什么说"人类命运共同体"价值引领是"走出丛林法则"的必由之路？从历史上看，该书以历史逻辑为垫基，以大量的事实、大量的篇幅，浓墨重彩地阐述了"自然辩证法"的基本原理、描绘了人类原始共产主义社会的本体状态，全面深度地阐述了"本体文明"的应然状态及其丰富内涵，为"走出丛林法则"、倡导人类命运共同体价值引领，设置了坚实的历史铺垫，说明"人类命运共同体"价值引领是人类历史的逻辑必然。从现实上看，今天，人类需要"走出"的"丛林法则"，是变异了的、以强凌弱的"丛林法则"，实质上是"掠夺法则"。该书在揭示历史逻辑的基础上，强调了"本体文明"在新文明建构中的主导作用。因此，所谓"走出丛林法则"，就是走出霸权意识、树立和平观念，走出单边主义、树立共处理念，走出强者意识、树立平等观念，走出掠夺意识、树立互利观念，走出狭隘意识、树立宽容观念，实现"本体文明"多元一体、平等互存、互利共赢的自然主义、整体原则和有序进化。这样的价值旨归，与"人类命运共同体"倡导的价值引领本质一致，也是实现"人类命运共同体"价值引领功能的实践路径。

如何遵从"人类命运共同体"价值引领、"走出丛林法则"？该书提出，今天的人类社会，"意识的平等自由创造精神价值，追求产生多样性自存，是实现人的本质意义的必然趋势和内在需求。"

实现"自由生存的平等转向",要求我们构建"持久和平、普遍安全、共同繁荣、开放包容、清洁美丽"的人类命运共同体,弘扬"和平、发展、公平、正义、民主、自由"的全人类共同价值,为"走出丛林法则"、推动世界走向和平、安全、繁荣、进步的光明前景,提供切实可行的现实道路。因此,我们理应"重温《共产党宣言》,毫不动摇地坚定共产主义的理想信念,继承、创新本体文明和自由文明进行新的长征,共同推动构建人类命运共同体"。

夏建国

二〇二四年十月

序二作者:夏建国,武汉大学马克思主义学院教授、博士生导师。

前言
PREFACE

一

近年来,世界百年未有之大变局加速演进,新冠疫情、气候灾变、俄乌冲突等因素交织叠加,世界局势变得更加复杂严峻。"世界怎么了,我们怎么办"成为摆在全人类面前的时代之问,迫切需要解答。

早在2013年3月,习近平主席站在人类前途命运的高度,用共同利益、共同挑战、共同责任把各国前途命运联系起来,首次提出构建人类命运共同体的重大倡议,为世界向何处去贡献了中国方案。

2019年年底,新冠疫情暴发并迅速席卷全球。中西方的价值观差异,在应对新冠疫情和疫后重振的选择上,展现得淋漓尽致。是自由至上,还是生命至上?是以邻为壑,还是同舟共济?是零和博弈,还是合作共赢?

中国的选择,植根于5000多年中华文明的丰沃土壤之中,也植根于马克思主义哲学。

构建人类命运共同体,就是要以"共同体"的理念,解决好人与人、人与自然的关系问题。

(一)天人合一

我们与世间万物是什么关系?在道家看来,"天地与我并生,而万物与我为一"。

万物并育而不相害,道并行而不相悖。大自然的法则,尽显包容精神与和合之道。

人，作为自然界即天地万物的一部分，其一切行为当顺应自然。大禹治水，堵不如疏；庖丁解牛，游刃有余，都是顺应自然规律的结果。如此方可"无为而无不为"。

道家哲学对于解决现代人面临的全球性生态危机具有启发性。人与自然是"共同体"，你中有我，我中有你，一荣俱荣，一损俱损，爱护自然就是爱护自己。

因此，倡导在生态上各国坚持走绿色、低碳、可持续发展道路，探索环境友好型经济增长模式，建设生态文明，保护好我们共同的家园，是构建人类命运共同体的应有之义。

可以期待，"万山红遍，层林尽染；漫江碧透，百舸争流。鹰击长空，鱼翔浅底，万类霜天竞自由"的和谐生动图景将更多地化为现实，带我们回到那个"庄周梦蝶"般诗意盎然的世界。

（二）天下大同

我们与他人是什么关系？《论语》有言："四海之内皆兄弟也。"他人不是"地狱"，而是我们的兄弟。"己欲立而立人，己欲达而达人"，"老吾老以及人之老，幼吾幼以及人之幼"，这是儒家对待他人的态度。

这个态度的核心是"仁"。

"天下大同"是"仁"的最终归宿。"各美其美，美人之美，美美与共，天下大同。"在这个理想的大同世界里，人人尽情施展自己的个性，同时懂得欣赏他人的个性，团结友爱，其乐融融。

中华文明成为唯一延续至今的古老文明，其在历史长河中形成的独特民族精神功不可没。和而不同，故能海纳百川，兼收并蓄；天下为公，故能挺身而出，力挽狂澜。

正如鲁迅先生所言：我们从古以来，就有埋头苦干的人，有拼命硬干的人，有为民请命的人，有舍身求法的人……虽是等于为帝王将相作家谱的所谓"正史",也往往掩不住他们的光耀,这就是中国的脊梁。

这些"脊梁"般的仁人志士,正是因着一片仁心,抛却个人得失,肩负起心中的责任。

人类命运共同体的理念,体现了中国传统文化对人与人、人与天下关系的认识。这种理念,在全球治理中以共商、共建、共享原则为核心,着力构建相互尊重、合作共赢的新型国际关系。

(三)自由人联合体

中国人选择马克思主义,是近现代中国革命运动发展的历史必然,有着深刻的经济、政治、文化、历史等方面的原因。就文化方面而言,马克思主义与中华优秀传统文化具有高度契合性。比如,马克思主义的自然观,契合了中华优秀传统文化中"天人合一"思想对人与自然和谐相处的价值追求;共产主义关于人的自由全面发展目标,则与天下大同的理想社会相通。

人类命运共同体理念是马克思主义中国化时代化的产物,是马克思主义唯物史观的新发展,它植根于马克思的共同体思想。

马克思在《经济学手稿(1857—1858年)》中指出:"我们越往前追溯历史,个人,从而也是进行生产的个人,就越表现为不独立,从属于一个较大的整体。"

在古代的政治共同体中,人与人之间呈现等级关系,个人只能成为高等级人群的附属物。而到了资本主义社会,个人虽然在法律层面拥有了自由权利,获得了一定的独立性,却又陷入资本的奴役中。社会分裂和对抗是资本主义文明的基本特征。

真正的个人自由,只有在"真正的共同体"中才能实现。《德意志意识形态》中指出:"在真正的共同体的条件下,各个人在自己的联合中并通过这种联合获得自己的自由。"

马克思曾这样设想:"在共产主义社会里……每个人都可以在任何部门内发展……上午打猎,下午捕鱼,傍晚从事畜牧,晚饭后从事批判,但并不因此就使我成为一个猎人、渔夫、牧人或批判者。"我可以如此自由，是因为我生活在自由人联合体中。

自由人联合体是人类社会的最高层级，人类命运共同体是为了实现终极目标的过渡性共同体。人类应该超越文明冲突，走上文明交流互鉴的道路，为构建"真正的共同体"做好历史准备。

（四）全人类共同价值

党的二十大审议通过的《中国共产党章程（修正案）》，将"弘扬和平、发展、公平、正义、民主、自由的全人类共同价值"写入了党章。

人类命运共同体首先是人类价值共同体，因为人类命运共同体思想内在地蕴含着全人类共同的价值诉求。

构建人类命运共同体的前提，就是弘扬好全人类共同价值，提升全人类共同价值的认同感、向心力和引导力，真正让和平、发展、合作、共赢成为时代潮流。

一方面，全人类共同价值是一个价值整体。不同文明、价值观具有内在联系性，各个价值之间应该交相辉映，而不是一星独明。

另一方面，不同文明和价值观都是平等的。我们对西方文明和价值观所蕴含的霸权特质和殖民色彩进行批判，同时也充分尊重西方文明，而非刻意贬低或抹黑。这符合中华文明强调的"己所不欲，勿施于人"。

本书的作者，正是抱着这样的态度，完成了《走出丛林法则——推动构建人类命运共同体是必由之路》。在对古今中外历史和哲学思想的系统梳理中，作者回顾了人类追求各种价值的曲折历程，用鲜活的故事和深刻的哲思，说明了人类命运共同体因何是"必由之路"，给人以思考和启示。

二

"当前，世界之变、时代之变、历史之变正以前所未有的方式展开。一方面，和平、发展、合作、共赢的历史潮流不可阻挡，人心所向、大势所趋决定了人类前途终归光明。另一方面，恃强凌弱、巧取豪夺、零和博弈等霸权霸道霸凌行径危害深重。"人类社会面临前所未有的挑战。世界又一次站在历史的十字路口。何去何从取决于各国人民的抉择。"①

人类从诞生到现在，发生巨变的次数不多。第一次是奴隶社会时期。它是部落时代的平等生存转向生存平等。第二次是英国资产阶级革命之后，生存平等催生工业革命，开始人类社会工业文明时代。第三次是十九世纪，由共产主义思想兴起而引发的社会运动的崛起和社会主义国家的产生，将奴隶时代的生存平等转向平等生存的探索和努力。这次转折虽然以苏联的解体而遭受巨大挫折，但最大的成就则是殖民体系的解体和平等生存的理想被广泛接受，更在中华民族生根、开花、结果，为当下的转折创造了条件。现在是第四次，是平等生存与生存平等的相对比较与选择。如果东西方从人类文明的发展进步着眼，各美其美、共融互鉴走向未来进化，则前途一片光明；若相反，人类进化则仍陷入所谓"老大之争"，则像动物世界那样弱肉强食，人类未来将处于动荡之中。在整个人类历史中，将部落时代的平等生存的认知与选择传承并坚守下来的就只有我们中华民族，其他所有民族都走向了生存平等。它们不同的特点，是对国家存在及其作用的选择。生存平等的西方世界，依靠国家存在，支撑社会的是资本的力量。平等生存的中华民族依靠国家存在，支撑社会的是人民的力量。前者信仰物质利益至上，追求生存平等，主张个人自由。后者信奉人民当家作主，追求平等生存，坚持以人民为中心。二者都主张通过民主追求幸福和自由。从社会发展的根本规律来看，东西方社会面临着共同的难题——唯心主义产生的自由的陷阱。西方由于历史形成的生存选择，将平等生存看成是对自由的威胁与限制。东方由于历史形成的生存选择，将生存平等看成是自由的威胁与限制。人类历史的进化，东西方承载着不同的使命。东西方共同探索人类社会基于国家存在及其作用，由人类自我主导实现人的本质意义的文明进化，东方主要产生基于自然

---

① 《习近平著作选读》第一卷，人民出版社2023年版，第49页。

血缘的本体文明，西方主要产生基于意识存在的自由文明。它们相融互鉴，共同构成人类未来进化的推动力。

马克思主义，从辩证唯物主义和历史唯物主义的基本观点出发，揭示人类社会发展的基本规律，不仅符合历史呈现的社会规律，同样符合科学揭示的自然规律。从奴隶社会开始的人类进化是丛林生存的历史，生产力决定生产关系，经济基础决定上层建筑，国家存在与人类社会发展之间合作博弈、相互竞争，实现本体与意识自由空间的增长与拓展。人类未来的发展，将向着更加强调生产关系对生产力的促进作用、上层建筑对经济基础的能动作用的方向转折和进化，国家的存在与人类社会发展之间非合作博弈、团结合作，实现本体与意识的平等自由生存。人类产生的认知与选择是生存与平等对立生存的相对运动，并与生存环境进行相对运动相互作用的量子引力效应，必须遵循马克思主义的基本原理，即遵从自然法则和唯物史观，平等相处是唯一选择。否则，任何绝对或者片面的追求必然走向其反面。人类需要终结唯心主义时代。西方国家从哲学到科学，对人类进化进行了深入研究，取得了丰硕的成果，但他们所形成的话语体系总是带着唯心主义的固执和偏见。法国人类学家克劳德·列维·斯特劳斯将人类社会分为两种基本形式："钟表结构"和"蒸汽机"。"钟表结构的社会生活，处于无结构进化的社会文化平衡态中，实际上是没有历史的。与之相反，蒸汽机社会则经历着生动的进化，就像我们的社会经历着生动的进化"（见《自组织宇宙观》第194页）。这是主观偏见，不是科学认知；是唯心主义，不是唯物史观。在自然选择的制约下，宇宙所有运动都是相对运动，平等（平衡）是产生运动微观自洽和宏观有序，进而产生人类社会乃至整个宇宙相对运动存在的基础和前提。因此，共产主义的理想是人类当下和未来的共同理想，是人类社会持续进化的根本选择，构建人类命运共同体是必由之路。它不以人的意志为转移，是自然选择对人类社会进化的必然制约。

中华文明是人类有史以来，独一无二且一直持续未曾中断的文明。它引领世界风骚一千多年，直到十八世纪。新中国成立以来，中华民族基于血缘关系和自然规律产生的基础文明或者叫本体文明，焕发出巨大的活力，创造了人间奇迹。它对未来人类社会的进化起着基础的作用，是其他文明无法替代的，甚至可以说西方未来的文明进化必须借鉴中华文明的成果，必然走向本体文明，就像我们也需要借鉴西方的自由文明来丰富提升本体文明一样。但是，本体文明是基础。它的持续不断和独一无二本身，就是其生命力的生动证明。人类为什么只有中华民族基于祖宗崇拜（血缘关系和自然规律的集中体现）产生的本体文明，它的作用和意义不仅是用来与西方基于上帝或者宗教产生的自由文明作比较，相互借鉴。更重要的是，它预示着人类进化转折的未来方向。正是基于这个目的，作者运用马克思主义立场、观点和方法，将自然界与人类社会统一于相对运动的时空之中，通过东西方不同的生存选择产生的不同文化比较进行了一些思考。这些思考仅仅是一种尝试，它可能存在很多不足。但本书作者的愿望只有一个：抛砖引玉，希望有更多的人来关注和研究这一重大课题。特别是希望我们弘扬民族自身的优秀传统文化，看清事物的本质，在丛林生存的现实面前保持清醒头脑，坚定不移地走自己的路，坚定不移地与世界人民一道构建人类命运共同体，为人类当下和未来的进化转折作出新的更大贡献。

作者

二〇二四年十月于武汉

目录
CONTENTS

- 001 ○ 第一章　自由的陷阱
- 006 ○ 第二章　自然的观念
- 028 ○ 第三章　走出动物世界
- 042 ○ 第四章　成长的代价
- 063 ○ 第五章　意识的本质
- 091 ○ 第六章　为什么这样选择？
- 121 ○ 第七章　意识空间的极限
- 146 ○ 第八章　意识空间的传承
- 186 ○ 第九章　向宇宙求和
- 206 ○ 第十章　走出丛林法则
- 218 ○ 名词解释
- 221 ○ 参考文献
- 231 ○ 重印后记

第一章

自由的陷阱

【内容摘要】自由的陷阱，是人的意识自由追求的必然结果。这是人们在日常生活中经常遇到的。它只有在遇到特殊环境或者像遇到生存危机这样的"大戏"，才会露出真容。自由追求的背后推手似乎不是自由本身，而是欲望的诱惑。我们每时每刻都离不开意识的认知与选择，然而，当它与我们的期望不和时却随时想让它离开。它看上去虚无缥缈，无影无踪，但人类走过的所有历程似乎都是它的影子，而每次的生存危机就是堕入自由陷阱的结果或过程。

2020年是农历庚子年。这一年注定将以特殊的年份为后人所铭记。因为这一年，突如其来的新冠疫情，给当下的人类社会造成了生存灾难。痛定思痛，抚今追昔，人们是否意识到在我们的进化历程中，每次让那只隐而不见的蝴蝶扇动翅膀造成灾难的始作俑者，无不是我们人类自己自由选择丛林生存的必然结果？是否意识到这是运动的宇宙给他的子孙后代发出的严厉警告？

公元前三四千年，在部落时代向奴隶社会过渡的时期，由于人口的增长和流动的加速、奴隶非人的生活和奴隶主的骄奢淫逸，造成人类社会的混乱不堪，一种烈性传染病——天花悄然而来，通过空气飞沫传播，造成数亿人死亡。十四世纪，在宗教黑暗的统治时期，席卷整个欧洲的"黑死病"的鼠疫大瘟疫夺走三分之一欧洲人的生命（达2500万人）。第一次世界大战期间，参战的美国士兵在传染病中大量死去,全美对军医需求大增,刚毕业的大学生被派到部队。1918年从堪萨斯州哈斯克尔县发生大流感并逐步扩散到世界各地,一直持续到1920年。使当时全球不到20亿人口的世界中有30%的人被感染,死亡5000多万人。

公元前140年,汉武帝为了加强对匈奴的打击,亲率十几万大军深入河套地区数千里,一种来自北方草原的未知传染病以极强的传染力在士兵中传播。武帝开疆拓土却将一种可怕的病毒带回中原,数十年后它几次肆虐整个汉朝疆域,瘟疫大规模流行,民众生活更加艰难,社会秩序愈加混乱,甚至于十室九空,到处都是无人埋葬的尸骨。东汉末年,几次瘟疫致数千万人丧命黄泉,东汉人口锐减七成。许多名士,如建安七子有六人命丧疫神。文学界和政界都受到毁灭性打击,人才凋零、上层建筑崩塌,政权岌岌可危(张仲景此时著述《伤寒杂病论》)。汉初5500万人口到三国时期锐减至1500万人。

1910年,东北由于长期战乱,生态破坏,民不聊生。由西伯利亚传入满洲里的鼠疫迅速蔓延哈尔滨,危及东北全境,夺走6万多人的性命,花费白银一千万两。马来西亚华裔医生伍连德发明了防止鼠疫传染的双层纱布囊口罩("伍连德口罩",即现在的口罩)。为了避免交叉传染,他将诊病院分成疫症院、轻病院、疑似病院和防疫施医处等,并建立相应的人员施救管理机制。动员社会力量相协同,实施集中处理(火葬)、旅客隔离等多种措施,开创了人类历史上第一次依靠科学手段、在人口密集的大城市控制传染病的集体免疫的新路径。他首创的"疑似病房"直到现在仍在使用。

控制疫情传播并最终战胜疫情,是保护人类生命的常识选择。人类在与流行病毒的长期斗争中,积累了丰富经验。通过间接保护免受感染或者主动干预,切断传染路径,形成类似孤立时代的自然阻隔以保护缺乏主动免疫力的人,称为集体免疫;而基于人体自身获得的免疫力免疫,称为自然免疫。然而人类进化获得的自我主导能力,因意识自由创造所产生的新工具、新思想、新制度几乎能够在一夜之间就改变整个社会。1981年,人类宣布天然的天花病毒已经被"戴上脚镣手铐"，盲目自信地认为，科学将等待所有的病毒"自投罗网"，并随时都将给它们判处死刑，人类俨然成为生物和非生物世界的最高统治者。人们似乎为了保持意识自由的高贵，宁愿作生命至上还是自由至上的任意选择，也不愿意面对自身，去理解爱因斯坦的警告：人类现在面临的要么是新的"思维方式"，要么是"空前灾难"。

自15世纪末16世纪初地理大发现以来，人类社会进入前所未有的开放时代，发达的交通网络、经济网络、信息网络，使世界人民的经济往来、信息交流、人口流动日益频繁，地球变成了一个村。正是这些历史的发展为新冠病毒肆虐提供了可能，它不再被限定在某个区域。然而这些进步和发展竟然像个体生命一样脆弱，一个小小的病毒就让人类社会的时空倒转回封闭的"部落时代"。如果类似生物灾难成为常态，人们似乎完全有理由退回到那个曾经的岁月。随着时间的流逝，疫情的变化，在面对生存危机时，人们当时的立场和态度、认知与选择被自我遗忘，转向"生命至上""自由至上"的自由追求，似乎一切只在当下。忘记过去、忘记那些曾经给当下带来伤痛的岁月，不是对自身的背叛而是毋庸置疑的人生追求。为了当下的自由幸福，忘却那些曾经的心灵安慰是怎样来的，甚至于毫不留情地以当下的存在，对过去所有一切进行任意指责，也是获得自由追求的正当选择。

人类社会就像一个大舞台。这个舞台上的演出，从古至今从不谢幕，永远都有节目。所不同的是，在传统的时代它是相对小的多个，进入信息时代变成了相对大的一个。而类似新冠病毒驱使人们上演的重头戏，实属难得一见。一百九十多年前，匈牙利诗人裴多菲在他的《自由与爱情》中写道："生命诚可贵，爱情价更高，若为自由故，二者皆可抛"；如果稍作调整，改成"爱情诚可贵，自由价更高，若为生命故，二者皆可抛"。这算不算诗人在一百多年前，对东西方面对新冠疫情所作选择的主题预言呢？人们应该感谢信息时代的到来。否则，东西方很难站在一个可感知的人类历史大舞台上，身临其境，来观察、思考、判断这个发生在二十一世纪开始不久，难得一见的生存危机时的真实场景，以及其展示的悖论选择的深刻内涵：如果不是因为某种无法抗拒的因素，千万不要任性地在生命与自由之间作悖论选择，不然的话，将连同自己的肉体一起烟消云散、永不再来；皮之不存，毛将焉附？千万不要盲目自信：人类进步已经颠覆了一切，已经成为自然的主宰，人类凭智慧可以任意支配一切包括它自己；如果不是亲眼所见、亲耳所闻，千万不要轻信任何关于热点问题的信息，以免被带入是非之中上当受骗。人类受存在的制约。所谓存在就是本体的肉体，而它的认知与选择，是意识产生的存在之存在，就像"生命至上"还是"自由至上"一样，它们是矛盾的。"生命至上"丧失自由，"自由至上"丧失生命，二者只能存在于相对之中，不能作非此即彼的选择；否则，过犹不及。东西方在遇到生存危机时的悖论认知与选择，是人类意识产生的混沌效应。同历史上因自然或人为造成的所有生存危机一样，它折射的是人类社会当下的矛盾，暗示的是一个危险时代即将来临。

新冠疫情对亲身经历者来说，既是生存危机的挑战，也是极限生存的思考。在遇到生存危机时，人们的意识产生的混沌效应到底是什么？我们倾向于认为，它是自由的陷阱。所谓自由的陷阱，就是人们大脑产生的意识，它的认知与选择在生存环境影响下期望得到更多欲望满足，意识的认知被自由追求所内卷，失去了自我进而丧失自由的现象。就像我们将抗击疫情、拯救生命的特定目的，转移到对价值观的自由思考一样。自由的陷阱，是人的意识自由追求的必然结果。这是人们在日常生活中经常发生的。它只有在遇到特殊环境或者像遇到生存危机这样的"大戏"，才会露出真容。人们的意识在生存危机时显现出来的多样性、任意性、自主选择性，竟然如此自由而又混乱无序。这种情形显然不是第一次。对于二十世纪五六十年代出生的人，我们的一生历尽了艰辛、交足了学费，酸甜苦辣酿的"酒"不知喝了多少杯。经历了太多似曾相识的场景。但经历过后，一切又归于平静，人们自然地选择了遗忘，并迅速地转向新的归途。自由追求的背后推手似乎不是自由本身，而是欲望的诱惑。意识的自由追求因为太过自由，既显得高贵又显得廉价。我们每时每刻都离不开意识的认知与选择，然而，当它与我们的期望不和时，我们却随时想让它离开。当我们把当下的认知与过往更大更深的尺度联起来，我们感到事实原来并不是这样简单。它看上去虚无缥缈，无影无踪，但人类走过的所有历程似乎都是它的影子，而每次的生存危机就是堕入自由陷阱的结果或过程。人们不能忘记而应该把新冠疫情发生后自己的内心感受，特别是把它产生的现象和它背后的故事联系起来认真思索，最好将它记录下来留给我们的后人参考思索。因为生命对于每个人来说只有一次，而我们却遇上了生存危机并有幸活了下来。这样的时刻出现的概率确实太低，而这种低概率的时空往往具有更真实的意义和对人生的启迪价值。

中国古代诗人苏轼认为，一个人之所以看不清事物真相，是因为身处其中的缘故。他用"横看成岭侧成峰，远近高低各不同，不识庐山真面目，只缘身在此山中"表达了这种见解。人们发现，除非与他保持相同的观察角度，否则，即使是一名航天飞行员，乘坐宇宙飞船飞去太空，用现代高科技望远镜去观察，仍然看不清庐山的真面目。就像裴多菲观照存在（生命与爱情），从意识当中选择本体的绝对自由价值追求而失去自我一样，苏轼观照存在（庐山真面目），从本体当中选择意识的有限自由价值追求同样失去了自我（或者没有找到自我）。这到底是怎么回事呢？它是人们的主观所愿，还是源于自然的现象？即人类社会以及由它产生的所有一切，到底是人们的主观认知，还是自然的客观反映呢？如果是自然的反映，新冠病毒就是一只"蝴蝶"，它扇动一下翅膀，就会掀起惊涛骇浪。

第二章
自然的观念

【内容摘要】 观念不来源于它本身，没有相互作用，任何观念都不能产生。自然科学的发展，不仅证明了自然辩证法，也为马克思主义的唯物史观提供了科学证据，为人们运用马克思主义的世界观和方法论，将人类社会的运动与宇宙物质的运动统一在一个相对运动的时空，并从中找到它们之间相对运动的共同规律，提供了科学的依据。抛弃唯心主义旧观念，运用自然辩证法和唯物史观，将从运动的结果观察认知事物，形成观念、判断是非对错作选择，转向从运动的过程观察认知事物，从相对运动的过程形成观念、判断是非对错作选择。

一、将我们的观念统一到自然的观念

人们意识产生的自由陷阱是不可见的。在生存危机的特殊环境下，意识虽然变动不居、混乱无序，但它所形成的观念却很牢固。像自由的观念，很有点"普渡众生"的味道。人们无比忠诚地信仰自由。它几乎家喻户晓、妇孺皆知。从观念到观念、从现象到观念是我们的认知传统。而在一个流动的世界，我们产生的不可见的观念怎样认知，它是否真的存在或者它是一种怎样的存在，传统的认知方式似乎已经黔驴技穷。因为人们似乎并不因为对当下生活的进步与有限满足而停止对自由的向往，这让我感到十分困惑。

观念不是概念，它不是意识表达的一个固定的词语和符号。它在意识当中是一个时空的流动过程。这似乎很像是热力学现象。热力学的定律是说能量守恒——热的传递由高往低，运动必须有序，无序就会混乱，熵增加。比如，一个人的存在，生存的追求是热源，哪里富裕则哪里吸引力就大；通过意识产生的自由观念也是热源，哪里自由则哪里吸引力大。一个是可见的有限运动，一个是无形的无限流动。意识也是一种能量运动，尽管无影无踪，却是一种真实的存在。它们之间有着必然的关联。

信息社会的到来，意味着我们不仅处于有形的交往上，而且在无形的互动中，本体与意识同时进入了一个全新的流动时代。而流动的加速并非完全是好事。在社会历史发展变化的过程中，快速的流动往往与灾难结伴而行。这与牛顿发现万有引力以及作用力与反作用力的物理表现相一致。快速在社会科学领域流动往往意味着无序的增加，你必须用更大的作用力（或者反作用力），才能让流动处于有序之中，而这是人们往往很难做到的。就如每当历史处于崩溃，必然是流动无序的时刻一样，因为无序是表面沉静和暗流涌动的交织。意识无影无踪、无时无刻不在流动，这也是任何政权控制所谓的意识形态，以保持社会稳定有序的原因和理由。但这种控制在信息时代却遇到了更多的问题。人们越想控制，它就流动得越快，越无序。就像作用力与反作用力一样，表面的一致和统一往往是对立和无序的增加。人们的观念一旦形成就会牢固地存在于意识之中，即使它不一定是正确的，却随时随地左右着人们的思想和行动。比如，人们曾经认为，人是由像自己一样的人造出来的，或者由从来没有见过的上帝造出来的。这种观念一直存活到现在。东方的盘古、女娲和西方的亚当、夏娃，仍然留存在人们的记忆之中，并成为一种牢固的观念。流动的意识怎样有序，可能涉及一些深层次的问题。用流动的意识观察可见的现象，通过现象与我们的观念相对照，再去采取对策，常常成为一方对另一方的对抗或者制约（制约也是对抗），往往造成被动，治标不治本。而对一个不可见的流动的世界怎样去观察，去判别，从运动中找出规律，显然是一个现实的挑战。

在严格的意义上，人们只能通过意识认知事物。它产生的不同认知主要不是来自方法，而是来自观察对象或者生存环境。观念不来源于它本身，而是来源于对对象的观察，是对客观存在反映的相互作用。没有相互作用任何观念就不能产生。而意识的流动是怎样形成观念？它有没有对象？或者说它的对象到底是什么样子呢？

从历史来说，自古以来东西方观察事物就有所不同。西方侧重于认知存在，东方则侧重于认知相互运动的存在，二者都是通过对可见的现象进行观察。西方"从德谟克里特直到今日，都在寻找构成物质的终极之石，不论把它们称作原子、亚原子粒子，还是按照今天的概念称作夸克"（见《自组织宇宙观》第88页）。人们希望弄清物质的性质并把整体还原为它的部分。东方则侧重于认知运动的存在。在公元前五世纪时，我国春秋时期的哲学家和思想家老子就对世上万事万物的产生，提出"道生一、一生二、二生三、三生万物""道法自然"的观念（见《道德经》）。他认为一切都是自然产生的。世界上的万事万物，不仅是生生不息、不断运动的，而且是"有无相生，刚柔相济，弱胜于强，至强则毁"的相对产生、对立转化。"弱胜于强"就是观察水运动的结论。后世敬仰他超常的智慧，将他当圣人供奉，一直生活在他的思想中。但由于与人们当下生活扯得有点远，几千年过去，没有人沿着他的足迹寻找水本身到底是什么。因为我们主要不是认知具体的存在，而是认知运动的存在。老子的结论已经把宇宙所有运动的存在都概括了。用同样的方式，后人就再也找不到不同的结论了。

东西方虽然观察的重点对象不同，但观察的结果却相一致。基于十八世纪下半叶和十九世纪自然科学的发展成果，特别是能量守恒和转化定律、细胞学说和生物进化理论等的出现，恩格斯创立了自然辩证法。他在《自然辩证法》手稿中指出："新的自然观，就其基本点来说已经完备：一切僵硬的东西溶解了，一切固定的东西消散了，一切被当作永恒存在的特殊的东西，变成了转瞬即逝的东西，整个自然界被证明是在永恒的流动和循环中运动着"。（见《自然辩证法》第18页）"整个自然界构成一个体系，即各种物体相联系的总体，各种物体是相互作用的","没有运动，物质是不可想象的"。（见《自然辩证法》第133页）恩格斯的结论跟老子的认知相一致，只是说法不一样。在《自然辩证法》手稿中，恩格斯对其结论进行了系统的概括和总结，而老子也同样通过对自然现象的观察，证明了自己的结论。二者之间虽然观察的范围不同，但殊途而同归。为什么是一样的呢？因为都是对自然对象进行的观察，一个观察的是物质存在的一面，另一个观察的是物质运动的一面。自然界存在的现象，从相对静止的一面看不同，从相对运动的一面看却相同。

这样从相对运动的立场进行观察、认知和描述，就能够对看似不同的存在得出相同的结论。但它只解决了"是什么"的问题，没有回答"为什么"的问题。因为我们要对事物"为什么运动"做出回答，统一认知，这样才能解决现象的存在与运动的存在。"为什么"同时具有表面存在和运动存在的两面？直到二十世纪，爱因斯坦提出了相对论。相对论将牛顿时代的人们，从绝对时间和空间的认知，拓展到运动空间。它预测了时空弯曲、地球的角动量、山上的时钟比山下的时钟走得快等大量的运动存在。通过物理学，相对论揭示了宇宙的本质：宇宙是能量运动之存在，是相对独立的能量运动之间所作的相对运动。它们相互作用对立共存。宇宙没有绝对的存在，只有相对运动的存在。相对论的深刻思想，推动了科学革命，将人类认知自然和认知自我提升到了前所未有的高度。

相对论证明，任何运动的物体，都是由自身的能量（或质量）与另一物体的能量（或质量）所产生的相对运动。一个物体的能量等于它的质量乘以光速的平方，即$E=mc^2$（c的平方）。E是能量，m是质量，c是光速（每秒约30万公里）。光速是一个自然存在的、用来衡量运动物体，将物体自身质量转换成能量的标准尺度。一个有质量的物体，当质量、能量、光速的平方都是1或者相等，它是一个相对静止的存在；否则，光速的平方，就是一个质量转化成能量运动的空间存在。$E=mc^2$，就是一个$1-1\leqslant^{①}0$的运动空间。这个

---

① ≤为作者用来表示运动空间联结的符号，不同于数字符号≤，下同。

运动空间用$Q^{①}$表示，即$Q=E=1-1\leq 0$。这样，具体现象的存在与运动的存在为什么是一物两面的问题，终于有了科学的证明。

相对性的原理，为自然辩证法提供了科学依据。它表明，宇宙中所有可见的运动存在都是一物两面的，是自身存在的运动与其他存在所作的相对运动，且自身的运动也是相对构成的。这成为人们认知自然存在的统一标准。它将人们从传统观念中解脱出来，并为人们从现象到本质、从经验到科学、从各执一端到统一认识认知事物，消除意识对表面存在的片面认知提供了科学方法。但对并非存在于自然之中，而是存在于人们意识中的观念，是物质构成的还是人们意识构成的，比如关于自由的形成及定义，如何认知并形成一致的看法或者结论，仍然是悬而未决的问题。

1970年，霍金和彭罗斯（诺贝尔奖获得者）利用广义相对论，提出了著名的奇点定理，证明了在一般条件下时空一定存在奇点。最为人们熟知的奇点，就是黑洞和宇宙大爆炸处的奇点（传统观念认为所有科学定律在此处失效）。霍金指出：宇宙的基态是量子态（或者宇宙不确定性绝对运动的自由态，本书所用的量子态或者量子引力，主要是为了理解的方便，因为万有引力定律，其含义相同。下同），宇宙所有结构，都起源于量子力学的不确定原理允许的最小起伏（量子态或者量子引力因起伏而相互挤压叠加，因为挤压叠加量子引力自身被束缚，产生相对运动物体的自存态或结构。在宇宙存在的强作用力、弱核力、电磁力和引力四种自然力中，引力最弱，但它因真空起伏而挤压叠加形成的力可以超过强作用力）。量子力学描述的存在是运动的存在，它是绝对的自由运动，目前人们观察到它的位置，就无法观察到它的速度，反之亦然（即不确定性原理或测不准原理）。它虽然飘忽不定但真实地存在。我们现在所用电子设备的基本元件，都是根据量子力学的原理制造。在宇宙中"也许不存在粒子的位置和速度，只有波。只不过是我们企图将波硬套到我们预想的位置和速度的观念之中而已"（见《时间简史》第154页）。"宇宙事实上必须是从仅仅由测不准原理允许的可能的非均

---

① Q为作者用来表示运动空间的符号，不同于英文字母Q，下同。

第二章　自然的观念

匀性开始的。""在一个各处物质密度稍有变化的膨胀宇宙中，引力使得较紧密区域的膨胀减慢，并使之开始收缩。这就导致星系、恒星和最终甚至像我们自己这样微不足道的生物的形成。因此我们在宇宙中看到的所有复杂的结构，可由宇宙无边界条件和量子力学中的测不准原理给予解释"（见《时间简史》第129页）。霍金在通俗著作《时间简史》中，希望人们克服唯心主义的传统，从相对性原理与不确定性原理中，理解宇宙中看到的所有复杂结构，不仅包括自然，也包括人类社会所产生的一切。霍金证明，时空是一个有限无界的四维面，正如地球的表面一样。宇宙是由起伏产生的量子引力挤压叠加，形成Q相对运动的时空结构和过程。霍金还证明了黑洞的面积定律。1973年，他通过黑洞附近的量子效应发现黑洞辐射，其辐射的温度与黑洞质量成反比。因辐射而慢慢变小的黑洞，温度会越变越高，最后一刻以爆炸而告终。黑洞辐射的发现，将引力、量子力学和热力学统一在一起。由此，他建立了量子引力论，并开创了引力热力学。至此，人们对宇宙的产生、运动、演化，从存在到意识，从物质到精神，即宇宙中所有的存在或者结构统一在相对论的原理中，进行统一认知并形成一致的结论，找到了科学依据。

相对论的科学原理，证明了恩格斯自然辩证法的论断，并与老子的观察不谋而合。"道"就是宇宙诞生之前存在的量子态：Q，它就是绝对运动本身。由于量子挤压叠加，生成了整个宇宙的能量运动存在："Q一"。大爆炸将这个"Q一"生存无数个能量不等的"Q二"：它们之间又相互生存、维持自身能量独立存在和相对运动的"Q三"：即能量场（或者引力场之间的吸引与对抗，即$Q=1-1\leq 0$的空间，下同）。正是"Q一"，所产生的"Q二"的相对运动，产生了无限多的"Q三"，相互存在又相对运动的宇宙世界。

霍金的发现终结了上帝存在。它不仅证明了自然辩证法，也为马克思主义的唯物史观（历史唯物主义与辩证唯物主义）提供了科学证据。为人们运用马克思主义的世界观和方法论，将人类社会的运动与宇宙物质的运动统一在一个相对运动的时空，并从中找到它们之间相对运动的共同规律，提供了来自自然科学的依据。

上帝的观念是人们的意识所创造，它既不从自然的存在中来，又不从宇宙的相对运动中来。这说明人们的意识跟自然的存在一样，也具有两面性。它可以创造一个不存在的东西并把它当作真的存在，也可以把真的存在当作不存在，像柏拉图的理念说所讲的，真实的存在是微弱的影子、真实的存在在理念之中那样，它与真实的存在正好相反。固定在人们意识中的观念，在意识中存在而现实中不存在，像上帝、神灵等。不固定的观念，在现实中存在而观念中不存在，像水在流、云在飘等，你不看见它就不在。就是说，意识认知真实的存在，必须是对立生存即眼见为实，并且看到该物本身对立生存的两面，而不只是看到它的一面，因为它们都是自身相对运动且与生存环境进行相对运动的存在。否则，在我们意识中的任何观念，都不是事物的全部，只能是部分。而用部分来概括全部，或者用不存在的观念做认知、判断与选择，我们就会上当受骗。

　　这样我们就必须坚持唯物史观，而不能相反地搞唯心主义。霍金为意识产生的观念存在和流动的意识怎样认知真实的存在设定了边界，终结了唯心主义世界观和方法论。基于我们意识产生的所有观念，凡是不符合相对运动原理的存在，它只能存在于观念中而不是真实的存在。它告诉人们，意识认知观念的存在，既要克服眼见为实又要克服不见为虚，要站在位置和速度结合物——量子态是绝对运动的立场，认知真实的存在，因为所有的存在都是由宇宙基态——量子态形成的宇宙结构产生的相对运动。不管它是可见的还是不可见的，只要符合这个原理它们就存在。比如，康德提出，自由既存在又不存在的纯粹理性悖论就解决了。人们说财务自由，就是资本拥有与生存需求相互作用的动态过程产生的意识认知，是一种实实在在的感觉。它是相对运动的存在。再比如，说话自由，就是你想说什么就表达什么，它是与说话不受限制的环境对立产生的意识认知，也是一种实实在在的感觉，它是存在的。它们在相对运动的空间都是真实的存在。人们之所以认为它们不存在，是因为我们意识中自由的观念不能真实存在。这样，人们就必须抛弃将粒子和运动分开，将自然和人类分开，将物质与精神、存在与意识、肉体与灵魂、唯物主义与唯心主义等分割开来、对立起来，认知存在的旧观念。运用自然辩证法和唯物史观，把观念与对象统一在一个相对运动的时空，认知和判断流动的意识所产生的观念是否正确，从科学发现而不是从观念到观念来寻找统一标准和方法。就是说，即使在我们的日常生活中，也必须运用马克思主义的立场、观点和方法，才能认知自然界和人类社会的本来面目，认识事实真相并找到真理。

宇宙的存在，是量子引力的绝对运动，而它所产生的宇宙可见的现象存在，却是量子引力产生的相对运动。从相对运动的观念，我们人体就是由两部分构成。我们的身体，是量子相对运动的现象存在，是本体；而我们意识的认知，是量子绝对运动的相对存在，是意识。本体存在是因为量子引力被限制，而意识存在是量子引力不受限制。意识的认知与选择，虽然是量子的绝对运动，但它所有产生的挤压叠加形成的结构（即所产生的思想和观念），也必须是对立生成，必须服从相对运动的原理，服从作用力与反作用力成正比的定律，符合自然辩证法和唯物史观。比如，意识认为好的东西，是与外部对象对立生存的相对运动。对意识的吸引力越大，本体产生的反作用力也越大，本体反作用力越大，自身的对抗力就越大；意识认为不好的东西，外部的吸引力就小，而本体的反作用力越小，本体的对抗力就越小。意识产生的欲望和本体之间的存在是相反的，意识的观念吸引力越大，意味着本体对抗力的增加，反之亦然。这与我们的日常经验正好相反。你特别想要的并不是真正好的东西，而你特别不想要的并不是真正坏的东西。人们要让自己的本体不被意识所左右，进而克服意识的盲目认知与选择造成与本体相对抗的自我伤害，就要按照自然辩证法和唯物史观进行自我认知与选择。对意识吸引大的，你要减少本体的对抗力；对意识吸引力小的，你要增加本体的对抗力，这样才能使本体的相对运动与意识的绝对运动处于平衡状态，使本体与意识处于和谐并使我们的欲望与冲动、企盼与选择与真实的存在相一致，从而实现自我主体地位的认知、选择与追求，而不是仰人鼻息。生活在别人的影子里。这样，我们就需要把有形的本体存在和无形的意识产生的存在，像自由、民主、法治、道德、善良、公正、公平等观念，统一于相对运动的时空过程之中，否则，它就不能真实地存在。人们要使它真实地存在就要通过自己的行动，对意识吸引力小的增加对抗力，增加对抗力就是用思想和行动去追求；而对意识吸引力大的就要减少对抗力，减少对抗力就是用本体行为去拒绝。这就需要人们转变传统认知方式，解脱唯心主义的束缚，首先把意识从观念的矛盾与困惑中解脱出来，从根本上克服意识的无限流动带来的混沌无序对自身的伤害。将从运动的结果观察认知事物形成观念，并用所形成的观念判断是非对错作选择，转向从运动的过程观察认知事物，从相对运动的过程，按照自然辩证法和唯物史观判断是非对错作选择。

这似乎牵涉一些基础的问题和根本的问题。比如，我们从观察到的现象存在，对人类的进化进行认知与选择所得出的结论是，人类进化是优胜劣汰的丛林生存。这样，人类发展过程就是向动物世界的退化，它是静止的、倒退的。我们从相对运动的过程出发所得到的结论正好相反，人类的进化是抛弃优胜劣汰、丛林生存的过程。因为只有这样，人类发展才能获得属于我们自己的真正自由，它是运动的、前进的。丛林生存跟动物世界一样，是弱肉强食，勇猛的动物总是拿弱小的当食物。只有兔子和兔子同类的动物才是平等相待、和平共处。动物世界是在平等生存的环境之中产生并进化。生物、植物、动物相互之间处在生物链上，从现象存在上看好像是不平等的，但在相对运动的过程中，它们之间是自然界控制的相对存在相互依存，谁也离不开谁，否则，它们都会饿死。我们人类虽然处于食物链的高端，同样与它们是相对存在、相互依存，没有它们我们也会饿死。也就是说，人类作为同类高级动物是自我主导的进化。如果选择丛林生存，在相互竞争中追求平等（或者自由），就丧失平等或者自由，就失去我们的真实选择。我们只有选择非丛林生存，才能实现真正的平等自由。我们从观察现象存在得出的观念与真实的存在正好是相反的。再比如，我们每个人都是在与生存环境中所作的相对运动。一个好的环境就是营造一种平等公正的状态，不让贫富的差别太大，不让像权力、金钱这样的东西对意识的诱惑力太大，使生存环境与本体

第二章 自然的观念

之间处在和谐的状态，或者说，对平等公正环境的共同营造是每个人的切身利益。它不是一种观念，而是一种行动。在唯心主义传统观念下，意识只看到不公平是政府权力造成的一面，政府只看到社会不公平需要权力的一面。意识将不公平看成是政府权力造成的，没有看到没有政府权力就不能有公平的一面；而政府看到的是没有权力就不能实现公平的一面，没有看到权力造成不公平的一面，造成一个倾向于减少，另一个倾向于增加，形成相互的矛盾与冲突。权力与公平是一种观念，不是真实的存在，它只能存在于相对运动的过程之中，而不能存在于人们意识产生的观念之中。只有所有的意识将二者统一于相对运动的过程，它才能真实地存在。它是所有人共同努力的行为过程，而不是相互在意识观念上的矛盾和冲突。再比如，对自由的理解就需要重新认识。追求绝对自由，我们就回到量子态（它是宇宙最大的自由存在），那样的话我们就不能存在。也就是说，我们追求绝对的自由，就是追求快速奔向宇宙量子态的有形消亡，它与我们追求有形存在的真实意义是相反的。再比如，对市场经济的认识与选择，公平与效率是一对矛盾，它们只能存在于相对运动的过程之中，而不能存在于意识的观念之中。追求绝对的公平就失去效率，而追求绝对的效率就失去公平。这是一个相对运动的平衡问题。企业家主张效率至上没错，而政府主张公平优先也没错。二者要实现相对运动的平衡，就需要双方的共同努力，而不是在意识观念上的互相矛盾与冲突。一个企业自身也是相对运动的存在，企业本身就要相对公平，才能让职工有积极性。这就要坚持劳动（体力和脑力）而不是资本创造价值，坚持一次分配而不是二次分配，解决好公平与效率的问题。因为劳动的价值得不到充分体现，职工收入少就要走人。

我们在宇宙中寻找的存在，必须符合科学发现的定律，符合唯物史观。我们必须克服唯心主义的传统。否则，对于有认知主导能力的人类来说，你从有形去认知并追求理想的绝对自由，作用力越大则有形存在消亡得越快，或者痛苦烦恼就会更多；你理想有限的自由追求，限制绝对自由追求的反作用力越大，获得存在的过程才能更长，或者痛苦烦恼才会更少。这样人们就要正确理解，你所追求的自由幸福生活到底是什么，并将自己正确的理想与"人民对美好生活的向往是党的奋斗目标"的国家理想，以及自己应该采取什么行动统一在一个相对运动的时空之中，形成共识并共同行动，避免"两张皮"，避免在意识观念上的矛盾与冲突造成的自我伤害。依此类推，我们对所有意识产生的理想与追求，在相对运动的观念下，都能得到同样的结论。如果我们搞唯心主义，在意识观念中存在的绝对化或者盲目的认知与选择，与我们追求的真实意义一定是南辕北辙。它说明我们不可见的意识同样是自然运动的反映，并不是我们意识的特殊存在与选择，它受到相对性原理的制约，否则就不能存在。我们同样可以根据霍金的结论，对意识产生的"所有复杂的结构，可由宇宙无边界条件和量子力学中的测不准原理给予解释"。马克思主义的立场、观点、方法和它所产生的科学结论，不仅是个理论问题，也不仅是个理想问题，而是涉及人们的世界观、人生观和价值观的具体问题，是关系到我们每个人的切身利益和人生追求的自由幸福怎样实现的基本问题。而唯心主义的观念，同样也不仅是一个理论问题，而是在日常生活中遇到的并经常使我们的认知与选择发生错误，甚至造成自我伤害的普遍问题。

二、我们意识的认知与选择，来源于自然的运动

在宇宙中，所有可见的有能量或质量的Q，都是量子起伏挤压叠加产生的结构。它们有的是早期挤压叠加而成，有的是在能量场挤压叠加而成；相对静止的能量物质在能量场（引力场，下同）交换量子引力，产生衰减或破缺。物质破缺是由诺贝尔奖获得者、著名物理学家杨振宁发现的。他的发现，改变了物理学认为宇宙是绝对对称存在的传统认知（他由此成为人类最伟大的二十位科学家之一）；相对运动的Q在能量场交换量子引力，通过自身能量释放产生相对独立的相对运动现象存在。一个物体的运动是它自身质量对立生成的能量运动趋于无限大的零空间。0是正数和负数的分界点；它是

"有"的存在，也是"无"的存在，"无"是相对"有"的存在，是一个有质量不运动的"无"变成运动空间"有"的产生过程。因此，Q就是一个由自身质量对立生成的能量运动空间。它的绝对能量为零，产生并运行它自己的宇宙绝对能量也为零。宇宙不能无中生有，所有运动物体，均是由量子引力挤压叠加构成的相对运动，并与其他Q相对运动的现象存在（我们所见的相对运动物体或者现象）。

相对论预言：宇宙是在一百三十多亿年前，由于量子态挤压叠加产生大爆炸形成的。巨大的压力将量子态挤压叠加成巨大的能量，在大爆炸的一瞬间，这些挤压叠加的炽热能量抛撒向虚无的空间，随着温度下降，它们被挤压叠加成多种能量不同的Q。"在宇宙中可观测到的物质，大体有1后面跟80个0个粒子。""这些以粒子与反粒子对的形式，由能量中创生，它们由正能量构成。""所有物质都由引力相互吸引，两块互相靠近的物质，比两块分得很开的物质具有更少的能量，因为你必须消耗能量，去克服把它们拉在一起的引力而将其分开。这样，在一定意义上，引力场具有负能量。""这个负的引力，能刚好抵消了物质所代表的正能量，所以，宇宙的总能量为零"（见《时间简史》第120页）。"宇宙是完全自足的"，"它既不被创生，也不被消灭。它就是存在"（见《时间简史》第126页）。像银河系，由于中心质量特别巨大，周围的星体被它中心巨大能量产生的吸引力所俘获，只能以自身能量产生对抗力（或吸引力），尽量离开银河系的中心（以免被俘获）。太阳的中心质量不仅使它吸引了周围的星体，还与这些星体一起共同对抗银河系中心的吸引力。地球则通过与月球一起共同对抗太阳中心的吸引力，并与太阳系共存。宇宙深处所有星系飞驰而去，是因为在更大的区域中，所有星系为了逃脱另一星系的束缚，互相释放自身能量产生对抗引力（或吸引力）。它们互相分离又互相吸引。"天文学家观测了许多系统，在这些系统中，两颗恒星相互之间的引力吸引而相互围绕着运动"（见霍金《时间简史》第八章《宇宙的起源和命运》）。

宇宙中所有的运动物质，都是一个相对独立的Q。它们因挤压叠加而被束缚在一起，都具有逃逸挤压叠加的内禀性质，或者它们因挤压叠加在一起产生相对运动现象存在。它们相互因逃逸被阻遏而形成的吸引与对抗的能量场，使它们无法逃脱被束缚的命运。也就是说，宇宙的能量运动是因为量子挤压叠加的结果。挤压叠加的Q在能量场的作用下形成内卷力（吸引力，相对于另一Q能量方向相反的对抗力，下同）。逃脱（解除）内卷对抗或者逃逸挤压叠加成为宇宙能量运动的来源。它是作为能量运动的人类社会，摆脱生存困扰、争取自由的自然动力来源，或者是相对论原理发现的宇宙能量运动的自然法则，是量子引力争取逃逸自由的过程和结果或者时空过程。宇宙中所有的Q无论大小，都是由宇宙基态的量子挤压叠加而成，对抗与吸引从底层（或者中心）一直到有形或无形的Q，其内部和外部相互形成无数个Q互相对抗、吸引、依赖、运转，看似复杂、构成原理相同的能量运行关系。Q内卷力产生能量场的对抗力（或吸引力）并从宇宙基态交换量子态。它们都是一个开放系统，通过量子态交换、感知调节与相关Q之间对抗（吸引）而独立运动、相互共存的能量运动，是人类自身能量在与另一能量的对立共存、相对运动中，产生感应感知并形成认知与选择的自然能量运动。在宇宙中，量子态挤压叠加而形成的Q以及由此构成相对运动、相互作用的系统，是在没有外部指令条件下系统内部各子系统之间，自行按照自然法则形成结构或功能的自组织现象（或者Q自组织，下同），是一个由耗散结构产生的自组织（自维生）所形成的一个耗散结构系统。人类个体以及由此组成的人类社会，各种基于个体组成的组织和交往圈，都是这种自组织现象（见《自组织宇宙观》第十四章）。它们的能量场分布，能量运动中心（或者相对独立的能量运动系统吸引中心）内卷力从大到小，Q数从少到多。当产生大爆炸的挤压叠加作用力，因Q对抗逃逸或相互吸引的反作用力耗散，由膨胀转为收缩直到消耗殆尽，宇宙回到原点，然后进入新一轮运动周期。"引力总是吸引的这一事实意味着，宇宙必须或者在膨胀或者在收缩。按照广义相对论，宇宙在过去某一时刻必须有一个无限密度的状态。亦即大爆炸，这是时间的有效起始。类似的如果整个宇宙坍缩，在将来必有另一个无限密度的状态，即大挤压"（见《时间简史》）。

宇宙运动存在的所有相对独立的Q，都是争取自由的相对运动过程（但前提是必须自己存在，即量子只有挤压叠加或者被限制，你才能产生并存在）。所有Q其自身逃逸被束缚命运的努力，成为宇宙运动的动力。逃逸挤压叠加产生阻隔，相互阻隔产生对抗力，相互对抗产生Q自身的吸引力（内卷力），由此构成了宇宙的意志（自然法则或者自然选择）：Q免被俘获的自存选择——避免因俘获而无法自我逃逸，使其释放能量产生的吸引力（内卷力）总是大于对抗力；Q相互非对抗博弈的自由选择——以最少能量消耗获得最长运动过程，以争取更多自我逃逸机会，使其释放能量产生的对抗力总是小于吸引力。自存使它们相互吸引，自由使它们相互分开。自由服从自存并被自存所制约。Q中心能量的内卷力总是大于从自身能量到所构成能量场（对抗或者吸引）的所有力。一个由大爆炸产生的宇宙，不会像放烟花那样湮灭。再大的星系，不会因为自身拥有更大的质量而拥有更多的自由；再小的Q，也不会因为质量太小而失去存在的选择。它们相互是对抗与吸引的互动关系。摆脱逃逸挤压叠加、获得自由是它们的共同使命。而逃逸之艰难超出想象。一个光子从太阳中心逃逸出来，至少需要十万年到一百万年的时间。自存的自由选择使逃逸的量子被能量场俘获产生挤压叠加，无机物演化成有机物，有机物演化成生物。逃逸的量子变成多种Q，产生多样性自存获得了更多的自由，或者获得压力相对变小的运动空间存在。挤压叠加的量子态，只有通过对立共存才能获得自存的自由。否则，争取绝对自由则必然失去自存，争取绝对的自存就不能产生运动现象存在，因而也不存在自由（像石头就是这样的东西）。由量子构成的我们人类每一个本体，是自存的相对运动并与其他Q相对运动所形成的自由运动空间的对立统一体。它既是量子绝对运动的无形存在，又是量子被限制的相对运动的有形存在。我们的意识活动运行量子引力（是宇宙基态——量子态绝对自由的本性或者说它就是波），它使我们可以具有无限的想象力。但如果我们按量子态的状态去追求自由，则自存必然丧失，我们回归原处或者回到基态。只有对量子态的自由进行限制，我们才能获得自存自由的相对运动空间。这正是宇宙中所有运动物体之所以存在并运动的自然本质属性。自由产生于对自由的限制。否则，自由就是陷阱。新冠疫情期间由意识表现出来的混沌效应，是自由失去限制的自然反映，而不是人类意识产生的特殊存在，或者说它是量子为了回到基态给我们设下的陷阱。由本体和意识两部分构成的我们人体，虽然都是量子，但二者之间同样是相对存在的相互作用。本体是量子受限的相对运动存在，而意识却是基于量子态的存在。它虽然由本体产生但并不是完全跟本体保持一致，在很大程度上并不完全受本体的控制，而是受宇宙基态的左右。这正是我们意识的认知与选择，必然受到生存环境影响并受其制约的自然原因，也是意识一旦脱离其制约必然走上"自由至上"、导致本体伤害的自然现象。像宇宙所有运动物体一样，我们意识所产生的任何理想追求，也只能是对自存有限满足的自我限制（因为我们是量子态被限制的相对运动的相对存在，谨记唯物史观）产生的意识趋于无限的自由，而不是对自存的无限追求，也不是对自由的无限追求，二者只能存在于相对之中并受到作用力与反作用力的制约。这正是宇宙和人类产生、存在、运动的进化灵魂（之所以称为灵魂，是因为人类一直在寻找灵魂，后面会看到我们人类是怎样得到的又是怎样丢失的，丢失以后是什么样子）。自存选择是所有生物动物趋利避害本能，是宇宙之真的自然存在；自由选择是所有生物，只有平等（或者平衡）才能相对运动的本性，是宇宙之善的自然存在；多样性自存是所有生物动物演化获得的自由，是宇宙之美的自然存在，是构成人类真善美自然心灵的自然来源。就像早期并不燃烧的太阳一样，当它的内卷力不足于抵抗银河系中心吸引力时自然点火（量子引力对抗逃逸），通过燃烧释放相应的能量以满足自身独立存在。逃逸的光子被能量场挤压叠加（即光合作用），产生无限多样的Q自由空间，以争取更多逃逸机会。当一个星体Q（或者能量运动物体）的内卷力不足于支撑其独立存在时，就陷入坍塌或者进入黑洞，结束自我相对独立存在争取逃逸、获得自由的命运（或者能量运动现象存在逐步消失）。宇宙从诞生到运动，就是量子引力挤压叠加到爆炸分化自动产生的能量运动过程。它们相互的吸引或对抗产生相应对抗或者吸引的能量场。这些场，就是我们所说的弯曲时空（一种能级能量结构）。宇宙没有无能量运动的空间，也没有无能量运动的时间。"不确定性原理意味着甚至'空的'空间也是充满了虚粒子和反粒子，这些粒子对具有无限的能量，并且由爱因斯坦的著名方程$E=mc^2$可知"（见《时间简史》第141页）。它们的时空都是以对抗与吸引的关系而互相对立共存（既分开又吸引），所有星系之间构成自洽的存在。

我们所能见到的一切物质，无机物、有机物、生物，都是由电子、质子、中子（这些统称为量子）相结合组成的各种原子，各种原子相结合组成各种分子，各种分子再组合成有机物程度不等的聚合物，其中一类构成了生物（见《全球通史》第4页）。我们所见到的物质包括我们自己，都是由量子挤压叠加所构成的。如果用仪器观察，人们发现可见的世界都是海市蜃楼，存在的只有流动的量子。宇宙深处布满的是量子（或者量子引力）。它无处不在，无时无刻不在运动。它与所有的存在同呼吸、共命运。相对论原理告诉我们，宇宙所有运动的物质：Q都是二像的，绝对运动的一像是不可见的，可见的是绝对运动产生的相对运动的一像。所以有人说，我们所看到的之所以如此，是因为我们存在。也就是说，人们理解存在包括我们自己，理解的是相对运动的存在。换而言之，我们是按自己的理解去理解存在，我们看到的是有形的存在，而在本质上我们是量子态构成的相对运动存在。

从科学原理出发认知我们存在，以及由我们大脑产生的所有观念，它们都是对自然的反映，都来源于自然。宇宙中看到的所有结构，显然也包括我们产生的认知与选择或者是思想，都是量子态挤压叠加的过程或结果。都是一种能量运动，它不是唯心主义的自由认知与选择，而是自然辩证法和唯物史观认知的自然运动，都可以从相对性原理和不确定性原理中得到解释。这样，我们就可以用一个Q去描述自然界能量运动的万事万物了。它们都是由宇宙按同它一样的原理产生的一个相对独立的能量运动空间：Q。人们可以像曾经所做的那样，对这些能量不等性质相同的Q进行编码命名，大到一个天体小到一个量子纠缠态，或者更微观的Q，如果人类突破了对低微能量Q不可测量的限制，任何相对独立存在的Q都能"由爱因斯坦的著名方程$E=mc^2$可知"，或者人们的观念摆脱了唯心主义的束缚，将一个事实上"也许不存在粒子的位置和速度，只有波"的宇宙……不再将"波硬套到我们预想的位置和速度的观念之中"，就能对它们之间的相互运动关系进行准确的描述。人类依据自身偏好，在条件许可的范围内，可以制造出一个和它一样原理的存在，就像我们利用能量造出的汽车、飞机和宇宙飞船、纳米机器人的运动一样，或者与我们用眼睛打开电子开关、用意识控制电脑的运动程序或者与阿法狗下棋一样。这有点像我们的祖先用眼睛观察存在的外形，给猪、狗、马、猫、树和高山、大海、小溪、池塘、水滴作标记，如果我们的祖先将人标记为猴，把猴标记为人，我们人类就跟猴子换称谓了。现在，当你说某人不是猴时他就会跟你急，而当你说他是个天才猴时，他就会很开心。在自然中，人、动物和其他运动物体，在Q上是同质的，只是质量大小、存在的外形和运动的方式不同而已。我们若不从宇宙的本质或者从相对性原理中，运用唯物史观，通过自存与自由的对立共存、相互作用去认知真相，意识的自由认知就会首鼠两端，变成墙上一蔸草，风吹两边倒，进而失去自我，上当受骗。我们的自存跟宇宙中所有运动物体一样，是与另外的Q所作的相对运动。在这个时空中，只有在没有外力干扰的情况下，才能保持相对恒定不变的状态。而你需要消耗自身能量去与其他Q作相对运动，否则你就不能运动。我们仅仅是在相对运动的状态下，为了自存而产生自由空间或者叫自由状态。在这个空间，只有使自己消耗最少（或者尽量减少对抗力），时空的过程才能最长，或者自由空间最大，否则，只能使自存的自由空间畏缩。就是牛顿引力理论讲的，两物体之间的相互吸引力和它们称为质量的量成正比，并和它们之间的距离的平方成反比。也就是说，我们人类只有生存于平等的环境之中，自由运动的空间才能最大。相反，不管任何人，哪怕再富有也同样不能得到真正的自由空间，这就是人们常见的一些人因过度劳累或者在一个持续竞争的环境之中，因过量压力失去自身相对存在的平衡，导致早亡的自然现象，不是意识自由的认知与选择。这样，我们就要从日常生活中，从生命的存在及相对运动的过程中，真正理解共产主义理想为什么是人类的共同理想。或者说，我国为什么追求共产主义理想而不是西方资产阶级的理想。因为它是我们每个人自由幸福的必然选择，是实现人类自由幸福的必由之路。

三、我们从运动中来到运动中去

相对论原理为我们人类找到自己是从宇宙中产生的，而不是由一个像人一样的上帝所创造的科学依据。它为我们从哪里来到哪里去画上了句号，也为我们对并非真实的存在而是由意识产生的所有观念是否存在画上了句号。人跟宇宙中所有运动的物质一样，是由太阳与地球共同构成的能量场，量子挤压叠加的质量构成的一个能量运动空间：Q，与生成它的能量场构成又一个Q空间，并在这个空间吸收能量与能量场作相对运动。Q能量大小是由能量场（或宇宙）决定的。它必须把能量内卷在自己的空间，释放自身能量来产生对抗能量场的吸引力（或者对抗力），才能维持相对独立存在并运动，否则，它就不能产生；它必须在相应的能量场运动并受到它的制约。它的寿命（即运动存在的过程或者时间）由能量大小及消耗快慢所决定。像燕子，能量相对小，消耗却很快，每分钟心跳达1200次，只有不到两年的寿命。当能量内卷力足够大，人体从能量场吸收挤压叠加量子引力；当内卷力逐步减弱，不能对抗能量场吸引力（或者只能吸收不能挤压叠加量子引力），则由生长期进入衰退期；当内卷力逐渐丧失，达到临界点时，就被能量场的量子引力所平衡，人体的量子（剩余能量）回到能量场（被俘获），生命运动周期结束。

人体的质量由一个叫作脱氧核糖核酸的多细胞组成的结构所携带。它的两端由一个叫端粒的细胞打结，由精子和卵子产生器产生的单倍生殖细胞交配形成。它携带人体的能量总量和分布信息（细胞及其结构），经由母体能量场的能量生成一个新生命。人类所有人种的能量相同，基因相同率为99.9%，遗传、肤色、长相、性别等个体差异，只来自这个0.1的能量区间。人体是由40万亿个到60万亿个细胞Q，相互之间构成无数个Q运行空间，看似复杂而构成原理相同、相对独立的Q自组织。所有细胞在能量场交换量子引力，释放能量产生对抗力（或吸引力）以维持自身相对独立运行，人体则通过饮食给所有细胞提供能量（量子引力）。各种能量细胞在大脑中枢神经系统的调控下，以其能量运动产生不同的功能。"对于智慧生命的行为来说，为了存活下去，人类必须消耗能量的一种有序形式——食物，并将其转化成能量的一种无序的形式——热量"（见《时间简史》第138页）。人体细胞的正常死亡是由该细胞失去内卷力、被能量场平衡；人体的老化则是内卷力衰减后，皮肤细胞被能量场的量子引力所稀释（俘获），就像石头、树皮的风化和老化一样。

  按照相对运动的观念，理解和认识人类个体、人类社会以及由此产生的一切存在，都是宇宙之存在的量子引力运动，其意义不仅仅只是为了改变我们的唯心主义传统观念，更重要的是理解生命之宝贵。人是万物的尺度，是世界万物中最宝贵的。我们基于意识产生的理想追求，无论有多少不同，其本质都是自然能量运动，是自存对自由选择的自我限制、对立生存的相对运动，产生多样性自存自由的自然心灵反映过程，是量子引力内禀属性外化的最高形式（或者自然反映）。我们的本体和意识是量子引力获得自存自由的载体，而不仅仅是我们认知的存在本身，承载的是宇宙意志。"太阳系年龄大约是五十亿年，地球存在的头十亿年或者二十亿年，对于任何复杂东西的发展都嫌太热。余下的三十亿年左右用于生物进化的漫长过程，这个过程导致从最简单的组织到能够测量回溯到大爆炸那一瞬间的生物的形成"（见《时间简史》第116页）。我们的观念是自然的反映。我们需要抛弃唯心主义的传统，坚持唯物史观。个体生命之存在就是宇宙之存在。从一百三十多亿年前大爆炸的那一刻起，宇宙用了如此漫长的时间，从无机物到有机物、从有机物到生物，才演化出来生命之存在。这些无数Q，它们同处在宇宙怀抱之中，对立共存、相互关照、互依互靠、相依为命。想想宇宙演化之艰辛，想想生命来之不易，人们应该懂得，寻找祖宗是我们的孝顺；珍惜生命是对先辈的最大告慰。珍爱尊重自己的生命，是最起码的德性；珍爱尊重他人的生命，是最起码的人性。许靖华在研究了恐龙的生死之谜后，对什么是生命给出如下定义："生命就是付出，死亡才是酬报"（见《大灭绝：寻找一个消失的年代》）。他的深刻含义是，生命就像孕育它的宇宙一样，是相对性原理产生的量子运动的结果或过程。基于这一过程所产生的意识，无论有多么强大的想象力，它体现的只能是宇宙意志和自然的观念，必须符合自然辩证法和唯物史观。

当然，人们仍然也可以像过去一样，说爱因斯坦相对论讲的是物理学，它不能包含我们人类自己，或者说自然辩证法和唯物史观是一种理论，而不是认识和改造世界、实现属于我们人的本质意义的自由幸福的实践活动。这样我们就要陷入悖论，生活在自相矛盾的世界。绝对的理想追求就会给我们带来痛苦甚至灾难。1859年，达尔文在他的物种起源理论中提出进化论的思想。该思想是说，地球上所有生物动物，都是按"物竞天择、适者生存、优胜劣汰"的法则，随着自然的进化而来。他的发现似乎对人从哪里来找到了某些依据，至少为那些被宗教神权和世俗权力压得喘不过气来的人们，提供了冲出思想牢笼的武器。"物竞天择"证明，每个个体存在都是由天注定的，与神无关，与世俗权力无关。他们生而平等或者因自然的平等而生，无高低贵贱、贫穷富贵之分。进化论掀起了人类思想解放的又一次巨大波澜，所产生的效应远远超过了文艺复兴的思想解放运动。但它所强调的"适者生存、优胜劣汰"与"物竞天择"自相矛盾，就像一个卖矛的人说他的矛无盾不穿，而卖盾的时候又说他的盾无矛能穿一样。或者像罗素所说，我只给那些不给自己理发的人理发一样。因为宇宙既不产生不适者，也不产生优者，一切都是自然的，是由绝对运动的量子态被限制产生的相对存在所作的相对运动。达尔文看到的是不同物种之间相对运动并进化的现象，而没有看到产生所有物种自身进化同样来源于相对运动的本质。他从所看到的一面，将自然界生物链现象与动物在极限生存环境下相互拼搏的自然现象，与我们人类追求的文明进步的自然进化等同起来，将自然主导的动物世界与由获得进化灵魂自我主导的人类社会等同起来，并将其描述成科学定理，将自然的观念变成了人类社会的丛林生存，对人类造成的伤害远远超过了它本身。一些人利用它的思想，为英国推行殖民地统治、残酷剥削殖民地提供所谓的"正义"依据，用精神鸦片把殖民地人民变成了阿Q。第一次世界大战和第二次世界大战前后，它的思想催生的社会达尔文主义风起云涌，一些别有用心的人披着"为种族""为国家""为民族"的美丽"外衣"，实行纳粹主义和种族主义。希特勒就是用进化论将日尔曼民族称为优等民族，而将犹太民族视为劣等民族并对犹太人实施种族灭绝。德国人民也深深陷于法西斯主义所造成的痛苦之中。进化论对人类生存价值和生存方式选择的影响极其深远。"适者生存、优胜劣汰"的思想像妖魔缭绕在人类的心灵深处，以至于"狼图腾"（一种弱肉强食的主张）成为不少被害者的正当选择，误导这些受害者失去进化灵魂和自然心灵，变成生存的奴隶。唯心主义传统认知丢掉的一面，也同样反映在意识的方方面面，进化论依然是当下奉行种族优劣论的理论来源。它对人们的意识造成了混乱，不仅给我们赖于生存的自然环境和生态造成了严重破坏，也给人类社会的文明进化造成了无数的生命灾难。

　　人们必须抛弃唯心主义的传统，坚持相对运动的科学认知观念，坚持自然辩证法和唯物史观。因为当下的意识自由追求仍然坚定不移地相信，人类自诞生以来所受到的伤害，或者人类自我认知的自由幸福追求之所以陷入困境，不是来自人们对进化论的片面认知，而是来自宇宙对人类的不公。畅想将人类社会的进化，由基于碳基导向基于硅基。如果畅想成真，人类将被意识产生的计算机程序所主导，人类不是向动物世界退化，而是将变成由自然之身组成的机器人。人们的意识将不再受自我控制。所有人都将失去自我，失去进化的灵魂，变成生存的奴隶，以不堪入目的邪恶丑生存被钉在十字架上，打入永世不得翻身的地狱。因为"看来很清楚，至少如我们所知，生命只能存在于一维时间和三维空间没被卷曲得很小的空间——时间区域里……多于四维的空间几乎是平坦的。在这样的区域里，不会有智慧生物去观察这有效维数的不同数目"（见《时间简史》第149页）。

　　仅从人类的自由追求对自身造成的伤害来看，抛弃唯心主义的传统观念，按相对运动的自然观念，坚持马克思主义的立场、观点和方法，理解自身已经显得十分必要了。它意味着，人们要站在"物竞天择"的立场，抛弃"适者生存、优胜劣汰"的片面认知，对意识认知的理想追求做出明确而肯定的回答，形成对人类文明进化的共识。否则，图灵因道德绑架而自杀的悲剧还会重演，伪善的谎言还会欺骗伤害所有人，包括我们自己。

第三章
走出动物世界

【内容摘要】人类起源于平等。所谓的自由是平等或者由平等支撑的意识自由空间,正是这个相对运动空间的产生,让我们人类走出了动物世界。漫长的部落时代,正是基于自然血缘生存的家庭和氏族自组织,对生命之存在自由选择的自我抑制或者限制(否定之否定),撕裂自身,平等(平均)共享有限生存(食物),人类才获得了自然的进化灵魂,实现了平等自由生存的美好并创造了旧石器时代的"完全的人"的本质意义,其完全的程度是自农业革命以来的人所未曾接近过的。这是马克思主义的唯物史观得出的科学结论——人类的进化是从原始共产主义社会到共产主义理想社会的必然进化过程。

坚持自然辩证法和唯物史观,意味着在一个流动的世界,我们意识认知与选择的所有观念,需要经过相对运动的检验。因为意识中的所有观念,是对相对运动存在的现象认知,而这个运动现象之所以存在是它具有对立生存的两面,而不是我们所看的是一面。人们应该把意识中的观念放在更大的范围去认知,与具体对象相对运动、对立生存、对称确认。否则,无论是固化在意识中的还是在流动中形成的观念,只能是观念的存在而不是真实的存在。而我们要确认它的存在就需要不断地进行对称确认。

用相对运动的观念观察人类发展史——人类起源于平等。所谓的自由就是平等或者由平等支撑的意识自由空间，正是这个相对运动空间的产生，让人类走出了动物世界，这是马克思主义的唯物史观得出的科学结论——人类社会的进化是从原始共产主义社会到共产主义的理想社会。传统观念认为：自然界的高级动物是人类。因为人类具有认知主导能力，可以用意识产生的智慧创造出自然界原本不存在的东西，并满足人类无限美好的理想追求。据此，我们将人类的进化称为文明的进化，以区别于动物世界的自然进化。但现实的存在往往充满了意外，文明进化的过程正如达尔文所言，是"适者生存，优胜劣汰"的过程，为了变成"适者"获得生存，竞争、竞争、再竞争，成为人们获得所谓自由幸福的必然选择。它遵从的法则好像跟动物世界的丛林法则没有本质的不同。我们看起来从物质上得到了很多，而在意识之中的平等自由失去的甚至更多，自由幸福的理想似乎遥遥无期。现实的存在与马克思主义的主张渐行渐远，甚至截然相反。以致唯心主义的人们对它产生了怀疑，错误地将其放在了意识的未来理想之中，而不是贯穿于追求人生价值、实现自由幸福的当下运动过程。

当人们通过电子技术，对自然界特别是动物世界的了解和观察达到相当的程度之后，人们惊叹动物世界天然之平等、有限自由之生存，竟与人类社会有如此众多相似之处。它们有的独处，有的合居，有的群聚，谈情说爱、交配生子、哺育呵护自己的后代；有些动物像乌鸦，还对逝去的同类举行集体鸣哀悼念。它们对环境的选择十分聪明，对危险的到来十分敏感。平时大家在各自的领地相安无事，各玩各的。有些群居动物还搞笑，也要靠实力去拼得老大的地位，少做多吃，多占异性，是常见自然之现象，动物之本性。它们并非人类社会的发明创造，专利权并非为人类的意识所独有。它与达尔文的观察似乎有许多不同。细心的人们会发现，动物世界好像比人类社会之间的拼杀少了参数；比封建时代为了争权夺利、杀女害子多了天性；比现在那些偷窃生命、砍手跺脚使人致残，驱使他们讨钱的残忍之徒多了人性；比用坚船利炮发动战争致使无数生灵涂炭，更懂得生命存在的价值。虽然在人类智慧大脑产生的各种生存技巧面前，它们显得如此笨拙，被捕获后如此无能为力，然而在新冠病毒和核武器面前却泰然处之、行若无事。仅凭这一条，动物大脑就足以笑傲人类，让人类智慧的大脑自愧不如、自惭形秽。这样，人们就要思考，没有智慧大脑的动物世界和有智慧大脑的人类社会，它们到底应该怎样划分智商高下，野蛮和文明到底如何定义。就是说，在唯心主义的传统观念中，对文明的认知尽管没有形成共识，但我们在与动物世界的比较中，对任何不同的定义都能找到充分的证据，证明其正确无疑。但我们一旦把这些观念或者定义，放在一个更大的空间尺度去认知比较，它就不能自洽。可见，唯心主义的错误认知，经常使人们的意识陷入困惑，并将我们对人生意义的理解与追求带入歧途。

一、相对运动，使我们获得了自我主导的进化灵魂

恩格斯用自然辩证法和唯物史观研究人类起源，论述了劳动在人类起源中的重要作用。他指出："劳动是整个人类生活的第一基本条件。而且达到这样的程度，以致我们在某种意义上不得不说：劳动创造了人本身"（《见自然辩证法》第303页）。如果我们按唯心主义的传统认知方法，就无法确认劳动是怎样创造人类的。我们按相对运动的观念去观察，他所给出的结论是完全正确的科学结论。宇宙的基态是量子态，就是说宇宙的能量无处不在。所有的存在都是量子构成的相对运动存在：Q。如果将一盆水（能量）放在某高山的山顶，在没有外力作用下，它是平静且没有方向的；当盆子被外力倾斜，它就与能量场形成势能方向。将一动不动的凉水放在锅里加热，被煮沸的水分子获得足够能量后，便开始沿能量场能量最小的区域"逃跑"（或者热量低的区域），直到它在能量场将所有能量全部耗尽回到能量场。由量子引力挤压叠加的单独Q，是一个由正反能量方向构成的自组织，里面正、外围一定是负，反之亦然，形成自身能量与能量场的对立依赖关系（对抗与吸引）。中心质点能量总是大于外围的能量，质点中心产生内卷力。质点能量方向与吸引它的中心能量的引力方向反向生存，并随它所处的能量场中心能

量引力方向的变化，自动正负反转。外围反向能量通过内卷能量释放对抗力，同能量场与中心能量共同运行各自的能量。所有可观测的或不可观测的能量，所构成的Q自组织和它所构成的与能量场的Q能量分布的耗散结构系统，从质点中心向外由大到小，Q自组织从少到多。这样就可以从自然能量运动来理解大脑了（见《自组织宇宙观》第27—81页）。

　　自然界的所有动物靠大脑生存。它们都是由太阳与地球对立生成的能量场，量子引力挤压叠加产生的若干个Q组成的一个Q自组织（能量大小不同）。人的大脑，是人体所有器官中Q自组织最多的部分，是由140亿—160亿个神经细胞和近860亿个神经元组成的神经系统：Q自组织，是人体能量调控中心。它的中心区域负责生命体运动的所有调控，包括呼吸、心跳、觉醒、运动、睡眠、平衡、感觉等，边缘系统负责动作、情绪、记忆处理和其他对外的外部反映。人体所有的认知情感功能，像体温、血压、血糖等易受体内影响，生成变化（能量改变）的反映都在这个边缘系统。它是耗氧量（量子引力）最大的器官，由无数个Q组成的能量运动空间（神经网络）：Q自组织。所有Q都是独立开放并与身体相通而吸收能量，从能量场吸收量子引力，释放自身能量与能量场作相对独立运动。人体通过大脑所调控的能量运动，自动感应感知调节内部能量场的能量运动，通过触动能量场的能量对称感应感知其他Q，产生听、嗅、视、触等感觉与认知。眼睛不能看到物体的背面，是因为它们之间各自能量对立生存的对称感应不可能与另一面同时产生。同样，人们不能倒着记忆摔破的杯子，是因为它们之间不能产生这种能量对称感应关系，人们不可能违背熵增加而把无序倒过来变成有序（即形成对称）。大脑所形成的物体背面由记忆产生（神经网络的能量运动），是记忆功能不是感应感知本身。曾经是美国神经生理学家、脑进化和行为研究室主任的保罗·D.麦克林，把高度进化的哺乳动物和人前脑称为"三位一体脑"，即爬行动物脑（产生于约2.5亿至2.8亿年前）、古生哺乳动物脑或者边缘系统（可能起源于约1.65亿年前）、哺乳动物脑主要由新皮层以及与相连的脑干结构组成（可能在5千万年左右）。"在以后的进化阶段中，新皮层的急剧成长，是地球上生命历史中，最惊人的事件之一。"因为它"在灵长类动物和人身上占据统治地位"（见《自组织宇宙观》第185—190页）。这些研究表明，人脑的进化主要是大脑新皮层的增加。它产生得相对较晚，前期进化非常缓慢，快速进化期则发生在部落时代和奴隶时代，是人类在部落时代基于自然血缘支撑的意识平等自由空间产生的快速增长。它通过人类辛勤的劳动而获得。

在地球上，赤道两边是太阳对地球对立生存的能量场太阳能量最大的区域，也是地球释放对抗力最大的区域（或者相互对抗与吸引力最大的非平衡态，是量子引力逃逸或者释放最多，也是挤压叠加最大的区域，是地球产生生物最多的区域）。人类正是在这里由能量场的量子引力挤压叠加逐步演化而成。到四百多万年以前，这些被称之为类猿人的人类祖先，同其他动物一样被自然赋予生存使命。为了这个目的，赋予他们趋利避害生存本能或者自存本能（趋利就是避害，反之亦然，为了趋利必须避害，或者为了避害必须趋利），通过自身能量对称感应来识别生存环境，以保证他们在火坑面前逃逸而不是跳入其中。倘若没有这个简单而基本的能量感应感知功能，人类及所有动物就不能存在。人类与猿猴同属不同种，它们的能量不同。

"最早出现的南方古猿人与人类血液的化学成份极为相似，和人类身上有共同的寄生虫，且学习方式也很相似。这种灵长类动物的骨盘和腿跟现代人也极为相似。这种与人相像的两足动物，是与猿脑般的大脑连在一起的"（古猿人后来变成了原人并经过几百万年的岁月变成了现代人，见《全球通史》第5页）。他们诞生后，分东、中、西三条线路往地球所有能找到吃的地方走去。这些原人没有天生身体优势，既没有蛮力，也没有耐寒的能力，更没有飞翔功夫，必须靠大脑而不是靠身体去适应任何环境。炎热的气候、趋利本能，驱使他们离开了能造人的最好环境，不断地走向外面的世界去采集食物、求得生存。那时候不像现在，可以拿手机拍个视频传回去，告诉那些没走的人说："兄弟，别来了。"后面的人看前面的没回来，以为找到更好的地方了，又跟着走了。这样，他们边走边找、边找边走，生存的环境却越来越差，但回不去了。他们不相信没有更好的地方，是身不由己的趋利本能在驱使他们选择。"据估计，旧石器时代初期，原人的人口数为12.5万人"，并一直保持到新石器时代到来前的1.2万年。他们在地球各个能去的地方，与动物一样靠采集食物为生。只有在幸运的时候即遇到食物多的环境，才能相对稳定下来生育后代。"为了追猎动物、寻找野果或渔猎场地，他们不得不过着流浪生活"。"据估计，物产丰饶的地区，每平方英里只能养活1—2名食物采集者，而在气候寒冷、热带丛林或者沙漠地区则需要20至30平方英里。""食物采集者，被迫不断迁移，因为其领地附近的食物迟早都会被耗尽，这种不可避免的迁移，迫使他们狠心地削减自己的物质财产，也迫使他们在某些时候狠心地削减其团体的成员，如婴儿、老人和身体虚弱的人"（见《全球通史》第15—20页）。类猿人向原人、现代人演化的近四百万年中，人类寻觅生存环境的时间远多于稳定生活的时间，而食物短缺则是经常发生的致命威胁。"直到旧石器时代，原人们虽然学会了说话、制作工具和使用火"，"却依然与其他动物十分相近，他们仍像猎食其他动物的野兽那样，靠捕捉小动物为主，仍然完全像倚靠大自然施舍的无数生物那样，靠采集食物谋生。""一切由自然支配。家庭和氏族是他们的组织方式，内部成员一律平均分配所有食物。""人与人之间的关系完全平等。亲属关系具有的温暖的结合渗透并决定整个社会关系。每个人都有明确的为大家所公认的义务和报酬"（见《全球通史》第15页）。

　　人类脱离动物世界获得自我进化的自由，正是与宇宙基态——量子态的不确定性（绝对自由运动）对立生存，对生命存在否定之否定的逆向选择结果，或者是将量子引力变成Q自组织的结果（即本体与意识）。地球的能量场与太阳的能量场一样，是由赤道两边向南北两极的区域由大到小分布。它虽然被太阳的能量场所包围，但它们的对抗力与吸引力是对等的排列，你大我也大，你小我也小。也就是说，他们是从能量对抗力与吸引力大的场，逐步往能量对抗力与吸引力变小的场运动，即从非平衡态区域向平衡态区域运动。"远离平衡态，系统可以朝着新的、稳定的非均匀分布的稳态方向进化"

（见《自组织宇宙观》第43页），而"在内部世界与外部世界之间的重复反馈过程，导致了精神结构的创造性进化"（见《自组织宇宙观》第132页）。由于宇宙所有结构都是量子起伏挤压叠加所形成，因此意识的认知与选择与神经细胞的增长是同等意义。在长期的极限生存环境下，求得生存与自然环境中生存（食物）无的对立，即生命的存在靠食物，食物寻找是从无开始，找不到食物就意味着生命受到威胁甚至死亡，就像现在人们寻找生财之道一样；家庭和氏族平等（平均）共享生存（食物）无的对立，即寻找的食物从有到无或者从多到少，就像现存的部落分配食物或者像当下的家庭哺育后代一样。在与能量场（生存环境，下同）的相对运动中，大脑能量从无到有、从有到无反复持续地重复反馈、反复拉扯，严重食物匮乏造成的死亡威胁、被迫迁移时杀掉骨肉至亲的生死决择，刺激他们脑内强烈的能量冲动而产生非平衡态（就像凉水被加热或者势能改变一样），大脑能量的一部分（或者向外逃逸的量子引力）与能量场量子引力挤压叠加，增加在生存威胁环境中寻找更多食物的大脑能量。这些能量细胞在大脑周围不断生存，加速了大脑新皮层神经细胞的发育生长。

在一个极限生存的环境中，食物就是生命，就是生存，将有限的食物用于另一个生命的成活，就是对自身生存的撕裂。漫长的部落时代，正是基于自然血缘的家庭和氏族自组织，自我的生存与家庭和氏族平等（平均）分享有限食物，原始大脑通过平均共享食物挤压叠加量子引力，形成了对自存的自由选择进行自我限制产生的自由（即自我限制的自由），将生存（自存）与生存（自存）对立起来，构成本体与生存环境相对运动的存在，将平等（自由）与生存（自存）对立起来，构成意识与本体对立统一与生存环境相对运动的存在，在与生存环境（或者能量场）相对运动相互作用中挤压叠加运行量子引力，加速大脑新皮层神经细胞的增长，获得产生多样性自存的能力，寻找更多食物，繁育后代，养活更多生命。自存选择的能量运动是所有动物通过劳动、寻找食物求得生存的自然本能。通过漫长而艰辛的劳动，对生命之存在自由选择的自我抑制或者限制（否定之否定）撕裂自身，平等

（平均）共享有限生存（食物），人类才获得了自然的进化灵魂。也就是说，人类之所以与动物不同，是源于对生命存在有限满足的自我限制产生的本体相对运动的现象存在。而这种自我限制，正是我们的祖先在极限生存环境下，通过家庭、氏族平均共享食物，将自我限制拓展成意识平等支撑的自由生存空间，人类的本体是在这个空间中与生存的环境相对运动，产生多样性自存自由而获得的意识认知与选择，是挤压叠加的量子引力，摆脱一般动物生存空间束缚，通过自然血缘（或者基因传承）产生平等，通过人类本体的意识获得更大自由空间的过程和结果（对自存的自由选择进行自我限制获得进化灵魂，正是当下人类社会平等自由生存空间的起源。动物世界做不到，这是人类被进化出来的自然原理和唯物史观的科学认知）。在唯心主义的传统观念下，它是如此之小，如此的落后和不堪，而在相对运动的观念下，正是如此之小才有了当下的如此之大。后人的意识对它留下的生存不屑一顾，而对它的平等却念念不忘。史学家斯坦夫里阿诺斯针对澳大利亚土著人的生活发出感叹，他认为："旧石器时代的猎人成为一个'完全的人'，而且其完全的程度是自农业革命以来的人所未曾接近过的"（见《全球通史》第15页）。正是先辈们撕裂自身对后代的奉献才有了今天的人类，也正是它让我们的意识认知了什么才是属于我们人的本质意义所追求的生存价值。它依然为我们当下人类社会的家庭所继承，依然是当今人类社会存在并进化的基石和靠山。否则，人类的进化就不能脱离动物世界（或者量子引力就不需要进化出人类以获得更大的自由空间，下同）。在自然界中，任何动物都是通过趋利避害本能，在产生它们的自然环境中平等自由生存的自组织：Q。而人类是将自身撕裂，将生存一分为二，形成平等（平均）占有（享有）食物自由生存的自组织：Q。

动物：生存—生存（平等）≤ 0自由有限生存（自然存在，量子引力被限制的相对运动存在。$Q = 1 - 1 \leq 0$）。

人类：本体：生存—生存≤ 0自由有限生存（自然存在，量子引力被限制的相对运动存在），意识：平等—生存≤ 0趋于自由无限生存（量子引力绝对自由的运动产生的相对运动存在），本体＋意识：生存—平等≤0趋于自由无限时间空间生存（自然存在，本体的相对运动与量子的绝对自由运动的对立统一。Q=1-1≤0）。

动物是在自然界按趋利避害的本能作环境选择的被动生存。它不能制造工具，不能改变环境，生存满足自然控制，进化灵魂的居所在自然。

人类是在自然界按趋利避害的本能作环境选择的主动生存。它既能制造工具，也能改变环境，生存满足自我控制，进化灵魂的居所在自我。

二、人类与动物的根本不同来自意识

人类与动物的根本不同，不是来自本体而是来自意识。本体的生存与生存对立生存的生存支撑，与意识平等与生存对立生存的平等支撑，共同构成我们人体的生存与平等对立生存相对运动的整体。本体是相对存在的相对运动，像自然的能量运动一样，消耗越少则运动的过程越长；而意识的绝对运动则不同，它是量子引力的绝对运动，自由是它的本性。如果它的自由被本体限制，就意味着意识自由空间的相应减少或被抑制；如果本体的生存被意识的自由牵引，就意味着本体的自由空间相应减少或被抑制（谨记：作用力与反作用力相等）。相互是对立生存的相对运动。生存与平等只有对立生存相对运动才能协调和自洽。本体的空间是一定的，本体只有扩大意识的平等自由空间，本体与意识的空间才能相应扩大。也就是说，如果意识的平等自由空间萎缩，就意味着本体向动物世界的退化。这样，我们就发现了具有认知主导能力的人类"波粒"二象性的特征：我们的自由来源于构成自身的量子态特性（绝对不确定性），我们的生存来源于我们所认知的现象存在（相对确定性）。我们按确定性（生存）选择自由，它只有对不确定性（自由）进行限制才能产生，否则，人类就只能拥有动物世界的有限自由空间；反过来说，我们按不确定性（量子态）选择自由，它是在受限制的确定性（生存）基础上产生趋于无限的意识平等自由空间，否则我们就不能存在。人类是生存与平等或者自存与自由相对存在，并与环境作相对运动的对立统一体（即由矛盾决定的运动物体）。如果我们将生存的无限追求当作自由追求，就必然导致了人类进化向动物世界退化的逆向选择，使人们被生存所绑架，迷失方向，生存的无限追求不能使人们获得自由，反而导致自由的丧失（这也是人类脑力劳动者为什么要锻炼自体，为什么要树立正确的世界观、人生观、价值观的自然原因）。劳动是人的本能，因为劳动本身就是自由。作为确定性的相对存在，如果不劳动就会违背构成自身的量子态特性，使自身失去自由。而平等创造自由，则是人区别于动物、人类社会区别于动物世界的本质。马克思正是通过资本对人的异化研究，发现人类进化的逆向选择。他主张劳动价值论，并提出克服这种逆向选择的科学思想，指明人类社会的进化方向：必须是也只能是追求共产主义平等自由生存的理想。马克思的理论来源于他和恩格斯共同创立的自然辩证法和唯物史观，既描述了社会运动的基本规律，也体现了自然科学所发现的自然规律，马克思主义的科学性是毋庸置疑的。除非你被唯心主义洗脑，是个追求自由至上的病人。

　　家庭、氏族是通过自然血缘获得对生存满足自我限制的进化，将动物的自然控制改变成人类的自我控制，形成了自存制约自由，生存与平等或者自存与自由对立共存、相互关照的人与人之间、人类与自然之间的自然选择关系（或者非对抗博弈关系），使挤压叠加的量子获得了超过动物世界的更大自由空间。作为量子态追求自存自由的载体，人类是本体基于意识获得平等自由的认知、选择与创造的过程和结果，或者让量子引力通过人体劳动创造获得自存的最大自由空间，是它们共同的目的和意义。人们通常认为：机器把人从体力劳动中解放出来，或者梦想有一天能够实现"不劳而获""坐享其成"的幸福生活，这与自然的观念或者与你我有形的存在是矛盾的，那样的理想，只能得到失去自由和幸福的相反结果。这也是富不过三代的自然现象。因为富有同样是二像的，相对于社会富有是贫穷的对立存在，"人怕出名，猪怕壮"；相对于未来，富有对后代有"养懒汉"和"育精英"的双重效应，前者往往概率更高，而在动乱的环境，富有往往意味着更大的灾难。

这就需要人们用相对运动的观念，坚持自然辩证法和唯物史观，改变传统的认知观念，自觉克服唯心主义的误导。

相对于动物世界，通过平等（或者自我限制的自由）改变自身获得认知主导能力的人类，可以作对有限生存无限追求的自由选择，也可以作对生存有限满足的自我限制，意识平等自由追求趋于无限的时间空间生存选择。前者为生命过程自由被自然限制的存在选择，即弱肉强食的动物世界食物链生存选择；后者为生命过程自由由人类主导的存在选择，即我们的本体和意识产生多样性自存自由的生存选择。前者是自然主导的动物生存与进化，后者是自我主导的人类生存与进化。主张前者是资产阶级唯心主义的认识论，而主张后者是全人类共有的唯物史观的世界观和方法论。

三、幸福由劳动创造，意识通过平等创造自由空间，使本体获得物质与精神的愉悦与满足

在相对运动的观念中，幸福由劳动创造，平等才能创造自由空间，如果舍本逐末，自由与幸福就与人们擦肩而过。它只能在意识中形成像上帝一样的观念存在，我们只能听到尼采"上帝死了"的呼唤。它是自然运动的自存与自由或者生存与平等相对运动、共同产生，二者融为一体、缺一不可。直到现在，全世界还有94个部落（可能还有没有被发现的）。这些部落散落在世界许多地方。一般30人至50人不等（也有更多的）。部落首领基于特殊目的自然产生。熟悉宗教的老人被推荐为司仪，狩猎出众的年轻人则当选为团体的首领，所有这些首领不是运用权力，而是通过自身的影响来完成其职责。部落内部以家庭为基本单位，男女之间平等相处，男人负责狩猎提供肉食，女性不但生育和抚养小孩，还提供大部分像水果、蔬菜、坚果等十多种食物。部落成员之间都有着亲密的血缘关系，每一个人都要对其他成员承担责任。家庭和部落都是互相协作的团体，共同为生存进行艰苦卓绝的斗争。部落成员过着有物共享的生活（见《全球通史》第8页）。他们认为，"将来

会和现在一样，就像现在和过去一样，他们的头脑没有变化的观念，也不存在任何批评或干预现有制度和习俗的想法，在他们看来，天地万物包括他们自己、他们的文化和住处，都是早先创造出来的，而且肯定将一成不变地延续到将来"（见《全球通史》第11页）。"他们不知道怎样利用自然主义的手段来对付大自然，结果只好求助于超自然的存在物，求助于魔力，并花费大量时间和努力，愚蠢地祈求大自然使生活富足起来。原始人相信：通过把每一种有用的动物或者植物作为本团体的图腾，通过树立种种偶像、象征和跳起模仿性的舞蹈，可以使各种动物大量繁衍，食物来源丰富，只要严格遵守有关图腾的各种规定，团体就能壮大，食物的来源就能确保"（见《全球通史》第12页）。

与自然界所有运动物体一样，人类社会从诞生开始就是开放的，它们的演化也是基本同步的。进入新石器时代，在这段相对短暂的时间里，大脑在与能量场对立共存、相互关照中共同运行量子引力，使大脑的神经元和意识快速增加，主导生存的能力明显增强。"在距今10000年前到距今2000年前，这段人类发展史上，相对短暂的时间里，全世界大部分的人类都转向农业"（见《全球通史》第25页）。由食物采集者变成了食物生产者。他们将从前打制法变成磨制法来制作石器，将狩猎或采集食物变成栽培植物和畜养动物。人类主体进入新石器时代，世界各地的人们开始了从狩猎向农业的转变。经过许多世纪之后，人类让各种植物适应各式各样的环境并远播他方，在一些地区形成植物品种多样的农业。现代的小麦、燕麦、裸麦和大麦及山羊、绵羊、牛和猪，均起源于中东，并在稍后的奴隶时代传到全世界。新石器时代的村庄取代旧石器时代的流浪团体，成为人类最基本的经济文化单位。食物的增多使人口增长加快，从旧石器末期的500多万人增加到1.33亿人，即平均每年增加13万多人。一年增加的人口数量，超过了整个原始社会和旧石器时代中前期，近400万年的年均人口总量（见《全球通史》第2章）。

意识聚焦改善生存能力的认知，在实践中产生丰硕的成果。它所创造的各种技术和生产方式、血缘亲情和习俗文化包括宗教信仰，全部源于自然生存的需要。特别是曾经为了生存不得不杀掉婴弱的非自然本性，终于在获得更多食物的环境下得到了恢复，繁育后代的欲望所产生的人口压力变成了他们获得生存理想的又一动力。"在印第安人的村庄里，不可能村子一头是饥饿与贫困，而村子的其他地方却生活富裕。"这种部落社会是一种完全平等的社会。"经济平等和社会地位平等，是这个时代的特征。""每个家庭，都拥有生产生活用品所必须的技能和工具，而且同样重要的是，每个家庭都有权力使用维持生活所必不可少的基本自然资源。这一点有着充分的保证。因为所有的农田、牧场和其他自然资源皆为村社所有。而村社则是由各个家庭自愿组成的。所以，在部落社会，既没有土地的拥有者，也没有无地的耕种者。"在这个社会中，一切服从自然，产品的产量，满足家庭有限的需求即可。"一个典型的部落成员，每年工作的时间比现代人要少，而且工作是件很愉快的事"，"工作对他来说，不是为了谋生而必须忍受的一种不幸；相反它是亲属关系和村社关系的伴随物。一个人帮助他的兄弟干活，不是为了对方也许会给他一篮甘薯，而是出于亲戚关系。"（见《全球通史》第37页）。新石器时代的人们，不但在家庭而且在家族甚至在他们所交往的朋友圈内，以真情而不是以金钱和利益演绎人生价值。部落时代是人类平等自由生存的美好时代。美国史学家勒芬·斯塔夫罗斯·斯塔夫里阿诺斯针对澳大利亚土著人的生活发出感叹，他认为："旧石器时代的猎人成为一个'完全的人'，而且，其完全的程度是自农业革命以来的人所未曾接近过的"。

1750—1767年，传教士雅可布·比格特生活在加利福尼亚的印第安人中间。他记述这些食物采集部落的生活，一年四季，没有什么使他们感到麻烦或者烦恼，也没有什么东西使他们觉得生活艰难或活着没有意思。嫉妒、猜疑和诽谤不会扰乱他们的生活。他们也用不着担心会失去什么东西，当然也不必想着如何增加自己拥有的财富。这些人看上去似乎一无所有，但实际上却拥有他们想要的一切东西。因为他们从不在自己贫穷的、条件极差的家乡物产之外垂涎什么，他们的一切要求都可以得到满足。难怪他们总是脾气极好，总是沉浸在欢乐和笑声中，显现出他们对生活的满足感（见《全球通史》第16页）。这种满足感正是源于进化灵魂的源泉，使自然心灵获得的自由幸福，并非意识的自由认知与选择。直到二十世纪八十年代，这种情结在中国农村的广大地区仍然存在，只是近些年有些改变而已。我小的时候，经常去亲戚朋友家帮忙干活，也经常有亲戚朋友来我们家帮忙。亲情相帮、友情相助，其乐融融，没有付酬的概念。人们并没有因为生活贫困而烦恼不已，灰心丧气，相反，人们在互帮互助中体味着血缘亲情的温暖与力量，对生活充满着信心和希望。这些一直存活在当今的血缘亲情成为人们追忆亲情、留恋乡情的灵魂寄托（通过意识之中的量子引力作用）。当下的人们虽然不愿意也不可能再回到那个"部落时代"，但人生真实的自然心灵感应感知却一直与世世代代相伴同行，魂牵梦萦。

　　人类的自由是意识平等支撑的自由运动空间，它同人类与生俱来，否则，人类就不能诞生。你追求它，它在；你不追求，它同样在。正是这个空间构成了人类生活的全部意义。我们的大脑通过与能量场相对运动挤压叠加量子，生长神经细胞是极其艰难的。它需要如此漫长的岁月和如此艰苦的劳动，正像一个光子要想从太阳的中心产生并逃逸出来，至少要经过十万年到一百万年的时间一样。正是经历近四百万年的艰难困苦，先辈们将生存撕裂产生的、由平等支撑的意识生存空间，使人类终于同动物区分开来获得了自由的源泉，走向属于自己而不再是一切完全受自然支配的新天地。

第四章
成长的代价

【内容摘要】奴隶社会基于原始社会,在生存的理想之上创造了又一种生存模式——理想的生存,形成了平等生存和生存平等两种生存选择。这个时代,是人类文明进步与冲突的时代,是平等(自由)丧失的艰难岁月,是当下人类成长付出的沉重代价。奴隶时代创造的生存平等选择,使平等与生存的对立共存变成相互的冲突与分裂,刺激大脑神经元和意识的倍增暴涨从而产生了国家,并将自然的万有引力变成人类社会的国家权力,将以部落为主体、意识平等主导的有限空间生存,转向国家为主体、意识无限生存空间的认知与选择。为摆脱奴隶时代的生存枷锁,人类产生了基于平等生存、生存平等和宗教自我救赎三种理想选择。

一、从唯心主义的束缚中解放出来

在几百万年极限生存的环境威胁中,人类通过平等支撑的自由空间,将自身天生的不足变成了生存的优势,在一个弱肉强食、丛林生存的动物世界,创造了属于自己的生存空间。它是宇宙所有相对运动的现象存在,都是基于在平等生存的环境之中,量子引力挤压叠加的自然运动和过程,是人类本体基于大脑在与生存环境的生存与平等相对运动相互作用,形成意识认知主导能力的自然反映。

在部落时代，人类获得的认知主导能力虽然十分有限，但是极限生存的生存环境威胁已经成为过去，他们获得了在生存有限满足的环境中，意识产生自然自足的快乐和幸福。显然，依靠平等支撑的自由空间继续增长人类的意识，必须寻找新的动力。而这个空间的动力不能再从外部生存环境中获得。如果维持部落空间必须维持平均共享食物，这样人类就只能获得有限生存的自由空间，进化进程必然受到自身的限制。人类的进化不能停滞。像动物世界一样，将长大的孩子放出去，从由家庭组成的氏族部落怀抱走向丛林生存，由各个家庭谋求自由生存成为自然选择（平等平均分配维持的群体生活，生存满足自我追求的动力必然衰减的现象，并非部落时期的特殊存在，它是一种被我们的意识所认知的自然现象）。

没有相对运动、平等生存的自然环境，人类不能产生。同样，没有平等对人类制约，人类就是产生了也不能走出动物世界。平等、自由既不是人类意识的自我认知，更不是人类的意识所创造的观念。它是人们为了生存或者对生存自我限制的前提下，由平等支撑的意识自由运动空间。它不能在意识观念的吸引与诱惑中产生，只能在意识认知与选择的自我限制中对立生存。它是为了生存而产生的平等限制或对生存不足的激励。相对于满足生存必不可少的物质需求，它既是维持生存的动力，也是意识产生自由追求真善美价值，与对立生存邪恶丑认知的自然来源，它是由物质衍生意识创造的精神产品，以满足本体愉悦和快乐的自然来源。而持唯心主义立场的人们，通常认为，对自由的限制既来源于生存不足或者生存不能得到无限满足，也来源于权力对自由的限制，特别是国家权力对自由的限制。而在部落这个运动的时空中，人们没有自由的观念，因为对生存有限满足的自我抑制或者对生存无限满足欲望的拒绝，实现了平等自由生存，享受着通过劳动获得的自由与幸福。如果我们不从自然辩证法和唯物史观出发，无论是从平等的立场，还是从生存的立场，从现象存在去认知奴隶社会都是最黑暗的时代。显然与它的真实存在是矛盾的。

在人类意识形成的观念中，经历过的最美好的时代是原始社会，并将此称为原始共产主义社会；而最糟糕的时代是奴隶社会，并将此称为最黑暗的社会。因为原始社会是人人平等的时代，而奴隶社会却是奴隶主将人当作牛马的时代。马克思主义正是从相对运动的观点出发，在两个时代相对运动的统一时空中，将人类历史的进化过程科学地定义为共产主义运动。它是人类社会对奴隶时代丛林生存的摒弃，对部落时代平等自由生存的继承和发展的共同理想。我们期望像部落时代一样平等，但不希望像他们那样艰辛，我们痛恨奴隶时代是因为我们都不愿做奴隶。我们是意识基于平等（自由）对自我获得更好生存的选择，而不是对平等才能获得自由的真实选择，即我们对平等的追求不是为了平等或自由，而是为了自我获得当下更好生存的物质利益满足。这种观念脱离了马克思主义的立场、观点和方法，把马克思对人类的共同理想变成了个人唯心主义的自由理想。这样的认知与选择只能陷入自由的陷阱，处于自相矛盾之中。你越想得到个人的平等自由，它就离你越远。因为马克思讲了，它是每个人实现个人自由追求的共同理想和前提，也是部落时代的真实存在。它不能是唯心主义的自由理想。你希望通过平等像他人生活得一样好，又不想让平等限制你比他人生存得更好的自由，就是说，你得到的平等自由空间因为你的自由选择，必然使这个空间丧失，二者之间只能是辩证的相对的存在，只能处于相对运动的过程之中。你想丢掉平等获得自由就只能是一厢情愿，只能是唯心主义的梦想。它只能是意识的认知，不能是真实存在。这似乎有点臆造上帝的味道，也类似于"端起碗来吃肉，放下筷子骂娘"的行为。

意识产生的自由认知与选择，是人类大脑的意识与能量场生存与平等对立运行量子引力、相互作用，对一个不平等生存或者生存不平等的当下世界相互关照、反观自照的结果。它承载的是当下人的愿望，而不是人类社会自然进化的过程本身，它是唯心主义。也就是说，为了生存得更好，人们期望通过平等，像生存得比自己好的人一样好；或者说，为生存得更好，人们期望通过平等，生存得比自己好的人更好；或者通过平等（平均）生存让生存一样好，通过生存平等让生存更好，实现生存与平等愿望，实现自然心灵自存、自由选择的自我满足，它是一个相对存在的时空运动过程，而不是意识的主观愿望。前者产生的是原始社会的生存追求，后者产生的是奴隶时代的生存追求。这样，人们离开唯物史观站在唯心主义的立场，不是将二者统一于相对运动的过程，意识对这两个社会产生的观念就自相矛盾而不能自洽了。

唯心主义传统认知的结论是悖论。奴隶社会基于原始社会在生存的理想之上，创造了又一种生存模式——理想的生存，形成了平等生存和生存平等两种生存选择。它是人类大脑进化生存能力提升之后，由只有平等才能生存逐步走向离开平等自由生存的自然过程。就像一个孩童到了一定年龄，离开家庭而独自谋求生存一样。如果意识不是基于生存与平等（或者自存与自由）的相对运动，随意割断人类进化的连续性，对其做主观划分并给它定性，我们看到的就只能是表面的现象存在，而不是本质的存在。我们只能得出一个结论而不是事实的真相，它必然自相矛盾且与自然的存在相矛盾。人们只有从相对运动的唯物史观出发，才能把两者一致起来。否则，不能改变自然的大脑意识产生的自由认知与选择，只能让其生活在悖论之中。从存在的一面看，原始时代是人类最艰苦的时代，人类的进化就是为了不再回到那个时代。从运动的另一面看，则正好相反，原始时代是人类通过平等获得并创造自由的时代，人类的进化则是要追求那个时代（这正是马克思主义认知和改造世界的科学结论，见本书第九章）。我们对照部落时代的平等来认知奴隶时代，我们是用运动的一面观察存在得出的结论，失去了生存与平等的相对运动产生的自由空间（即失去了自然辩证法的唯物史观），它只能存在于我们的观念中。这样，我们按照奴隶主将人变成牛马形成的认知与选择，将奴隶时代定为最黑暗的时代，它也只能是表面存在的一面现象，而不是真实存在的相对运动本身。

奴隶时代，是人类文明进步与冲突的时代，是平等（自由）丧失的艰难岁月，是人类成长付出的沉重代价。

二、在相对运动中增长意识、获得追求平等自由的本钱

奴隶时代创造的生存平等选择,使平等与生存的对立共存变成相互的冲突与分裂,刺激大脑神经元和意识的倍增暴涨,与生产力发展、私有制和阶级形成一起从而产生了国家,并将自然的万有引力变成人类社会的国家权力(或者权力引力,为了表述和理解的方便,下同),将以部落为主体、意识平等主导的有限空间生存,转向国家为主体、意识无限生存空间的认知与选择。

人们熟悉的奴隶制时代,要划清到底在何年何月开始是很难的。正如当下人们所体验的那样,任何时代不会一蹴而就,更不会有个人去吹集结号。跟自然演化是一个连续不断地能量运动一样,正是趋利避害和自由选择的自然作用,原始社会生存的理想,向奴隶社会生存的理想与理想的生存共存,是大脑获得的自然进化自由与生存它的能量场(生存环境)内在的生存与外在的平等(生存)相对运动的自动转向,是大脑生长神经元获得意识的内在需要。正像人们所观察的那样,与其说原始社会是为了解决生存问题,不如说是为了解决靠什么生存的问题。是"授人以鱼,还是授人以渔"。它的进化是通过存在创造存在之存在。在极限生存下通过自然血缘产生的平等抑制或激励(自我限制的自由,下同),获得人类自我主导的进化灵魂,进而获得大脑进化自由。因为对靠大脑而不是靠身体获得更多食物的人类,只有通过大脑神经细胞的增长获得意识,才能提高生存能力。到了新石器时代,正如前面所叙述的,我们的先辈们不仅生存能力得到了极大提高,而且自由和幸福感已经达到了自然自足的程度。就是说,在四百多万年的人类进化中,新石器时代只保持了六千年左右,相对于原始时代和旧石器时代,人类进化获得了突飞猛进。它是通过生存与平等的对立运动,相互作用,促进神经细胞的快速增长的结果。趋利本能迫使人们要么通过平等抑制(激励)有限生存空间,维持部落存在;要么扩大生存空间,改变部落生存方式,通过平等

生存与生存平等使生存境遇更好。人类必须跟过去一样，在自身寻求突破，将平等有限生存转向在生存能力提高状态下的生存平等，否定它自身所创造的伟大时代。否则，生存能力和食物获取被制约，神经元和意识的增长与获得被抑制（即量子引力的自由被阻隔），生存（自存）与平等（自由）相对运动产生的自由空间就不能拓展。

部落首领是那个时代最有能力，也最有权威的人士。为了生存得更好，除非那些远离发展区域，处在自然环境能够满足其生存需要相对孤立的部落（他们就是现在的部落）；所有自然环境不能满足基本生存或生存能力强的部落首领，必须带领部落生产更多食物。部落内部通过生存平等，多劳多得刺激提高生存能力以获得更多食物。占有不均刺激人们的生存需求，依靠部落平等生存逐步转向依靠部落的生存平等。大脑自由寻找和改变自然生存空间，成为既面向自然又面向生存能力自动扩展、延伸。不仅从自然界获得生存，也从自身大脑神经元增长获得意识进而获得生存能力。依靠部落首领平等生存的需求（或供给）转向向生存能力强的人习得生存能力的需求（或供给），部落内部的不同分工自然形成。奴隶时代在生存能力主导下的各种Q自组织，像师徒传艺、知识传术、耕读传家或者诗书传家，各种工匠应运而生，生存能力和空间不断被大脑获得的意识认知主导能力所扩大。

生存平等产生的相对自由生存，造成不平等占有（获取）。它刺激占有少的人回到过去，平等占有食物的欲望；刺激占有多的人自由生存，获得更多食物的占有欲望；刺激所有人对未来获得生存更好的共同欲望。它们相互之间对立生存的相互作用，促使大脑意识将当下、过去与未来自动连接起来，取代原始时代向自然寻求食物生存的原始动力，成为奴隶时代大脑意识空间自由谋求本体更好生存的动力（即努力像生存好的人一样好）。大脑意识空间由相对封闭静止的自然和部落空间，转向自然、社会与大脑意识空间的过去、现在和未来连续变化的多维生存，生存平等与平等生存刺激神经元（或者意识）不断生长拓展。那时不像现在物质丰富，食物不足经常造成生存危机，特别是在灾荒之年，占有少者更容易受到死亡威胁。假设贫富没有差别，就只能作生死选择。正是对立生存产生的贫富差别，人类社会的进化产生了与动物世界的根本不同，具有认知主导能力的人类，不仅能够创造出贫富差别，更重要的是能够将其统一于生存有限满足、产生意识趋于无限自由追求的自然进化过程之中，使生存与平等对立共存、相互关照。也就是说，一个运动的人类社会，在物质生产还不能解除所有人有限生存的后顾之忧，人们还必须为有限生存劳碌奔波，使人们有形的本体生存满足不能摆脱自存的羁绊，没有条件过渡到意识无形的自由无限追求的环境下，生存差别是驱动人们提高生存能力的社会动力。它是自然进化灵魂被本体承载并逐步认知的外在反映。如果人们不回到自然辩证法和唯物史观的立场，从表面去看待这种差别，人们注重的是它表面形成的负面效应，而从相对运动的观念去看待这种差别，就是先富带动后富的相对运动过程（也是国家产生、存在及其作用的前提和基础，国家的产生是人类社会部落空间的历史转向，其根本职能是，在平等抑制或激励支撑的意识自由空间中，防止贫富相对存在、相对运动走向尖锐对立，使社会生存失去有序，见后述）。富帮穷一阵子可以，长久地无偿帮助，不能与趋利本能相容。富帮不能老是白送，借出一斗米要还多一点才行。就跟我们现在到市场卖东西一样，卖家少要而买家多给，就不能成交。这就是相对运动的生存环境对意识自由追求的限制（在商品交易中，只有在买卖双方都多得或者少要的前提下，才能各得其所）。这样的生存使富者更富而穷者更穷。时间一长，还不起的就被债务绑架只能用自身去还，或者以失去人的身份让自己存在。相对于社会，奴隶是一种失去人社会属性的存在，而相对于自然，它就是存在本身（将人当作奴隶去卖是失去人性的兽行，而将人变成奴隶的兽想，却大量存在，它成为当下人类的矛盾焦点）。

新石器末期至奴隶社会演进的整个时期，是意识产生的生存平等与平等生存的认知与选择，逐步由自然选择（非合作博弈）走向合作博弈（对抗博弈）的过程（即Q自组织由吸引力大于对抗力，逐步转为生存平等选择产生的对抗力大于吸引力，直到吸引力完全变成对抗力的过程，下同）。是由平等抑制自由选择，逐步转向平等激励本体趋于无限自由追求的运动过程。部落社会因失去平等抑制或激励丧失吸引力而逐步解体；奴隶社会因对本体自由选择的平等激励而造成生存不平等，意识被生存裹胁（内卷），本体逐步丧失了由平等支撑的相对运动自由空间。本体通过意识在与生存环境（或能量场）生存与平等对立共存、相互关照中，富有者自存的自由张扬使贫穷者的自存日益压抑，自存的作用力成为刺激其对自存无限自由的想象与追求的反作用力。自存的吸引力反向生存求得自存无限增大的对抗力（或者刺激本体通过意识自由挤压叠加量子引力），本体与意识的平等（自由）空间丧失成为摧毁奴隶制社会自身的动力。此后所有曾经出现的强大帝国，无不因意识的平等自由空间被物质利益内卷，陷入分崩离析的境地。比如，罗马人传统的美德也就是贫穷、勤勉的农民所具有的美德，但是，当大量财富开始源源不断涌向首都时，有关节俭、禁欲和勤劳的古老说教很快被遗忘了。疯狂地争夺金钱，暴发户故意炫耀的挥霍浪费，以及对人类一切社会准则的冷漠无视……罗马已经成了这样一个城市：在那里，情妇的价格高于耕地，一盆腌鱼的价格高于耕地人。整个帝国制度摇摇欲坠（见《全球通史》第125页）。唯心主义的传统观念要么拒绝平等平均主义，要么片面地认为平等（平均分配）可以有更多解决办法，是统治阶级的贪婪，奴隶主为了压迫剥削奴隶导致了这个黑暗的时代。这是意识的自由认知与偏见。用任何办法解决这个矛盾，只涉及一个问题，即借的东西该不该还或者东西到底应该怎样分配。倘若平均分配，排除主观愿意，把你的东西拿出来，把我的东西拿出来，除了回到过去将全部东西交给部落作为标准，否则，无论怎样确定都不能自洽。即便愿意拿出来，怎样分类才能让大家满意就是个问题。唯一让大家满意的是同质同等的分割与搭配之后的平均分配共享，这显然是奴隶主做不到的，就是现在我们也做不到。是钻石、金子值钱？还是萝卜、白菜值钱？各值多少钱？让亚当·斯密或者高斯用量子计算机来操作，就是把这些算出让大家满意的价格，都难以做到。它是能量运动通过意识的自然反映。是自存因平等生存选择失去平均分配制约，而自由选择的结果。当今社会明晰产权的做法，就是基于平等对自由选择的限制或者是将平均分配对自由选择的外部（或者部落式）限制，改变为生存平等对自由选择的自我限制。它来源于自然的观念，是意识的自然反映，并非高深莫测的经济学原理和发明创造。古代的中国坚持国家平等抑制（激励），不需要明晰产权。它谋求部落时代的平等自由生存，创造出农耕文明时代无数辉煌成就，并将自身文明一起延续到当下；西方通过明晰产权，国家的平等抑制（激励）转向本体，谋求奴隶时代生存平等，激励生存者自由追求，合作博弈相互竞争，使个人与国家存在及其作用的对抗力无限增加，导致基于国家存在的社会平等（自由）空间丧失和自身文明衰落，失去了人类进化的灵魂（对灵魂的寻找与救赎，一直是他们的苦恼，见本书第八章），走向丛林生存的困境，误入了歧途。西方的生存平等选择，是由他们的生存环境和文明传承逐步形成的自由陷阱，是不以人的意志为转移的自然现象（见本书第六章、第七章）。奴隶主唯一的办法，就是维持生存平等而不能倒退回去平等生存，因为前者产生了更多的存在而使生存更好。他像部落时代的首领一样，领导并维持新的生存秩序。像十六世纪英国工业革命一样，这个时代是本体的意识创造生存最自由的时代，也是意识因生存平等选择使生存与平等失去对立共存、相互关照，导致极端尖锐对立、最为动荡不安的岁月，是为了获得意识增长而不得不撕裂自身进化灵魂、倍受煎熬的日日夜夜。在社会重大转型的过渡时期，是往前走还是往后退，同样是相对运动互相促进的，它不是我们唯心主义传统认知的合作博弈，而是自然存在的非对抗博弈，只有这种博弈才是运动效果最佳的，因为作用力与反作用力成正比，双方相对运动相互作用才能前进得更快。也就是说，任何时代的重大过渡时期，在意识中存在的都是平等选择，获得多者的自由选择是生存平等，而获得少者的自由选择则是平等生存。生存平等的合作博弈通过竞争，结果是少数人富有、多数人贫困，使所有人的意识基于平等支撑的自由空间丧失。这样，在自然能量的相对运动中选择平等（自由）的对抗力显然更占优势。因此，人们看到在人类历史的进程中，旧贵族希望回到过去，选择的是生存平等，而广大劳动者希望回到过去，选择的是平等生存。历史上它们是分裂与对抗的零和博弈选择，违背了自然辩证法和唯物史观。奴隶主为了维持生存平等，不得不通过国家存在，抑制平等生存选择产生的对抗力（想理解这种自然原理，有兴趣的可以看看柳宗元的《封建论》）。

外因是变化的条件，内因是变化的根据。逐步改变部落时代寻找和平均共享食物，以通过外因刺激神经细胞的增长为主，转向内因刺激意识加速神经细胞增长为主，否则人类的进化将不能实现飞跃。奴隶社会正是随着生存平等选择，平等逐步丧失，竞争日益加剧，占有不均的矛盾日趋突出和尖锐，强烈地刺激大脑能量运动的自由选择，本体通过意识在与生存环境生存与生存（平等）对立共存、相互关照中，挤压叠加量子引力，生成大脑神经细胞Q，并获得更多意识。不过，刺激大脑神经细胞增长既不需要那样艰难（即不像部落时代那样，作抛弃婴弱的生死选择），也不需要通过漫长的岁月和艰辛的外部食物寻找，只需要通过意识与生存环境生存与平等对立共存、相互关照产生的冲动和欲望，就能将能量场的量子引力挤压叠加并加速生长神经元。它的生存主要不是来自自然食物的匮乏，而是来自生存平等逐步形成的生存不平等尖锐对立，刺激本体（或者意识）从部落时代的外因转向内因，将生存与平等变成最长的线并加在一起。生存与平等对立越尖锐，神经细胞生存空间就越大，大脑的生存内卷作用力与能量场的反作用力才能增加并相互作用，让量子引力挤压叠加增长的神经细胞快速增长并达到极限。像人类生存的本能，通过对生存的平等抑制（激励）生长神经细胞获得进化自由一样，大脑生存的本能，通过生存平等的自由选择不平等抑制（激励）生长神经细胞获得了意识。奴隶时代之后，人类大脑结束了神经元与意识互动增长的历史，开始意识认知与选择追求更好生存的新时代（因为新脑皮层的神经细胞增长形成的意识或者量子结构，按照作用力与反作用力成正比的定律，人类社会告别了部落时代漫长的艰难岁月，告别了奴隶社会生存尖锐对立、平等彻底消失的年代，无论从外因还是内因来说，都不可能达到这两个时代产生的作用力与反作用力的强度，因此，在自然的观念中，这两个时代是人类进化增长神经细胞的终结)。奴隶为了更好生存、奴隶和带领他们为了更好生存的强者、带领他们为了更好生存的奴隶主集团,共同构成一个有限无界的意识创生空间。本体及本体之间,在平等—生存、生存—平等对立共存、相互关照的激烈碰撞中,趋利避害本能(即自存)让意识自由创生刺激生长大脑的神经细胞。而在一个失去平等抑制或者激励自由生存的社会(失去了自存制约自由选择的自然法则,即丧失了进化灵魂),生存的无限制趋利追求从而造成贫富差距日益扩大,生存对立日趋激化,传统的部落生存方式逐步解体,产生国家成为必然。

人类最早出现的兼职人员是巫医、巫师,他们主要为人类解释大自然出现的异常现象、主持宗教仪式,祈祷人们免受饥荒和死亡威胁,帮助人们消除恐惧,并记录相关事项,以满足人们趋利避害的生存需求,促进意识的空间增长。世界上的文字基本都是他们创造的(中国是唯一自己创造文字并没有产生宗教阶层的民族国家,见本书第六章),"文字是祭司们出于记事的需要而做出的一大发明"(见《全球通史》第52页)。"他们是人类最早的非血缘关系Q自组织,也是人类最早的文化专职队伍和最早富起来的权贵组织,可见对神的崇拜和宗教产生并非受到神仙的指引,它是人类生存的需要产生。""到旧石器时代末期,出现了尚未完全脱离生产活动的巫师或巫医。原始人认为,在他们生活的天地里,食物最重要,食物的来源是否充裕,他们能否无病无灾,交上好运,全受某种神力的支配,而巫师、巫医则与这种神力有着特殊的联系。他们日甚一日地从专门的生产食物和制作工具的活动中脱离出来,他们的职责是施弄巫术,为大家祈福"(见《全球通史》第12页)。"阶级分化的起源,可以从朴素的村社圣祠中找到,圣祠是当时的社会宗教生活的中心,不过那里还没有专职的祭司。当村社发展为城市,圣祠也发展为寺院,寺院的祭司和仆人,他们是最早不必直接从事生活资料的生产的人。""由于墨守农业的各种仪式(如求雨的仪式),对新石器时代的农人来说,是至为重要的,所以巫师成为最有权势的人物。而后来新出现的祭司,不仅要对传统的各种超自然的现象负责,而且要负起管理社会的各种职责。这些职责，对一个日益复杂的社会来说，是必不可少的"（见《全球通史》第52页）。正是部落首领和他们一起将传统部落生存空间改变成了新时代的国家生存空间。人类在公元前1500年前后，先后从部落时代逐步进入部落解体和奴隶社会。所有奴隶制国家都是政教合一（除中国外）。对神的崇拜、信仰和据此产生的非血缘关系治理，成为支撑国家生存、适应（或改变）靠自然血缘平等维持的部落逐步解体后，社会治理的国家信仰和管理方式的来源。除中国外，整个奴隶制时代对神的信仰蓬勃兴起。对神的崇拜和信仰、宗教的兴起，成为人类获得意识刺激神经元增长的重要来源。几乎没有管理成本的部落变成国家之后，奴隶主贵族要花钱组建军队和管理团队，维持日益动荡不安的生存秩序。把人变成奴隶后，不但解决了平均分配带来的困扰，还能无偿占有奴隶的劳动所得，迫使奴隶不断地劳动去创造财富，更驱使奴隶参加军队，用武力开拓自然生存空间，或者对付像他们一样，不断开拓生存空间的其他奴隶主权贵集团。这样，国家的存在就有了物质基础。人类社会生存的理想和理想的生存，通过奴隶主与奴隶对立所产生的国家融为一体。维持部落的血缘关系就退回到来源地家庭，而新的非血缘关系就进入社会了。一个完全不同于部落时代的以国家为中心的社会终于诞生。

随着意识的不断增长，"技术不断进步，剩余食物不断增多，使新的祭司集团的出现成为可能，而新的祭司集团又对技术的进步和经济的发展起到了促进作用"。阶级的成分日益多样。城市规模的扩大，战争的规模也愈来愈大，次数愈益频繁，寺院屡遭抢掠加剧了社会混乱。大规模频繁战争的结果，使祭司们的权力逐步转到了世俗新贵的手上。对早期的城邦来说，建设军队和宫殿是极为沉重的负担，为了应付不断增加的人力物力开支，苛捐杂税日益繁重。"当部落人口增加、对食物的需求也相应增加，部落社会将无法与文明社会相对抗，诸文明社会之所以会生产率更高，是因为它们是建有国家机构的阶级社会，国家机构能从农民身上榨取税收和租金，供养国王、朝臣、官吏、军事首领，传教士和书吏。为了支付租金，文明社会的农民不得不比部落社会的耕种者更努力的工作"（见《全球通史》第50—55页）。

大致地说，奴隶主就是要通过国家维持或者造成不平等，并千方百计地去扩大这种不平等，拉大不平等的差距，扩大生存的差距。奴隶主过得越是奢华，奴隶生活就越是贫困。奴隶主的奢华追求欲望越强，奴隶的憎恨就越深，憎恨越深，期望像奴隶主一样生存的欲望就越强。意识（或者大脑）在与生存环境生存与平等对立共存、相互关照，并基于国家存在及其作用进行反观自照中，神经元的暴涨才能获得更多的能量和空间生存。奴隶主只有穷尽对自存的自由选择的张扬，才能刺激所有人对自存自由选择的无限想象和追求欲望。生存（自存）与平等（自由）的无限对立与分裂，使人类进化的灵魂丢失，自然心灵、整体性人格受到严重伤害（从奴隶社会开始，东西方的意识就开始寻找丢失的进化灵魂，并一直持续到当下。见本书第五章）。贫富贵贱差距越大，生存与平等二者之间对立的激烈程度，所刺激的空间才能越大，这样促使意识或大脑神经元的持续获得与增长并达到极限（量子引力挤压叠加才能达到极限）。在漫长的奴隶时代，奴隶的生存极其悲惨。那些可怜的农夫、石匠、理发师、铁匠，干完活后连胳膊都抬不起来，膝盖和腰椎都快碎了。农夫一年四季只有一件衣服，十个指头从来不闲，两只胳膊让风吹得干枯如柴。他们累断了双臂，只是为了填个肚子。他不生病的时候和牲畜一起分享健康；得病了就在牲畜中挤块地皮躺下。这是公元前3000年，一个当父亲的埃及人，在送他的儿子上学的途中，劝儿子发奋学习时，对底层社会苦难的描述（见《全球通史》第55页）。奴隶时期阶级分化，政治权力的集中日益加剧。考古学家发现，早期时墓葬品差别极微小，多的几件陶器，有的什么都没有。后来富人墓里，摆着铜器或金属制成的珠子，显示了惊人的挥霍浪费。国王墓里东西就更多了，连士兵、妻妾、乐师、马车夫和一般仆人都当殉葬品带走了（见《全球通史》第57页）。

"社会不平等源于这样的事实，所有文明，都是建立在纳贡关系而不是血缘关系的基础上"（见《全球通史》第56页）。与部落时代维持平等生存相反，维持不平等生存是奴隶时代国家的基本和首要职能。公元前2276年，苏美尔人就开始依法治国，《汉谟拉比法典》就是那个时候颁布的。它用于维护奴隶主的特权（即国家权力），是目前发现的人类诞生以来，意识最早产生的用于维持社会秩序的法律。它规定："如果一个人伤害了贵族的眼睛，还伤其眼。如果一个人折了贵族的手足，还折其手足。""如果贵族阶级出身的人打了贵族出身的人须罚银一明那。如果任何人的奴隶打了自由民出身的人，处割耳之刑。""如果一个人盗窃了寺庙或者商行的货物，处死刑；接受赃物者也处死刑。""如果没有抓获拦路的强盗，遭抢劫者，须以发誓的方式说明自己的损失，然后由发生抢劫案的地方、或者地区的市长、或者地方长官偿还损失。"法典作为"神的命令"，被宣称其是为了人类的利益能受到公正的对待而颁布的。它诅咒以后任何篡改法典的统治者……"寿命不会长，将出现年年饥荒，一片黑暗，突然死亡，他的城市将毁灭，人民将离散，王国将更换，他的名字永远被人遗忘……，他的幽魂（在地狱里）喝不到水"（见《全球通史》第63页）。它也是维护法律精神的，即说了要算话。所以奴隶社会又创造了一个新东西——法律。它是维护生存秩序的自然需要。是意识在与国家存在及其作用的相互关照、反观自照中，限制自由（平等）或者产生自由（平等）的自然选择（见本书第九章），现代法治治理所追求的公平正义，正是意识的自然反映，它是相对运动的物体之间自动产生的均衡（或者平等）。如果人类社会长期处于依靠平等生存的部落时代，国家就不能产生或者不需要国家的产生，法制或者法治也不会从意识的认知与选择中产生。由此可见，法治（法制）是实现国家治理的主要方式，法治的根本目的，是通过限制自由实现公平进而保障自由，它同样体现的是自然的观念，是自然辩证法和唯物史观，不是唯心主义的自由认知与选择。

大脑空间神经元暴涨就不是一般的拼杀、压榨、血腥、残忍，所表现出的现象存在了。它是人类社会最为激烈和最为深刻的自我革命。它实现了人类大脑对立运行的生存与平等追求在国家支撑下，本体通过意识在与生存环境生存与平等对立共存、相互关照和反观自照，由内向外和由外向内寻找人类社会前进的动力——国家权力引力（是量子引力在本体与能量场相互作用中产生的意识认知效应，下同）。自然的万有引力通过意识与国家的相对运动、相互关照，变成了人类社会发展的国家权力。不管是奴隶还是奴隶主，对国家存在及其作用的关照成了他们更好生存的共同理想存在。本体意识平等自由空间的增长扩展，趋利避害本能的选择产生了国家，并把国家变成了奴隶主与奴隶双方共同维护或争取更好生存的理想存在。国家管理成为获得生存的又一职能分工。这样人们就可以回答奴隶时代文明的一个共性，即阶级的分化日趋严重，被统治阶级与统治阶级之间的尖锐对立存在是为什么了。类似这样的问题，是唯心主义传统认知，必然失去一面而产生的困惑，我们可以称之为偏见的困惑。本体与意识与环境之间作的是相对运动（就像电梯与引力的运动一样）。奴隶主生存占有的欲望越强，对奴隶产生的生存占有欲望的反作用力越大，而奴隶向奴隶主获得平等的欲望越强，奴隶主对平等的反作用力越大。平等彻底归零，奴隶主对理想的生存无限制或者绝对自由追求，与奴隶对生存的理想无限制或绝对自由追求，二者之间在漫长的两千多年对立共存、相互关照中，意识（或者大脑神经元）不仅实现空间暴涨，而且这个与生俱来的，在部落以及之前一直隐藏在意识中的生存、平等的内在存在，终于被显现出来。奴隶与奴隶主之间，通过绝对权力之存在——国家，形成了奴隶向奴隶主释放生存理想、奴隶主向奴隶释放理想生存的权力引力效应，本体通过意识与生存它的生存环境（或能量场）相互关照和反观自照的联结和对立生存。国家就像一个置身于奴隶与奴隶主之外的调控机制，以互相拒绝的对立使意识增长空间，由部落时代向自然和部落寻找的有限生存运动空间，拓展到向自身、自然、社会和国家趋于无限的广阔天地。国家的产生与发展，是本体大脑进化增长神经元并获得意识的过程和结果（或者是量子引力摆脱挤压叠加，争取自存自由的过程和结果）。它是本体放大的生存与平等（生存）对立运行、相互关照，进行趋利避害选择，支撑本体意识空间拓展产生多样性自存自由的"神圣存在"（"神圣存在"为黑格尔语）。它的"暴力"来源于生存平等使平等丧失而造成生存对立，必然丧失谋求更好生存秩序的维持（或者必然失去自存对自由选择的制约）。国家的权力既不来源于"神权"，更不来源于"天授"。它来源于自然存在被意识所认知和追求的平等被制约（或者自由丧失），一部分人与另一部分人不平等生存差距。奴隶社会产生的国家存在及其作用，对生存有限满足的无限占有和追求，与生存有限满足严重不足造成的不平等，使人类失去了进化灵魂。从构成我们的宇宙基态来说，是对量子通过人类实现自存自由造成的严重制约和限制。正像解除原始时代部落平等生存对量子自存自由追求的制约与限制一样，解除奴隶时代国家生存平等对量子自存自由追求的制约和限制，是本体的意识认知选择国家存在及其作用的自然动力来源和自然观念的产物。而对国家权力的维护与制约，成为自奴隶社会之后一直到当下，意识追求自由到底是平等生存（即生命至上）还是生存平等（即自由至上）的对立与冲突（见本书第一章）。

三、留给后代的宝贵遗产和通向未来理想的探索之路

奴隶时代由于阶级的分化和压迫，它通过生存的尖锐对立刺激意识空间的增长。最早的文明之光，出现在烈日蒸晒下的底格里斯河和幼发拉底河——苏美尔。城市中心有制度确立的国家政治权力、纳贡和税收、文字、社会分为阶级或等级、巨大的建筑物、各种专门的艺术和科学等。新的农业技术、灌溉农业、新兴的冶金术、使用牛拉的犁的发明、利用风的技术、车轮技术等大量涌现。世俗国家和帝国的兴起，非农业商品的产量大幅增加，大批生产的陶器与金属制品，形成了中产阶级的新市场。美索不达米亚、埃及、克里特、印度河、商朝，游牧民族迅速发展。约公元前700年，"金币和银币为大规模的贸易或地区间的贸易提供了方便；铜币使农夫们可以出售自己的产品而无须物物交换，使工匠们能以自己的劳动换取工资而不是食物"。"其后果是大大促进了各种商业、制造业和农业的发展和专业化生产如中国种桑蚕，希腊生产橄榄油和葡萄酒。铁制工具使航海的距离更远、贸易的规模更大、开拓的殖民地更多。商队的路线已遍绕整个欧亚大陆。所有这些发展引起社会关系、政治组织、生活方式和谋生之道等方面的深刻变化"（见

《全球通史》第71—85页）。

　　奴隶时代逐步消除意识的平等自由空间，使奴隶时代的人间逐步进入黑暗，本体生存空间的严重丧失，极大地拓展了意识空间的增长。不仅促进了生产力前所未有的发展，也极大地刺激了文化的发展。因为"如此根本而全面的大动乱是使人不安、令人不舒适的"。"它促使人们内省，——提出新问题、寻找新答案。对这些问题的回答，构成了古典时代一些伟大的哲学、宗教和社会体系。""这些体系的代言人物——中国的孔子、印度的佛陀、波斯的琐罗亚德斯、希腊的理性主义哲学家，都是同时代的人，这并非巧合。因为上述地区，都遇到了同样的动乱和挑战。这些观点和社会制度正是在这一时期发展起来的，并在以后数世纪成为它们各自的特征而一起延续到现在。"（见《全球通史》第86—90页）。

　　希腊文明由于受到生存平等选择的桎梏，它所关心的不是平等，而是个人的绝对自由主义（见本书第六章），在人们意识的平等自由空间，比当时的古希腊文明影响更为持久的精神价值，是由基督教和大乘佛教创造的。它们关注的是现实社会失去的本体与意识平等自由空间。前者争取到了整个欧洲，后者则赢得了大部分亚洲。它们的共同特点，是着重于灵魂的拯救，允诺来世可获得永恒的幸福；都坚持平等主义，其团体的大门向所有人敞开，无论是对谁都一视同仁。最后，都强调很高的道德准则，强调要灵魂得救就必须遵守准则。基督教的灵魂拯救，不是许诺一个星光灿烂的来世，而是通过基督本人复活所预示的个人复活，使信徒醒悟过来。它在一个失去平等、混乱不堪的时代，给无家可归、被生活所抛弃的人们提供了希望。他们相互帮助、互为兄弟，给弱者和卑贱者带来心灵的慰籍、鼓舞他们活下去的信心和勇气。古希腊"伯里克利的黄金时代""希腊的奇迹""希腊的光荣"，这些被世人至今仍然称道的昔日成就，它的自由探究精神，民主政体的理论及实践，多种形式的艺术文学和哲学思想，对个人自由和个人责任心的强调，只能成为古希腊人留给人类的光辉遗产。它的绝对自由追求和它所产生的民主政体，使互不团结的希腊人在丛林生存的时代挡不住波斯人和古罗马帝国的攻击和掠夺（见《全球通史》第93—130页）。自伯里克利之后，它再也不能创造出新的辉煌。而它所形成的自由理念、民主政治成为西方世界的长期困扰（显然，这与人们从唯心主义立场，认为古希腊民主不应该衰落的结论正好相反，见本书第八章、第九章）。

像部落时代一样，奴隶社会所实现的生存是矛盾的存在。无论是生存的理想还是理想的生存追求，必然导致生存与平等悖论（即平等抑制或者不平等冲突，丧失生存或平等，使量子引力的自由空间萎缩）。奴隶主等少数人的富有，建立在绝大多数人贫困甚至绝对贫困的基础之上，使本体生存与平等自由空间丧失，这样的生存显然无法长期维持。生机勃勃的奴隶制社会，在彻底消除平等之后就陷入自身危机。它剥夺了奴隶的劳动权利，使他们失去劳动创造的自由。奴隶主也失去了技术革新的动力。劳动被看成是卑贱的事，从事体力劳动有损于自由民的脸面。柏拉图甚至认为，让几何学用来解决实际问题，是对优秀几何学的贬低和败坏。技术革新被阻止。贫困的奴隶无力购买自己的劳动成果，帝国通过扩张获得的战利品、贡物、粮食和奴隶，掩盖社会的各种矛盾特别是缺乏购买力的矛盾。军队既是获得财富的保障又是沉重的负担和潜在的风险，而肿胀的官僚机构难于维持，过度的开支必然导致通胀，无法避免政权坍塌，走向自我衰弱。战国时期的秦国，以生存的理想（平等生存）谋求更好生存。卫国人商鞅在秦孝公支持下，大胆破除平等权羁绊（不平等羁绊），推行垦荒归己，种地少交银子，当兵以击杀敌人数量而封官，以顺应人们对生存理想和理想生存的追求。秦国靠改革顺应潮流，赢得了人心，成为战国后期最富强的封建集权国家。只有它有资格实现统一六国的伟大理想。在以理想的生存（生存平等）谋求更好生存的古希腊，收租的贵族经常使小农受到伤害。特别是灾年，农民不得不抵押物品甚至丧失赎取权，最后连人身的自由也被贵族收走了。民众越来越不满，强烈要求废除债务，重新分地。城里新发了财的家庭，也要像贵族一样，光有经济地位不行，还要有政治地位。他们就跟手工业、装卸工、水手这些贫民一起，反对贵族独掌政权。贵族们不干不行！你不干我也不干，没有办法，通过民主选举，新老贵族们争夺权力。新贵族讨好贫民，支持他们闹事，拉选票，通过选举夺权。选出来的掌权人照样独裁。到了公元前594年，梭伦就搞人人平等、反对特权、实现平等生存的改革。禁止债务奴隶制，没钱的人也参加公民大会，富商也可以当执行官，设陪审法庭削弱贵族最高法院的权力，等等（比现在西方民主制国家的总统权力可是大多了）。梭伦的改革，就是解决理想的生存造成的生存不平等形成的社会矛盾，顺应人们对更好生存的理想追求（以上详见《全球通史》第102—107页）。通过平等打破因权力或者资本形成的不平等，恢复生存秩序，让大家各就各位谋求更好生存。他的改革和秦国的改革一样，当生存平等造成不平等或者当平等生存造成生存制约，阻碍更好生存的时候，国家就要通过改革来消除障碍，为更好生存创造环境和条件。由此可见，本体基于意识选择的国家，它基于部落时代平等丧失造成不平等产生的国家权力，之所以"神圣存在"，是因为只有它才能集中意识释放的权力引力，通过平等抑制（激励）来克服本体生存与平等悖论，抑制生存无限制内卷，失去自我进化灵魂，向动物生存退化的悲剧，实现自然选择更好生存的理想。它所支撑的意识生存与平等对立运动、相互作用的自由空间，无论是统治者对国家权力的绝对占有，还是资本对生存的无限占有，必然使这个空间的自由丧失。而国家的平等抑制和激励，从根本上说，正是对这个空间权力和资本的制约，对平等创生自由空间的拓展。自由与幸福的获得，既来自本体和意识的劳动创造，又来自国家对平等自由空间的支撑，它们同样只能相对存在、相对运动，并相互作用，遵从作用力与反作用力成正比的自然原理。这样的结果，可能让人们想起从书本上看到的唯心主义对自由的观念和意识研究所得出的结论，也可能让人们想重新意识一下自己想得到的自由幸福到底在哪里，它到底是什么样子（当然，信奉丛林生存的意识，肯定说这是胡说八道，这没关系。当你看完这本书之后，你一定会理解和接受这个现实，回到马克思主义的立场，自觉抛弃唯心主义）。因为我们在这个空间上演了无数次的喜剧，同样也上演了太多的悲剧，人们获得了无穷的快乐，也获得了无尽的痛苦。而充满信心满怀希望的时刻,无不是生存与平等相对运动最平衡的时候,人们失去信心甚至怀疑一切、否定人生的时刻,无不是我们唯心主义的传统认知方法产生的偏见,将这个由量子绝对运动产生的相对运动空间,认知并选择成是绝对存在的自由无限追求,使平等建造的四梁八柱在合作博弈中走向零和博弈,倾覆坍塌。这样人们就要冲出思想的牢笼,重新认识理解并自觉追求共产主义的理想。

奴隶时代产生的生存平等,将部落时代的平等生存颠倒过来。它们之间以及相互对立生存的相对运动,成为人类社会在国家支撑的新天地推动自身进化的强大动力。奴隶时代,在意识暴涨之后创生的国家权力,使意识自身获得了最大的自由。它所创造的古中华文明、古希腊文明、古埃及文明、古印度文明和古中东文明,几乎涵盖了以后人类社会发展的全部内容。它所创造的科学文化、创造的城市文明、创造的社会治理体系、创造的生存追求方式,无不闪耀着意识自由的光芒(即量子引力获得自存自由的自然反映)。它拓展和创造了我们今天赖以生存的全部地域空间和意识空间。奴隶和奴隶主尖锐对立形成的生存贪婪,与部落时代食物平均共享创造的平等自由获得的真善美相互映衬、反观自照,使自然心灵认知了邪恶丑。只追求真(自存)必然失去善和美;只追求善(平等)必然失去真和美,都变成邪恶丑的存在,成为意识坚守进化灵魂,守护自然心灵和整体性人格,获得多样性自存自由的唯一标准和动力源泉。它所创造的实现这一价值的方法——通过国家存在及其作用,对自存无限制自由选择或者自由无限制内卷与自存分裂,进行平等抑制(激励)的改革,是对伟大的部落时代,生存有限满足的自我限制创造人类进化自由(平等)的发扬光大,是子孙后代遵从宇宙意志谋求更好生存,实现自由幸福取之不尽、用之不竭的动力源泉和宝贵遗产。

在相对运动的自然观念中,人类的进化是宇宙的意志,量子引力是宇宙存活的支撑,人类是量子引力摆脱挤压叠加获得自存自由的最高存在。因为有了人类,量子生发了意识,宇宙从此拥有自我认知能力;因为有了人类,量子生发了自由博爱,宇宙从此拥有血缘深情;因为有了人类,量子生发了欢声笑语，宇宙从此不再寂寥孤独；因为有了人类，量子生发更多自存自由，宇宙从此充满希望，不再无助地等待死亡。尽管如此，救赎进化灵魂、抚慰自然心灵只有靠我们自己。部落时代和奴隶时代是照耀人类社会进化的"风月宝鉴"。后来人一定要牢记先辈们的千叮万嘱：本体获得的意识，既开辟了人类通往天堂的幸福之路，也敲开了人类通往地狱的死亡之门。沿着部落时代先辈们的足迹前行，意识将把人类自然心灵带入天堂，灵魂将从天上回到人间；沿着奴隶时代先辈们的足迹前行，意识将把人类自然心灵引入地狱，灵魂将从地上回归天堂（见但丁的《神曲》）！虽然子孙后代不再需要像他们那样，以无私无畏的牺牲才能获得更好的生存，但是，我们需要在先辈们创造的意识中，对生存—平等（生存）还是生存—生存，或者是按自然观念还是按丛林生存，是向人类本体进化还是向动物本体退化，是追求有进化灵魂的碳基自我存在，还是追求失去进化灵魂的硅基机器存在，在通往天堂还是进入地狱之间做出自我选择。

第五章

意识的本质

【内容摘要】 意识的本质就是人类的本质。而意识的一切创造,来源于本体的生存与平等对立生存并与生存环境相对运动产生的自由空间。人类选择平等生存,就意味着本体的自由空间拓展,意识的空间被限制;选择生存平等,就意味着意识的自由空间拓展,本体的自由空间被限制。意识的趋利避害本能在与生成它的能量场所作的相对运动中,只能通过对生存有限满足的自我限制,意识才能使本体产生多样性自存而获得自由。在部落时代,意识通过平等支撑的自由空间,基于自然血缘选择平等生存,拓展本体与意识生存的自由空间。在奴隶时代,意识通过支撑非平等自由空间,选择生存平等,拉大不平等生存差距,拓展意识生存的自由空间。无论是对于个体生命存在的本质意义,还是追求个体生命对社会存在的本质意义,只有本体与意识、个体与生存环境的相对运动处于自然选择才能自洽,或者才能创造出真正的自由。二者只能统一于自然运动之中,而不能存在于意识的观念之中。我们需要用自然辩证法和唯物史观的科学方法,认知意识的本质并选择人类进化的必然方向。

一、意识在生存与平等的对立运动中,形成有限无界的空间

从自然辩证法和唯物史观出发,将部落和奴隶两个时代统一在一个相

对运动的时空中，我们看到，不可见的意识是本体大脑基于平等与生存对立生存，并与生成它的生存环境作相对运动产生认知与选择的过程，是宇宙所有运动现象的普遍存在而不是特殊存在。在意识的平等自由空间，无论本体作什么选择，都是为了生存得更好。因为本体意识的自由选择受到生存（自存）的制约（即生命存在的自然至上，对意识而言，没有了本体也就没有了所谓的自由）。而在由多个本体组成的意识空间，在平等制约下，它就有本体的自由生存空间，意识的自由生存空间相对受到限制。当平等消失后，它就丧失本体的自由生存空间，意识的自由生存空间就扩展。本体与意识是相对运动的矛盾存在。也就是说，我们选择平等生存，就意味着本体的自由空间拓展，意识空间被限制；我们选择生存平等，就意味着意识的自由空间拓展，本体的自由空间被限制。意识不管是围绕自存（生存）还是自由（平等）选择运动，都会产生量子引力挤压叠加，只有相对运动才能自洽。而人类与动物的根本不同，是我们本体的意识产生的认知主导能力，或者人类具有基于意识的创造力。也就是说，意识的本质就是人类的本质。而意识的一切创造，来源于本体的生存（自存）与平等（生存）对立生存，并与生存环境相对运动、运行量子引力产生的自由空间。因此，二者只能统一于自然的运动之中而不能存在于我们意识的观念之中。我们需要用自然辩证法和唯物史观的科学方法，才能认知意识的本质。

　　我们的神奇不是因为长相漂亮英俊，而是因为拥有一个几乎看起来无所不能的大脑。弗洛伊德经过对精神病患者的大量研究，证明人的大脑是无意识的，并将这个无意识的大脑称为本我；本我的意识是由后天环境注入的，称为自我；在自我之上，受生存环境的影响而形成超我（意识超我的认知选择是一种超常现象或境界，是量子引力受意识选择支配产生挤压叠加而失去自由，或者摆脱挤压叠加获得充分自由的自然现象，见本书第八章）。大脑是物质（量子）运动的相对存在，而意识则是物质（量子）绝对运动存在。如果有人认为他的研究不一定正确，可以让有关科学研究者做一个简单的实验：将一个出生半岁左右的婴孩放在一个特殊的不输入任何信息的环境中，只从外面喂食，待他有独立生存能力后，放到一个安全封闭有自然食物的环境中独自成长，成年后把他置于社会环境中，这时，他除了自然形成的本能，除了知道吃，可能什么也不知道。

晋朝傅玄认为："故近朱者赤，近墨者黑，声和则响清，形正则影直"（《太子少傅箴》），他从声形两个方面观察环境对人的影响，与弗洛依德本我无意识的结论相一致。埃里克·詹奇认为：传统的还原论（即唯心主义），"不仅仅是一种抽象的思维倒退过程，而且也是一种有重要社会影响的现象"（见《自组织宇宙观》第7页）。他从动力学研究人类的进化，对生物、神经元、意识、大脑、精神活动、语言等方面进行系统研究。发现这些都是通过信息传递（通信）在与环境的相互作用中产生的自组织（大脑通过电波与外部产生相互作用）。"在进化的宇宙阶段，已存在着一种通信，它是从四种自然力的相互作用中产生的"（见《自组织宇宙观》第221页）。当代认知科学在传统的唯理论、经验论和后来的行为主义研究的基础上，借助现代科学手段，通过人工智能对心智及意识活动规律进行研究，虽然取得了大量成果，但他们认为："目前在技术上以完整的化学和生物学细节，去模拟单个神经元的操作尚且行不通，更别提建造能够构成大脑的、带有电信号和化学信号加工的复杂神经元集合。""我们最终仍不太可能建造一台复制人类情绪的机器"（见《心智》第185页）。看来，将大脑及其产生的意识找到像"粒子"那样的存在，只能遥遥无期。"在广义相对论中，时间和空间变成为动力量。当一个物体运动时，或一个力起作用时，它影响了时间和空间的曲率。反过来，空间—时间的结构，影响了物体运动和力的作用方式。空间和时间不仅去影响，而且被发生在宇宙中的每一件事所影响"（见《时间简史》第42页）。"经过数千年的发展，文化已经成为它们各自社会的必不可少的基础。每个人只有通过他们的文化才知道做什么或怎样做"（《全球通史》第790页）。因此，按照自然辩证法和唯物史观，从相对运动的原理认知，意识是基于人的大脑在与生存环境作平等（自由）与生存（自存）对立运动、相互作用中，形成的量子引力运动的结构和过程或者是量子引力通过意识的作用构成并承载的文化环境（即生存环境）或精神现象。也就是说，像宇宙的所有Q自组织一样，基于本体产生的意识，通过对立生存的相互作用必然在能量场挤压叠加运行量子引力，从无序（无意识）走向有序产生（有意识），必然因自身能量消耗，从有序（有意识）逐步走向无序消失（无意识）。本体获得的意识是量子引力挤压叠加运行，从有序逐步走向无序，从无序走向混沌（有序丧失），再到坍塌或者进入黑洞，直到被能量场平衡的能量运动周期，是量子引力通过人类大脑摆脱挤压叠加，获得多样性自存自由的过程。它从平衡态到有序产生，从有序到非平衡态运动，进入混沌后逐步消失，坍塌或者进入黑洞是意识的死亡挣扎（见《时间简史》"黑洞"第81页，《自组织宇宙观》第64—81页）。任何从能量场产生的Q自组织，必须与能量场通过量子引力对立共存相互作用，并为能量场所制约。意识尽管千差万别，但它的所有认知与选择，都是对多样性自存自由的量子运动的自然反映过程。原始社会向奴隶社会的进化，就是人类大脑生长的神经元在与生存它的能量场相对运动相互作用中，产生量子结构（或者非平衡相变）获得意识（或者Q自组织，下同）的自然进化。本体是通过意识与生存环境对立共存相互关照的能量运动，形成认知与选择，产生思想和行动。意识的空间是由平等支撑的量子态的绝对运动（自由），它与构成的本体被限制量子态的自由，是反向运动的对立生存。如果想让有形存在得更长，它的本性就被限制，它的无限自由空间就缩小，本体的自由空间就相应增加，本体产生的对抗力就相应减少；而对任何追求的迷恋，增加的是对对立生存的另一物的对抗力（谨记电梯与引力的相对运动），长期反复的对立拉扯，重复反馈，必然使量子引力起伏，产生挤压叠加，使大脑神经系统的局部能量增加，形成超常的能量并左右相关神经细胞的运转，大脑的能量运动结构被改变，意识的自由空间减少，形成痴恋。依此类推，我们对所有的绝对追求都是同样的相对运动、对立生存。绝对的追求与本体存在的矛盾，是自然能量相对运动的自然反映。迷恋导致挤压叠加，极端的结果是正常结构产生黑洞；而外部的压力（对抗力）太大，长期形成的结果是混沌无序，导致正常结构坍塌。

这让我想起了一位朋友，他是一所著名高校的高材生，高大而英俊，校队篮球队的队长。他是众多女生追求的偶像。他爱上了其中一位女生，后来，女生跟别人出国，两人分手了。多年后我问这位昔日队长为什么不结婚生子，他告诉我，因为自此之后，他再也找不到心中的所爱了，直到现在，已经六十多岁了，他依然过着单身生活。

  作为一种量子运动的过程结构，意识通过平等与生存（或自由与自存）对立在与生存环境的相对运动过程中，沿趋利避害本能感应感知来自环境中的各类信息，进行量子引力挤压叠加（坍缩或塌陷），改变神经元的量子结构，形成有序的能量能级运动并围绕趋利避害选择运转。意识的独立存活认知，来源于自然存在的自存选择；意识的平等（自由）认识，来源于自然存在的自由（平等）选择；意识的知识获得，来自生存环境的专门和自我训练；意识生存能力认知与选择（包括价值认知），来自家庭环境和生存环境；基于自然血缘能量运动，通过意识与能量场相互关照、产生各种情感的认知与选择；基于意识与能量场平等与生存对立共存、相互关照，产生本体多样性自存自由的认知与选择。个体是意识的平等与本体的生存相对运动，并与生存它的能量场（生存环境）相对运动相互作用的认知场效应，或者量子引力运动效应（其本质是人体挤压叠加的量子引力，获得多样性自存自由的能量运动效应或者宇宙的一种结构，下同）。意识平等（自由）的绝对运动是本体产生生存理想的动力，而本体的相对运动必须抑制意识的自由特性，使其处于相对运动的和谐状态。也就是说，生存环境是刺激本体的动力，是意识通过平等（自由）的相对运动对立生存的认知与选择。这也是我们在日常生活中经常遇到的现象。比如，当我们看到别人家的孩子学习刻苦，自家的孩子不努力，我们就会产生压力并给孩子施加压力，结果，孩子的压力会越来越大，孩子与生存环境相互的对抗力越来越大，产生逆反或者厌学或者抑郁。而孩子的教育和成长，无不是家庭、社会和学校的环境相互影响的结果，我们只有共同努力并用实际行动去改变这种环境，减少环境对孩子的对抗力，才能让其恢复到内心平衡的状态，正常地学习。否则，结果只能相反，孩子们在一个与本体不和谐甚至相互对抗的环境中成长，显然，不能实现德、智、体、美全面发展的目标。也就是说，克服唯心主义的传统认知，不仅关系到自己，还直接关系到我们后代的未来和幸福。

人类大脑，经过原始社会和奴隶社会四百多万年的演化，内卷的能量场能量（量子）使它的重量增加了三分之二（见《全球通史》）。它可以无限大，也可以渺小到因一个意念就动刀动枪，丢掉自己的程度。它虽然长在每个个体身上，但绝不是拥有者可以任意支配，必须按照自然法则运行。它必须按照趋利避害的本能选择言行，它就是两利相较取其重，两害相权取其轻。这是人类社会进化发展的基石。否则，人类就会因为违背自然选择而无法生存。它有磁场的南北极，服从同性相斥、异性相吸，自动生成与趋利或避害相对应的能量感应，不合口味的不吃不闻，趣味相投的抱成一团。它必须服从不相容原理，即类似相同的电子不能待在同一个轨道，熊掌和鱼不可兼得。在同一场景下，一个人不能同时做出两个有利于自己的选择。它必须服从不确定性原理。意识运行的量子引力是如此之弱，几乎微弱到不用什么能量就能运行起来，就是意识自身也无法确定它的速度和位置；倘若不是量子引力，意识不可能如此浩渺，也无法实现神奇的感知、储存、运算、成像、选择，让梦想在海阔天空中自由翱翔，让歌声在心灵中自由荡漾。它必须能量守恒。负能量多了心情不好，抑郁不安，能量自动沿趋利或避害的个人主观意愿形成内卷转化，形成耗散，无序增加，生成混沌效应，大脑迷糊，不听使唤——抑郁症就来了。这个时候，医生通常使用强行镇静的药物，让神经系统恢复有序（正常）。如果不能达到效果，在某一临界点，一只蝴蝶飞来将它带入黑洞，以一发而不可收拾的速度让意识的自由空间消失，来到生命的时间终点。它必须服从向前的时间箭头，因为它消耗能量产生的熵和宇宙产生的熵总是在相加中增加。"热力学时间箭头，即是在这个方向上向无序度增加或者熵增加，然后是心理学箭头。就是我们感觉时间流逝的方向，在这个方向上我们可以记忆过去而不是未来；最后是宇宙学的时间箭头，在这个方向上宇宙在膨胀而不是收缩"（见《时间简史》第133页）。

它不可逆，再神奇也不能在时空中倒行逆施。

自然界的任何生物只有一个生存本能。意识产生的平等和自由，是一个由平等支撑与本体的生存相对运动的自由空间，是一种自然存在。因此，我们的自由，不是肉体"想飞就飞"、意识"想有就有"的自由。通过意识产生的认知与选择，趋利避害本能在与生成它的能量场所作的相对运动中，只能通过对生存有限满足的自我限制，意识才能使本体产生多样性自存获得自由，这就是人的本质意义或者是进化灵魂。否则，我们意识的平等自由空间就消失，我们的进化就像动物世界一样，仍然是只满足生存的被动有限自由生存。本体围绕生存（自存或自由），通过意识挤压叠加量子引力，丧失其自存自由空间，必然造成自我伤害（见本书第八章）。在本体与能量场对立运行量子引力获得的意识时空中，无论是生存与生存对立，还是生存与平等对立，两者都是对生存（自存）做出的自然限制——只需要满足有限生存，便能产生意识的自由；绝对的生存追求就是对意识自由的限制。或者说，所谓意识的主导能力，是本体对生存有限满足的自我限制产生多样性自存自由的能力。就像自然限制动物生存与生存对立满足有限自由生存一样，同样也上演了太多的悲剧，由于自存对自由选择的制约，生存与平等（生存）对立双方不能互相转化，满足有限生存是主要矛盾。平等（自由）是对有限生存满足的激励，对无限生存追求的限制，是将人类进化与动物进化区别开来、本体获得多样性自存自由的自然存在（或者是量子引力自存获得自由的自然存在）。生存、平等也不能和意识对立互换，用意识与生存或者用意识与平等相互对立，前者不能构成生存，后者不能构成自由（就是"生命至上"和"自由至上"的悖论）。它们之间是存在决定意识，而不能相反地由意识决定存在，或者是本体决定意识，而不能相反地由意识决定本体。意识是基于本体产生无限自由的精神价值追求，而不是本体对生存无限满足的自由追求，否则，我们就失去了意识的本质，进而失去了人的本质意义。生存以不伤害他人生存为边界，平等（自由）以不伤害他人平等（自由）为边界。任何人不能给本体的生存年龄规定上限，也不能给意识的平等（自由）画出平等线，两者只能统一于相对运动的过程之中。因此，人们必须抛弃绝对的生存观、绝对的平等观、绝对的自由观，以及将它们割裂开来的唯心主义传统观念。

本体只有为了生存的趋利避害本能，其所有指向和选择都是为了自存或自存之自由的目的。所有离开存在的存在或者离开自存的自由都是不能存在的。意识不能离开能量场生成它自身的任何效应。它所基于的平等（自由）是自然界所有单独存在的Q自组织产生的前提。所有能量场的Q自组织，都是由无序到有序的平等生存，否则，违背相对性原理的运动现象就不能产生。生存因平等而存在，自由因生存而存在，平等因自由生存得更好而存在。它是本体从生存（自存）的有限满足到实现意识的多样性自存（自存之自由）的精神价值创造的自然进化而产生的认知场效应。像其他任何自然存在的能量运动自组织产生的对抗与吸引一样，本体与意识相互之间自动产生对生存与平等（自由）的需求和供给，并形成约束（或者激励）。而约束（或者激励）机制，就是人类获得的进化灵魂——本体对生存有限满足的自我限制产生的意识，对精神价值的无限自由创造与追求。这样人们就从自然辩证法和唯物史观中，找到了人的本质意义和实现自由幸福的必由之路。

意识的平等自由空间，是由奴隶与奴隶主在合作博弈的竞争与对抗的生存环境中，共同拉成的与地球质点中心引力相反的一条竖线（生存线），和由家庭和氏族近四百万年自然血缘亲情生存的，在平等支撑相对运动相依共存的生存环境中，共同拉成的与地球能量场引力方向相向的一条横线（平等线），垂直十字相交支撑。它通过生存线观察拓展生存能力，通过平等线观察生存状况以获得生存动力和生存满足（或本体与意识的自由），基于进化灵魂的自然心灵，产生真善美与邪恶丑的认知与选择，即产生对生存有限满足的自足与快乐，对贪婪生存追求的厌恶与鄙视。意识只需通过本能就能感知生存、平等（自由）的真实存在，不需要任何复杂的演绎和推理。而这一切，都是由生存环境（能量场）的能量运动所决定，它们之间相互影响、相互作用，生存与平等或者自存与自由、自足与不足自动对焦。

第五章　意识的本质

像自然的存在一样，在大脑的意识之中只有十字交叉，生存与平等对立形成的空间才能达到最大，即上、中、下与左、中、右十字交叉有限无界的空间。这也是人们之所以用前者认知生存差别、用后者认知解决这些差别的立场和态度的自然反映。在东方的意识中，主张平等生存、为人们争取共同利益而奋斗的，被称为革命派。相反，主张生存平等而维护少数人利益的，则被称为反革命派。对持中间立场的，则被称为不革命派。由此，在意识的认知中，人们用左派（左倾）或者右派（右倾）以及中间派来辨别。在西方，有保守的自由主义和激进的自由主义之称，而主张平等生存的，则被称为人道主义、理想主义或者浪漫主义。无论是鹰派还是鸽派，他们将本体的生存平等等同于支撑意识空间的平等（自由）生存，在意识的认知与选择中，本能地排斥平等生存的选择（本体与意识是对抗与分裂而不是相对的统一，见本书第八章）。尽管美国的《独立宣言》表达了自由、平等、博爱的理想，但他们只能将其视为不能存在。在他们的观念中，本体的生存平等就是平等（自由）本身，意识的平等生存连影子都不是。平等生存是对生存平等的威胁（这就是当下西方世界将中华的崛起看成是威胁的根源。见本书第八章）。而在相对运动的人类社会，孔子所主张的中庸之道，是意识的平等与本体的生存相对运动、相互关照的认知与选择。因为你只有站在中间，意识获得的自由空间最大。否则，在意识的平等线上，无论你站在那一边，意识的空间都不能平衡。中庸之道的精髓，并不是存在于人们观念中的"躲进小楼成一统、管它春夏与秋冬"的消极避世观念。相反，它是孔子在与"民之不患寡而患不均"的现实社会矛盾与冲突的相对运动空间对立生存，谋求平等生存、积极入世的斗争选择。它是相对运动的原理在意识中的自然反映。他的主张与马克思的主张一样，而在西方的观念中，则被认知为人道主义、理想主义或者浪漫主义。

这很容易让人联想到十字架，这种最早流行于古罗马、波斯帝国和迦太基等地，处死叛逆者和奴隶的酷刑。自奴隶社会以来，尽管它给人类造成无数伤害。但它表明：进化灵魂就是上帝的信仰，与进化的灵魂表达意义相同。失去进化灵魂，意识的绝对自由追求必然使得本体，不是被生存内卷失去自我，就是被自由内卷失去自我，造成自我伤害（见本书第七、第八章）。人们也意识到，虽然所有人间伤害都来自人类自身，而意识却难于认知，就像鲁迅所说的"解剖别人易、解剖自己难"一样，因而只有靠上帝来惩罚，或者像西方的哲学一样，从意识中寻找自由，寻找人的本质意义，而使本体与意识两者都陷入了悖论。从"三圣""三贤"开始，东西方的意识对此都在寻找，但救赎的方式却不相同。西方的进化灵魂救赎者是上帝。从意识之中认知绝对自由（平等）、追求寻找人的本质意义，其结果是本体被生存内卷，穿上"皇帝的新衣"，变成了生存奴隶。而没有受到宗教影响的古老东方，灵魂的救赎者则是自我。从意识之中认知绝对自由（平等）、追求寻人的本质意义，其结果是本体同样被生存内卷，像舜的父母失去血缘亲情，变成了生存奴隶；只要像舜那样用血缘亲情去感化，就能唤回。由此产生了东西方看似不同而本质相同的文明传承，它是由平等生存和生存平等两种生存选择使本体或者意识的自由空间畏缩，产生的对人的本质意义的寻找（见本书第八章）。

二、意识的平等自由空间受本体制约，必须避免合作博弈走向零和博弈

基于本体的意识与生成它的能量场之间到底是怎样的关系，或者它们之间到底有什么秘密呢？二十世纪，纳什发现了非合作博弈均衡原理（非对抗博弈，下同）。它表明，在自然界和人类社会活动中，任何Q自组织必然遵从以最少消耗（付出）获取最大收益的确定性选择策略（所谓支配性策略，即由本体主导意识的认知与选择），与能量场和其他的Q自组织构成相关关系（非合作博弈）。如果任意一个Q自组织在与其他所有参与者策略确定的情况下，其选择的策略是最优的，而任何一个Q自组织单方面改变自己的策略（即意识自作主张进行选择），都不会提高自身收益或者使其利益受损（或者

伤害本体）。这种广泛存在于自然界和人类社会的现象，就是纳什均衡。纳什均衡揭示的是一个Q自组织在能量场自身能量消耗状态的自然选择，即它总是倾向于使自己的能量消耗过程最长（消耗最少或者收益最佳），以获得逃逸自由或自由逃逸的机会（或者产生最大的自由空间）。Q自组织这种性质，在任何相对运动中都不会改变，它是宇宙所有能量运动消耗的自然选择。它是所有Q自组织自身的对立生存和平衡（或平等）以及它们相互之间在引力作用下的对立生存和平衡（或平等）的相对运动，自存决定并制约自由选择，所有Q自组织能量运动消耗的自然选择形成宇宙微观自洽和宏观有序的自然存在。

纳什均衡揭示了所有本体与意识相互形成的选择都是同样的策略，之间的相对运动是自然选择的非合作博弈。而我们的选择是来自意识。这说明支撑我们意识平等（自由）空间是与支撑本体的生存与生存相对运动空间，共同构成的生存与平等对立生存相对运动空间，所有意识的性质相同，它们的选择均服从纳什均衡。就是说，把所有意识变成一个自由运动空间，它是本体与意识的生存与平等相对运动。相互独立相对运动的意识相互之间构成生存环境（或文化环境，下同）。部落时代，通过家庭、氏族的自然血缘传承，所有成员共同劳动、平均共享所得食物，部落通过平等支撑获得生存进化的自由空间，意识产生平等生存选择，意识与生存环境之间选择的是非合作博弈。而在动物世界和人类社会还有另一种关系，即合作博弈。狮群就是这种博弈关系。它们通过群体的统一行动捕获食物，对捕获的猎物抢着吃，谁狠谁就吃得多，吃完之后各回各位，等待猎物的再次到来。两个狮群争夺同一地区的猎物，相互拼搏，你死我活，进行零和博弈、争夺领地。奴隶社会就是这种关系选择，强势者多得多占，不平等（平均）共享劳动成果。国家通过维持本体平等支撑的生存进化自由空间，意识产生生存平等的合作博弈选择（生存方式选择，决定了东西方两种国家制度及价值观，详见本书第八章）。

在相对运动的过程中，非合作博弈产生的是本体之间的相互合作或者非对抗，而合作博弈产生的是本体之间的相互竞争或者对抗，本体与意识相互之间是正向选择、反向生存。意识选择合作博弈就是选择本体竞争，意识选择非合作博弈就是本体选择合作。非合作博弈，是基于本体的意识生存与平等相对运动对立生存的自由空间，相互的吸引力大于对抗力（像地球与太阳一样）；合作博弈，是本体的意识生存与生存相对运动对立生存的自由空间，相互的对抗力大于吸引力（像狮群与狮群）。前者所形成的生存环境是基于平等的非对抗博弈，即合作。而后者形成的生存环境是基于本体的合作博弈，即竞争（或者对抗）。合作博弈，就是达尔文所观察到的、生物世界普遍存在的适者生存、优胜劣汰的进化选择。也就是说，合作博弈是从无机物、有机物的非对抗博弈中产生出来的进化选择，它必须受到非对抗博弈的制约，否则，生物界的进化必然走向零和博弈，就像曾经的恐龙时代一样（这就是从恩格斯提出自然辩证法的观点，到当今人类社会认知的人与自然和谐相处，到习近平总书记提出绿水青山就是金山银山的自然辩证法的认知价值）。在合作博弈的生物世界，生存满足是自然控制，而人类社会之所以可以选择博弈方式，是因为生存满足受自我控制。这就是为什么我们人类是自然界的高等动物的根本标志。部落社会时代，意识通过本体平等支撑的自由空间，选择非合作博弈的平等生存，拓展本体生存的自由空间。而奴隶社会时期，意识通过支撑本体平等的自由空间，选择合作博弈的生存平等，拓展意识生存的自由空间。这样，我们就看到，本体的量子引力相对运动与意识的量子引力绝对运动，两者之间相对运动的对立生存的选择，无论是对于个体生命存在的本质意义，还是追求个体生命对社会存在的本质意义，对生存环境的价值认知与追求，只有个体的本体与意识、个体与生存环境的相对运动处于非对抗博弈的自然选择才能自洽，或者才能创造出真正的自由。部落时代的非合作博弈选择产生的奴隶时代合作博弈选择，在本体与意识相对运动的人类社会的自由空间，它所追求的是生存与平等相对运动的非合作博弈过程，而不是合作博弈的过程。人类社会的进化是抛弃合作博弈的丛林生存，走向非合作博弈自然生存的过程。而不是相互对抗与分裂，不断从合作博弈走向零和博弈，从零和博弈再走向合作博弈的循环往复，由人们按唯心主义片面认知与选择的所谓自由追求的表面存在和观念选择，否则，人类社会将因违背自然选择而失去自身的微观自洽和宏观有序。（这也正是共产主义的理想追求，详见本书第七章、第八章、第十章）。

在自然界和人类社会，非合作博弈产生的合作博弈，不能离开非合作博弈产生的平等自由生存空间（生存环境）而单独存在。它们之间是相对运动的对立生存，且合作博弈本身必须遵从有限竞争并受到平等自由空间的必然制约。马歇尔认为，作为所谓理性的人，追求利益和避免牺牲是人的动机（即趋利避害选择的本能），限制Q企业自组织对利润或者效率无限追求的边界，是边际效应（详见马歇尔的《经济学原理》）。他看到了人们的经济行为产生的现象存在，但在唯心主义传统观念的制约下，他无法像马克思那样用唯物史观认知产生这种经济现象的本质。在相对运动的空间，即使是Q企业自组织这种相对微观的运动空间，制约其选择的不是边界效应，而是本体的生存（或者能量的自存）与平等对立生存、相对运动产生的平等（或者相互之间的平衡）支撑的自由空间的制约（即受到非合作博弈的制约）。本体之间通过意识的选择进行合作博弈（或者所谓混合博弈），自愿参与其中所形成的Q企业自组织，在一定条件下或一定阶段，可以使收益相对增加（收益指获得相应满足，下同），与它们共同的能量消耗产生正效应。但在本体生存（自存）与平等（自由）相对运动的制约下（即纳什均衡或者自然选择），增加或者减少的收益必然使意识的约定发生改变，并逐步从有序走向无序。当达到某个边界，除非改变既定混合博弈的策略，恢复吸引力与对抗力的相对平衡（即使收益相应增加，获得平等自由运动空间的拓展），否则，Q自组织的对抗力逐渐大于吸引力，进入混沌状态（无序）直到消亡（Q自组织被迫解散）。这是人类社会所有自由选择、自愿参与其中、进行合作博弈形成的Q自组织，从产生到消失或者衰亡的自然原因。它不受意识所定规则的约束，而受本体生存与生存相对平衡（或者平等）运动的空间制约。我的一个朋友，二十年前牵头并投资，与志同道合的四个伙伴，组建了一家从事中介服务的公司。他根据不同特长，给伙伴们一定比例的股权。他们齐心协力共同管理经营这家公司。2020年开始策划上市，上市预期收益的超常增加打破了公司的平静。合作人提出要增加股份。我的朋友认为，他们的股份本来就是他送的，没有任何理由改变既定的股权结构。而他们则认为，虽然是送的，但公司是我们共同劳动的结果，现有股权与我们的实际付出不对等，强烈要求重新分配。他们为此闹得一塌糊涂，撂挑子，拉帮结派，互相内斗。朋友跟我聊怎么办，我建议他最好调整股份，否则只能散伙。他却认为，兄弟这么多年，过去那么困难我们同甘共苦，现在不困难了反而离心离德，真没有想到。多年共同奋斗的艰辛和情谊，使他们的选择变成了痛苦的折磨。他想增加有限的股份，而他们的心理预期却始终不能满足，产生"囚徒困境"。经过半年多的争斗，最后所有合伙人选择清算走人，走到当初都不想走的路上。几十年兄弟形同路人，共同奋斗的目标成为过去。

在合作博弈中，左右我们意识认知与选择的不是既定的规则，也不是情感因素，而是在生存与生存相对运动的合作博弈空间，意识必然受到本体生存与平等相对运动的制约。在意识的平等自由空间，操盘人必须站到中间，改变既定规则，平衡相互利益，增加吸引力减少对抗力，才能避免合作博弈走向零和博弈，它受到本体相对运动的空间制约而不是意识的选择，更不受边际效应的控制。Q企业自组织选择生产什么产品，可能受到边际效应的制约，但对流动意识的行为选择，必然受到本体相对运动必须平衡（平等）的根本制约。人们从所看到的一面将其认知为不守规则、不重情意的不道德行为，或者将其视为金钱至上的行为，这就是唯心主义的片面认知。因为产生这种认知现象的背后，是在相对运动的意识中生存（自存）对利益的自然内卷，是本体对意识的必然制约，是本体与意识平等自由空间的丧失。依此类推，我们就能从相对运动的观念中，认知为什么树倒猢狲散、大难来时各自飞，亲兄弟为什么反目成仇，出头的椽子为什么先烂等。这些现象背后的真实存在，与唯心主义的传统观念正好相反。产生表面现象的背后，隐藏的是平等支撑的自由运动空间的丧失，而不是意识认知的所谓人的本性就是为了利益而活着。因为，在做出这个判断的时候你是第三者，你没有把自己摆进相对运动的空间，你是对他人的评判，选择的是被现象所迷惑的物质利益，它隐含的是你被物质利益所诱惑而不是真实的存在。由于每个人都是这样在认知存在并产生观念与行动，它不但使我们失去了对人的本质意义的真实认知（失去了自我），还使我们的生存环境充满了物质利益的诱惑（无限制生存内卷），对我们的现实生活构成了直接威胁，使我们理想追求的自由幸福渐行渐远甚至背道而驰。

在合作博弈的竞争环境下，意识的良好愿望往往得到相反的结果，这是因为良好的愿望一旦形成追求物质利益而不是追求精神价值的满足与愉悦的合作博弈，它产生的是竞争关系，是本体生存与生存的相对运动的生存追逐，驱动的是竞争（即生存无限满足的追求），竞争的过程是将平等支撑的意识自由空间逐步改变成不平等的运动空间，当意识的空间丧失到一定的边界，必然陷入"囚徒困境"。在这种困境中，每个本体在生存与生存的相对运动中，受到平衡（平等）才能相对运动的制约，意识的认知无法摆脱这种制约。因为摆脱就是意识与本体的对抗，它使本体的对抗力无限增加，造成本体相对运动的失衡，产生意识不能平抑的所谓心理活动（见本书第八章）。大致说，仇官、仇富的心理，或者职业道德、价值观选择、行业规范、职业规则乃至法律、规章、制度等逐步丧失其约束力，就是在合作博弈丛林生存环境产生的竞争驱动下，意识在与生存环境的相对运动、相互作用中，产生权力内卷资本或者资本内卷权力的必然现象，它是平等支撑的意识自由空间逐步丧失的结果（这也是为什么官商勾结者一旦东窗事发，陷入囚徒困境，普遍选择检举揭发以求自保的自然原因，即相互之间由合作博弈回到非合作博弈，都想求得利益最大或者损失最小）。在合作博弈的竞争环境中，每个本体都希望摆脱被内卷，但又不知不觉地参与其中，意识平等自由空间日趋萎缩，加剧人们的竞争选择。每个人都不想让自己输，甚至连下一代刚呱呱坠地，就已经站到起跑线上（前些年，一些人们提出不能输在起跑线上的唯心主义观点，使不少人上当受骗，直到现在仍然没有消除，它对人们的意识形成误导，并使一些贪图物质利益者获得了机会）。意识的认知是对权力与利益的选择，而不是对人的本质意义的生命价值选择。人们对当下充满无奈，对未来充满迷茫，生存环境带给所有人未来的道路，是竞争日趋激烈、意识平等自由空间日趋狭窄的艰难历程。它是唯心主义传统认知的必然结果，也是马克思主义追求平等自由理想的现实意义（人们通常用强制办法，综合整治、打击压制，以恢复意识的平等自由运动空间。然而作用力与反作用力成正比，本体生存自由空间的抑制，刺激意识自由空间的增长，加剧权力或者资本内卷。详见本书第八章）。

因此，任何在能量场产生的Q自组织，只有处于自然选择（纳什均衡）与能量场相对运动、相互共存，才能获得最佳收益（或过程最长）。合作博弈选择的任何能量消耗选择，都会使它的能量运动过程变短或者空间变小（即与非合作博弈的自然选择的结果相反）。一个主导自身能量消耗选择的意识，无论做出怎样的生存选择（消耗自身能量获得生存满足），只有通过将生存线与平等线相加，或者基于平等或基于有限生存作生存选择，才能使本体获得的意识空间最大、生存的质量最佳。只选择生存，平等空间萎缩；只选择平等，生存空间萎缩，两者都使本体和意识丧失自由空间，导致非自然选择。这就是人们所说的长寿者必无忧的生存自然选择，即通过对生存有限满足的自我限制而产生的自然心灵自由追求过程，或者自存制约自由选择而获得量子引力最大自由空间过程的自然自足。一个人生命过程的长短或者生存质量高低，与他拥有的外在东西多少无关，只与他是否获得自洽自足的意识自由有关。纳什因此而获得了诺贝尔奖。他的杰出贡献是证明了相对性原理的非合作博弈自然选择，在自然界和动物世界及人类社会中的广泛存在。好莱坞为他专门制作了一部电影，名字叫着《美丽的心灵》。这也使人联想到了我们的中医学，为什么主张"阴阳平衡、以食为药"疗法的科学性，原来它来自自然辩证法的相对运动观念，并不是伪科学。

用纳什均衡的原理（自然选择）认知本体与意识之间以及与相对运动的生存环境之间的相互关系，我们把本体的生存（自存）看成是太阳和地球，而把地球与太阳对立共存的能量场（对抗与吸引的空间）看成是产生意识认知与选择的能量场（生存环境，下同），它们共同构成有限无界的四维运动空间。人们就可以清晰看到，由自然选择决定的自存制约自由、对立共存无为而无不为的真实存在。太阳为了俘获地球不得不释放相应能量或者自愿释放能量，不让地球离开（逃脱）；地球为了自己不被俘获，必须释放自身能量，从而形成对抗太阳吸引力的能量场，并通过吸收太阳能量（地球只有太阳能量的2.8%），演化出生态圈和大气层，使自己与太阳对立共存。太阳用最少的消耗与地球一起对抗银河系的引力。地球通过演化出生物圈储存太阳能量，并与月亮一起对抗太阳的引力。正是这种非对抗博弈创生的存在之存在，实现了多样性自存自由，使它们各自的运动处于自洽状态，并实现最长的运动过程之存在，以获得太阳摆脱银河系，地球摆脱太阳、月亮摆脱地球、各自自我逃逸的机会（或者最大的自由空间，下同），而银河系则与它们一起，与比其吸引力更大的星系对立共存，以获得自我逃逸的机会。倘若地球没有求得自存倾向，大公无私的它就会毫不犹豫地扑向太阳，省得自己活得这样累；倘若太阳只有自存没有自由倾向，能量如此巨大的它就会毫不犹豫地吞噬地球（即相互的对抗与吸引的相对运动存在）。那样的话，地球毁灭自己，太阳也将伤害自身。"在太阳和地球的情形下，能量损失率非常小——大约只能点燃一个小电热器。这意味着要用1千亿亿亿年，地球才会和太阳相撞。没有必要立即为此担心。""一个恒星可因引力作用和不相容原理引起的排斥力，达到平衡而保持其半径不变，正如它的生命的早期引力被热所平衡一样"（见《时间简史》第83页、第89页）。

　　生存与平等或者自存与自由对立共存的相对运动，一旦失去平衡，它就是跷跷板或者电子的二极管。本体的大脑与相对存在的另外大脑之间，意识的自由选择必须服从本体的生存选择，否则，本体的运动就不能平等。宇宙Q自组织的运动正是由自存主导自由进行限制性选择，才能获得最大的自存产生的最大自由空间。它们相对运动、对立共存，创生多样性自存自由满足的自然选择（非对抗博弈）关系，产生了合作互利、对立共存的自然生存效果或者收益。人类社会相互形成的合作互利、对立共存的交往关系,我们认知与追求的基于公平(即平等)形成市场经济、法治秩序,是宇宙所有自组织能量运动的自然选择,是意识对自然存在的自然反映。无论是自然运动还是人类大脑的意识所产生的社会活动,只有处于平等(自由)的状态最佳,自存与自由对立运动的自由空间才能最大,我们的成本才能最低,效率或者收益才能最大。我们虽然离自然的存在还相距很远,但这是马克思主义指出的人类进化的必然方向。

本体对意识的制约就是对生存有限需求(欲望满足)的自我限制(或对生存有限满足不够的自我激励),产生的意识自由趋于无限创造的张扬。相对于本体的生命存在,再多的物质需求欲望满足,也不能改变其固有的质量(能量),或者不能使运动过程变长。人类既不是理性的人,也不是非理性的动物,他(或她)是自然人。自然生存的资源既不稀缺,也不过剩。人类的需求和供给由他们的劳动创造,一份付出一份收获(劳动本身是本体获得自由的前提)。是不足还是有余,是一年消耗完还是十年消耗完,由人类自身决定,消耗得越多则离场就越快。自然资源为生存所用,与共同占有还是个人占有的方式无关,只与人们的生存满足(不足)有关。如果人类选择动物生存——生存的自由有限空间生存(退回到动物世界的丛林生存),趋利本能和意识的认知主导能力将使生存占有无限扩大,必然从合作博弈走向零和博弈,使自然资源因浪费和无谓消耗(特别是战争消耗)而严重不足,直至快速枯竭;如果人类选择基于对生命存在有限满足的自我限制,产生意识趋于无限创造精神价值的自由空间生存,则自然资源不是不足而是绰绰有余。人类社会,随着农业革命的到来、生产率的提高,宫殿、庙宇、富人聚集的财富,使人们争夺的东西实在太多,战争日益频繁并具有毁灭性。对财富的争夺使战争无法避免,对财富的渴望使人类社会充满了诱惑,让人类失去了进化灵魂,失去了人的本质意义。"我们生来就具有基因所赋予的做出各种行为的潜能,但这些潜能变成实际能力的方式则取决于我们所受的训练,取决于学习。我们真正继承的是塑造和完善自身的能力,使自己不成为奴隶,而成为命运的主宰"（见《全球通史》第44页）。

  按照自然辩证法和唯物史观，人们就要重新思考社会科学和自然科学发展的当下与未来，怎样实现人的本质意义这个根本问题了。经济活动，是人们生存有限满足的基础活动，而劳动是人们获得自存自由的过程本身。引导和鼓励人们追求人的本质意义，是所有意识产生的认知即价值观是否正确的根本标准，是社会科学及自然科学发展自身的价值所在。意识认知人的本质意义的价值追求，首要是如何满足本体获得更多自由，这就要让劳动而不是资本决定什么才是属于人的本质意义的真正价值。同样，社会科学所有指向，首要的是满足非合作博弈相对运动的相互存在，才能实现人类社会的相对运动、合作互利的美好理想，这就要让平等支撑生存环境与意识空间实现平等（自由）的相对运动，既不被权力内卷，也不被资本内卷，更不被绝对自由内卷，进而获得属于人的本质意义和意识想要的真正自由运动空间。而科学技术的未来，则是把本体从繁重的体力劳动中解放出来，把意识创造精神价值的自由空间拓展至无限，使他们在相对运动的过程中，获得本体劳动的自由和意识无限的创造，而不是用技术剥夺本体的劳动自由空间，使他们下岗，待在家里等着政府的救助，或者将意识驱赶到与生存环境的对抗空间，等待时机与政府零和博弈。这似乎预示着唯心主义传统认知的终结。人们需要摆脱唯心主义的束缚，坚持唯物史观，从运动的结果认知判断事物，转向从相对运动的过程中认知判断事物，并将其统一于共同的行动中，从丛林生存转向自然生存。重温毛泽东"人民，只有人民，才是创造世界历史的动力"的科学结论，使自己不成为物质利益的奴隶，而成为命运的主宰，从英雄创造历史的时代，走向每个个体都是历史创造者的伟大时代。

  在Q自组织与能量场之间，量子引力作用无时不在、无处不有，无时无刻不在发生。在一个潮湿的环境中，只要有有机物它就会生成小生命。一只小虫子不但会飞，还会吸食人血。作为具有自我主导和认知能力的人之存在，自然赋予本体的唯一资源是时间，即能量运动的有限过程。在非对抗博弈状态下，人们生存的不同空间和不同方式，正是本体通过时间，意识挤压叠加运行量子引力导致的结果。是做官还是经商，是搞科学还是搞艺术，喝酒多还是打麻将多，是幸福多还是痛苦多，是正常还是抑郁，都是由它决定的。本体决定意识的自由生存方向和结果，命由天注定，运则由自己选。

宇宙在量子引力基态的绝对运动产生的相对运动中，非合作博弈关系是所有Q自组织产生和运动的基础，Q自组织之间在非合作博弈制约下产生相对运动，互利共存。在一个对有限生存满足无限自由追求物质利益，或失去对有限生存不足的满足平等抑制或激励的生存环境中，趋利避害本能必然刺激意识的自由选择无限挤压叠加量子引力，使意识的认知与选择日益脱离本体的约束，走向生存（自存）与平等（自由）对抗博弈，反向生存本体自我伤害的权力效应（或者权力引力效应，为了理解方便，下同）。

个人权力效应：基于本体产生的意识是不可见的量子引力运动。只有能量足够低，与所处环境对立生存的感应感知才能更敏感，或者对称确认才能更准确，对任何细微的变化（包括表情、动作、眼神等）它都能准确感应出来，趋利避害本能自动对其进行判断和选择。正常情况下，这些与生存环境相对运动的意识趋利内卷持开放状态，以获得有限生存满足的自由运动空间。生存环境的各类信息（即能量）只有与它趋利避害需求一致（包括反向）的信息，通过直接感应感知在意识内比较对称确认后才能被认同。如果反向的信息被挤压成超常的场能量，内卷力向内紧缩，环境对意识的吸引力丧失（相当于对抗力增大）。意识一旦对所处生存环境由趋利转成避害就自动离开，对外的寻找（或者吸引）变成对内的自我寻找或者寻找新的环境。更一般地说，环境刺激（吸引力产生的约束，下同），如果与趋利避害本能不一致，任何指向的信息输入都被独立的意识自动屏蔽（不作为本体的真实选择，受作用力与反作用力的限制）。当受到生存威胁，造成本体与意识之间作非此即彼的对立选择，避害自动转换成趋利并做出与环境的作用力方向相同或者不同的选择（不同选择，是意识挤压叠加的引力足够大，形成人们常说的坚定信仰），前者由本体主导意识认知与选择，后者则相反，由意识主导本体认知选择，前者使量子引力失去意识自由空间而产生负能量；后者使量子引力意识自由空间变大而产生正能量。当意识与所处生存环境产生极度对抗，就会被自动逐出或者被迫离场。一个完全离场的意识（即失去场的约束），本体就成为一个孤独的存在。意识引导本体自由挤压叠加量子引力，使大脑运转形成有限选择的超常能量，自动与外部同等能级能量相对称或自我对称，并构成趋利避害选择。大致地说：寻找自我解脱或者邪恶的精神控制、恐怖活动、精神失常、抑郁症以及极端的个人行为等非正常现象，都是在所处生存环境中，因有限生存不能满足的困扰、平等丧失不能自由或绝对自由追求的困惑、情感破裂对人生的否定，使被制约和伤害的本体（即量子引力失去自由空间）通过意识作用于自由选择，挤压叠加量子引力产生的个人权力效应。

国家权力效应：奴隶社会通过对更好生存的自由激励，对财富的国家绝对占有（把个人拥有等同于国家，自然进化过程），尽量多地占有他人劳动成果以创造国家形态。否则，国家就只是一个将平均占有变成由部落首领全部（或部分）占有的动物世界，没有自身"神圣存在"的权力效应。奴隶主将自己等同于国家，不仅任意剥削使用占有的财富，还建宫殿、造金字塔，通过一切可能的形式彰显国家的存在，形成生存与平等对立共存、相互关照的非合作博弈（或者自然选择），国家与意识之间生存与平等对立共存，共同谋求更好生存的权力引力自然联接、互相关照和反观自照。意识对生存（自存或者资本）的占有（获得）和对平等（自由）的占有（获得），通过国家存在及其作用产生了自我权力认知；意识实现生存有限满足和平等自由的需求，产生了国家权力必然存在的公有权力认知。国家权力和个人权力是本体通过意识与国家之间生存与平等对立共存、相互关照、反观自照的认知场效应，是意识基于国家存在及其作用产生自我权力和公有权力的自然存在。它是人类社会的一切权力来源，为意识自身所拥有。通过占有（失去）生存可以获得他人的平等，反之亦然。对他人生存和平等的占有（享有）形成特殊权力，绝对占有（享有）形成绝对权力。在国家权力引力认知场效应中，被集中的权力引力只选择平等追求（平等-生存≤0意识平等自由空间），它就必然抑制意识自由创造生存能力的空间增长（像部落时代或者秦国消除平等抑制的改革）；只选择生存追求（生存－生存≤0，动物大脑），它必然刺激意识创造生存能力和生存占有的无限制增长（像奴隶时代或者古希腊消除不平等抑制的改革）。前者抑制了意识多样性自存的增长，后者因多样性自存被少数人占有（或者产生多样性自存的自由追求，因有限生存不足，贫富尖锐对立使生存的平等自由空间被束缚）而自我否定，走向零和博弈，两者都使本体丧失自由（即量子引力自由空间萎缩），阻遏人类社会自然进化。奴隶社会创造的国家权力，是奴隶和奴隶主失去平等（自由）变成为生存而生存的奴隶共同构成。生存平等造成贫富悬殊，使奴隶失去人的社会属性；平等丧失造成特权阶层，使奴隶主失去人的属性。二者都变成动物生存，失去了平等支撑的自由运动空间。意识自然进化被生存内卷，失去进化灵魂的本体自由选择，因大脑权力引力挤压叠加使生存（自存）与平等（自由）之间无限对抗与分离，造成自然心灵破裂、整体性人格分裂（即量子引力失去自存自由空间，下同）。奴隶主和奴隶拼命挣扎、共同摆脱生存枷锁，争取本体和意识的自然进化，成为双方零和博弈的动力。奴隶主不惜一切维护国家存在，奴隶不惜一切打倒奴隶主以获得国家，对立双方你死我活的争夺产生国家权力效应。

奴隶制国家的必然衰落：奴隶制时代，本体通过意识产生的国家权力引力，是人类有史以来绝无仅有、空前绝后的。它是由世俗权力、宗教神权和允许产生奴隶的社会制度共同构成的最大国家权力引力（或者说，它穷尽了人类产生权力引力的一切来源。中华民族除外，因为它没有受到宗教绝对权力的伤害，见本书第六章、第七章）。奴隶社会产生的国家，将意识内卷释放的权力引力集中起来，形成权力引力中心（能量运动质点中心，自然存在的核心能量）所构成的Q自组织（社会存在），是自然能量运动的分布，从中心质点权力引力由大到小，Q自组织由少到多，在意识的能量运行中，它是一个耗散结构系统。它将部落逐步解体的生存秩序，通过国家的产生，本体经由意识的作用产生权力引力挤压叠加运行（能量方向引导），变成有序的社会存在。在这个自组织中，本体的意识都是相对独立的Q自组织，并与能量场构成又一个Q自组织作相对运动。奴隶社会前期，在这个权力引力认知场效应的所有Q自组织，为自由更好生存的共同目标所牵引，它们各自的能量方向与质点中心同向，或者权力中心吸引力大于对抗力，是充满活力的非平衡态。国家占有等同于个人占有的奴隶制社会，意识趋利内卷失去平等约束（激励）或者自我限制，造成不平等生存尖锐对立，使本体的自由生存空间日趋萎缩，若干质点次中心Q趋利本能，刺激意识挤压叠加权力引力，对抗力无限增大，形成与统治集团相对抗的若干势力范围（Q自组织），国家权力被肢解，争夺国家成为更好生存的最大引力。巨大的权力引力引导他们失去本体的存在，变成权力生存（把权力视为存在本身，下同）的"奴隶"（即自存对自由倾向的必然制约，或者自由对自存倾向的必然伤害）。统治集团内部以及与外部各种势力相互激烈争斗，社会陷入混沌，秩序坍塌，一只蝴蝶飞来，既存政权进入黑洞，寿终正寝。奴隶社会运行了两千年多年，公元前73年，就被在古罗马角斗场的斯巴达克斯，因为奴隶主观看奴隶像观看动物一样的鄙视眼神激怒了。显然，奴隶社会时期奴隶主常用类似的活动显示其绝对权力，让奴隶的大脑形成日益激烈的情绪冲动，刺激意识的空间增长。他振臂一呼，久积在奴隶心中的怒火，终于熊熊燃烧起来。斯巴达克斯就是那只"蝴蝶"，让伟大的奴隶制国家古罗马烟消云散了。

  自此以后，本体基于意识与国家之间在相对运动、对立共存、相互关照中，产生的一切零和博弈是人类获得的认知主导能力，摆脱一般动物的自由有限生存（存在），本体和意识向产生多样性自存（自由）转向过程中，追求平等（自由）寻找失去的进化灵魂产生的权力引力效应。防止生存（自存）对立造成意识自由选择内卷（或者挤压叠加）权力引力，成为维持国家存在和争取本体自由的焦点。通过平等抑制或激励是国家支撑本体意识的认知与选择，实现多样性自存无限自由追求的杠杆。原始社会，以部落首领绝对不多占，平等抑制自由选择挤压叠加权力引力，家庭、氏族的部落Q自组织一直存活于当今；奴隶社会，却因创生意识产生国家权力引力，因失去其平等抑制（激励），造成本体自由选择无限挤压叠加权力引力，意识的生存与平等对立悖论，平等（自由）追求产生的对抗力日益增大，本体为了生存（或者量子引力为了自存）产生权力引力效应，造成零和博弈的生存灾难（或者生存伤害，下同），快速走向自我没落。人类社会产生的国家治理思想、体制机制、制度规则，无一不是与奴隶时代形成的绝对权力对立生存，追求平等（自由），追求人的本质意义产生的意识认知场效应。马克思说过，人类社会，只有通过国家主动进行平等抑制（激励），特别是抑制统治者或者权势利益集团权力引力趋力内卷，克服生存与平等的自身悖论（防止自由对自存造成伤害，或者本体与意识的对抗与分裂），使有限生存得到满足，本体意识的自由认知与选择才能从必然王国走向自由王国。子孙后代正是在奴隶主用极其残忍的手段与奴隶共同创造的国家中，获得更好生存并受着它的"折磨"。

三、只有遵循自然选择和唯物史观，意识才能将人类引向美好未来

意识是本体能量运动的自存自由倾向，在与能量场生存与平等（生存）相对运动运行量子引力，产生多样性自存获得自由的认知场效应，并非脱离自然的特殊存在。在相对运动的自然观念中，原始社会是平等—生存对立生存相对运动的时代，即生存的理想时代，是本体基于自然血缘传承产生的平等生存认知选择，即基于现实的状况寻求更好生存的理想，想法找到更多的食物并平等平均共享，获得自由生存。奴隶社会是生存—生存对立生存相对运动的时代，即理想的生存时代，是本体基于自然血缘传承产生的生存的理想与基于意识产生的理想的生存，由相对运动相互共存，从非合作博弈逐步走向合作博弈，意识扬弃平等生存，选择生存平等，抛弃平等平均共享食物、适者生存、优胜劣汰。迄今为止，人类社会所产生的一切，从科学、文化到思想、艺术，无一不是本体通过意识，在与生存它的能量场生存与平等

（生存）或者自存与自由相对运动、相互作用产生的认知场效应结出的丰硕成果。坚持自然辩证法和唯物史观，从相对运动的自然原理出发，就会发现，如此富有的宇宙，竟来自它创造自己的简单原理——相对论发现的Q自组织的相对运动。不过，理解并确认意识的本质和它产生的认知场效应，人们必须抛弃唯心主义的传统观念，回到自然的立场，理解宇宙和它自身。

唯心主义的传统认知观念，倾向于将人类社会的存在看成是高于自然的。他们认为，人的意识是上帝赋予的特殊存在。它有无限的想象力和创造力，只受思想走不远的限制，不受"不积跬步、无以致千里"的制约。它是本体的主宰，同时也是自然的主宰，不受自然选择制约。人类社会进化与动物世界的不同，是意识的认知主导能力对生存有限满足的自由无限追求（即单纯的物质利益）。人的本质意义，是本体的相对运动存在与意识的绝对运动存在、本体服从意识的自由认知与选择，自由是意识认知的绝对自由追求的理想，而不是本体与意识之间生存与平等相对运动产生的意识趋于无限的自由追求空间，遵从合作博弈的丛林生存法则。

唯物史观的观念则相反。他们认为：一切源于自然。宇宙中所有的存在都是宇宙能量运动产生的自然现象，它们基于同样原理产生并严格受到它的制约。人类进化之所以不同于动物世界，是本体生存有限满足的自我限制产生的意识多样性自存趋于无限的自由追求空间（即物质利益的双重价值）。人的本质意义，是对相对运动产生的本体的有限满足，对绝对运动产生的意识趋于无限的精神价值自由创造与追求。人类社会的运动就是宇宙运动本身，遵从非合作博弈的自然生存法则。显然，从传统观念转到自然的观念，意味着人类要在宇宙的意志中而不是从现象的存在中寻找自己，站在唯物主义的立场，而不是站在唯心主义的立场，由求异存同转向求同存异，向自己和自己的历史，向生存它的宇宙，向养育它的地球来求和，回到自然怀抱，并抑制意识将无限想象变成胡思乱想的任性。

这样我们的意识平等自由运动空间像宇宙一样，是一个有限无界运行量子引力的大气球。趋利避害是意识的开和关（宇宙能量运动的开和关），即0

和1，0就是关，1就是开，就是无和有。趋利就开，避害就关。当人休息了，它就处于关的状态。做美梦可能是开了，也可能是某个时候对某事想了之后，形成的能量没有消散（被抑制），睡觉时它跑出来了。大体上，人休息它也休息，节省能量减少消耗。早在两千多年前，中国人就把0和1，用在易经阴阳八卦上（0、女、阴和1、男、阳），帮人算命搞预测。二进位制的创始人冯诺依曼对此大有感慨。这说明东方的古老文明与西方现代科学之间，似乎有某种穿越时空的自然心灵感应。有段时间人们认为，二进位制是从《易经》中受到的启发，掀起了一股研究《易经》的风潮。有人成了名家，有人成了大师，也有不少人为求得更好的命运掏腰包。直到现在仍然有不少人相信它感知过去和预知未来的神奇功能。这也证明意识可以无限想象的能力。不过，它与电子被束缚制造的计算机根本不同。意识运行量子引力，是本体主导做出的趋利避害自主选择，是自然进化的灵魂之存在。电子却不是。前者是自身与自身对立生存自我主导的相对运动存在，后者是自身矛盾（电子不相容）被限制的非自主相对运动存在。

霍金认为："往前走宇宙就膨胀，如果它往后就收缩。当宇宙膨胀时，相对于将电子变成反夸克，然后，当宇宙膨胀并冷却下来，反夸克就和夸克湮灭，但由于已有的夸克比反夸克多，少量过剩的夸克就留下来。正是它们构成我们今天看到的物质，由这些物质构成了我们自己。这样，我们自身之存在，可以认为是大统一理论的证据。哪怕仅仅是定性而已。""大统一理论并不包括引力。这关系不大。因为引力是如此之弱，以至于我们在处理基本粒子或原子问题时，通常可以忽略它的效应。然而，它的作用既是长程的，又总是吸引的，表明它的所有效应是迭加的。所以对足够大量的物质粒子，引力会比其他所有的力都更重要。这就是为什么引力决定了宇宙的演化的缘故。甚至对于恒星大小的物体引力的吸引会超过所有其他的力，并使恒星自身坍塌"（见《时间简史》第80页）。他希望人们，将本体与意识统一于量子引力论（即自然的观念）之中。它们都是宇宙产生的量子引力结构，不能让它们各自为阵、互打擂台。他不倾向于将相对论与量子力学（即本体的相对运动与意识的绝对运动）看成是矛盾的存在。就像人们将牛顿与爱因斯坦看成是矛盾的存在一样。本体与意识之间失去自然法则或者进化灵魂，就会失去人的本质意义（或者相对运动才能使本体产生，是自然属性），因意识的绝对运动看不清存在的真相而产生两者之间的对抗与分裂（即失去了自然辩证法和唯物史观的科学认知与选择）。天主教的意识要太阳围绕地球转，信徒布鲁诺则认定地球是围绕太阳转，导致相互伤害的悲剧。正如纳什均衡所揭示的那样：两种认知都是片面的。太阳和地球都是为自己在转，它们是因为平等而获得的相对运动的存在，是非对抗博弈的对立共存相依为命。荣格认为：人格具有与生俱来的整体性，人类所应该做的首先是保护这种整体性，避免它四分五裂变成种种独立存在、相互冲突的结构系统。他看到的是，奴隶时代失去进化灵魂造成的整体性人格自我伤害的现实存在，是对当下人类意识认知的绝对自由追求，被权力或者资本或者自由内卷，本体穿上皇帝新衣，失去进化灵魂（或者失去自然法则的制约），自存与自由的对立生存，因意识的自由认知与选择产生对抗与分裂造成自我伤害的现实存在（见本书第八章）。

  意识的自由选择失去进化灵魂，造成本体自我伤害的悲剧，在我们的日常生活中是经常发生的。本体的生存欲望更容易被意识的绝对自由带入自由的陷阱，意识引导本体变成动物生存。意识的绝对自由一旦失去了本体的制约，飞起来的选择就是脱缰的野马，将人的自然心灵带入自由的陷阱。本体与意识的对立与冲突，让人陷入权力和资本欲望无法满足的困境。越想得到自由，意识的平等自由空间离得越远，越想让本体得到安宁，本体自由空间的冲突就越大。

  我们的意识在与生存环境相对运动、相互作用中，量子引力是如此弱而又如此之强，本体与意识相对运动的自由空间，只有像部落时代在平等支撑的生存环境中才能获得。然而，获得这样的空间我们必须抛弃唯心主义的传统观念，坚持马克思主义的科学真理。我们只有坚守进化的灵魂对生存有限满足进行自我限制，这样的自由空间才有产生非对抗博弈的基础。

在一个由唯心主义传统观念主导的人类社会，我们对所有的问题几乎都不能形成正确的结论。因为我们是按照量子引力的绝对运动，自由地从现象存在的一面去认知事物，并自以为是地将马克思主义的科学原理放在了一边。人类的文明从来都不是概念的预设和虚构，而是永不停息的生存与平等对立共存相对运动，并与生存环境相对运动相互作用的结果和过程。随着考古发现起来越多，人们认识到人类所有的分支，无不是与所生存的具体环境进行的相对运动和对立创造。不管它们的反应有多少不同，都是由他们的本体与意识对外界刺激反应的程度所决定。我们的意识虽然有了极大的拓展，但今天的人类由于没有摆脱唯心主义的束缚，仍然如同"最初的旧石器时代一样，沉迷于对神秘事物的崇拜。他们墨守虚幻而简单化的解释，甚至在这种解释与已知的事实不一致时仍然是如此"，就像我们的祖先"迷信他们的图腾和巫师。现代人对飞碟、占八卦、纸牌算命以及占星术具有类似的迷信"（见《全球通史》第403页）。我们的意识是由本体的大脑产生的量子引力绝对运动，是由无数个Q构成的无限多维能量运动空间。Q，任何来自外太空的所谓降维打击，在它面前不过是下酒的一碟小菜，它只有在场的无限选择，没有离场的任何自由。或者我们意识的唯心主义，也能将公鸡下蛋变成真理。它将变成一个悖论的存在：倘若人类按唯心主义传统认知的丛林生存，我们的未来必然丧失；倘若人类只有遵循自然选择和唯物史观（本体找回进化灵魂的自由追求），才能获得美好未来。

第六章

为什么这样选择？

【内容摘要】在意识趋于无限大的平等自由空间，西方世界选择生存平等，只有古老的中国选择平等生存。一个继续奴隶社会时期创造的生存方式，一个则继续部落时代的生存方式。意识空间的拓展转向与国家存在及其作用的相对运动。权力和精神的异化成为人类社会的桎梏。

一、意识的自由认知，源于长期生存环境中产生的意识认知场效应

意识虽然是量子的绝对运动，但它所形成的认知与选择是本体相对运动的自然反映。到奴隶社会时期，我们的意识空间已经从部落时代的自然空间，拓展成基于国家存在的社会空间，基于神经细胞增长拓展的宇宙空间。我们的意识对立生存的认知与选择空间趋于无限大。在这个无限大的空间中，无论深藏不露的意识产生的认知与选择有多少不同，都是本体通过意识在与生存环境的对立生存相互关照中，形成并为生存环境所制约的认知与选择，是自然进化的反映过程。

五千年左右，才刚刚开始学会书写的人类产出大量的满足本体的自存与自由需求的产品。公元前一千多年，周朝就对贵族进行礼、乐、射、御、书、数的教育。专门认知怎样打赢打服对手的各种技巧也有了，如《孙子兵

法》。孙武认为的最高兵家之境乃是"不战而屈人之兵"。他反对随意拿人命去拼，生命宝贵。所以《孙子兵法》的真正价值就愈显深刻而珍贵。世界上各个民族、各个国家、各个地区，不仅把先辈们创造的用于提高生存能力的技术增多了，把满足更好生存的物质财富也创造得更多了。宗教和非宗教（主要是汉字）创造出来的文字，由记录具体事的工具变成意识的认知工具了。越来越多的人开始解读"人从哪里来，又到哪里去，活着到底是为什么"，不是权贵的文化人越来越多，知识训练的社会空间得到极大拓展。春秋时期，中国的教育已经很发达，呈现"百家争鸣"局面。"百家"乃虚数，二十二子也不少；教育理念很先进。孔子就讲"有教无类"，他的七十二贤徒有穷有富、有贵有贱。这个时期，意识认知与选择的星星之火就慢慢形成燎原之势了。

奴隶社会末期，意识内卷生存使得本体和意识都被绝对权力异化，人间平等自由空间彻底消失，进入地狱般的黑暗岁月。在向封建社会时期过渡的过程中，公元前三四百年间，意识空间的自由拓展与创造终于生成了两把"火炬"。正是在它们的照耀之下，人类自诞生以来就存在的、被奴隶社会时期融为一体的生存的理想和理想的生存，就变成了东方社会以生存的理想、西方社会以理想的生存两种模式，即东方平等生存、西方生存平等的选择探寻，并一直艰难跋涉到今天。一个必然王国的时代结束，而一个自由王国的时代终于到来。这两把"火炬"就是被世人公认的东方"三圣"和西方"三贤"。

在奴隶社会时期向封建社会时期的过渡时期，出现春秋争霸、战国七雄的天下大乱。怎样才能结束这种局面，大家都要想办法找出路，于是就有了百家争鸣，这就是意识自由认知主导社会未来方向。中心议题只有一个，华夏民族向何处去。这时百家的思想已经不是为了权贵集团生存，而是为了这个民族生存各抒己见、各持己见。诡辩家公孙龙提出"白马非马"论，意思是，你们说的都不一定对。对公孙龙提出的意识认知与选择悖论（就是康德发现的所谓纯粹理性悖论。见本书第八章），只能让有权威的人出来做总结。

第六章 为什么这样选择？

他们是谁呢，就是老子、孔子和庄子。老子说，道法自然，要顺其自然，主张结束大乱的办法，是马放南山、无为而治（即自我抑制）。强调意识认知要服从自然选择。整理《春秋》的孔子显然对当时的现实看得更清楚，他批评老子"过犹不及"，主张："悠悠万事，唯此唯大，克己复礼。"意思是，说一千道一万，只有一个选择，就是按周天子时代的办法，解决"民之不患寡而患不均"的动乱根源。强调意识的认知要服从社会现实的需要，并提出"知之为知之，不知为不知，是知也"，不搞争论，倡导大家领会"学而时习之，不亦说乎？""温故而知新，可以为师也"，"学而不思则罔，思而不学则殆"，通过不断学习来解决不知的困惑。老子的传人庄子则提出了另一种主张，讲自己梦蝶的事。他说，有一次做梦梦见蝴蝶了，非常惬意。醒来一想，到底是他变成蝴蝶还是蝴蝶变成了他，说不清楚。意思是不要争论谁对谁错，关键是要弄清什么是对是错。强调要认识真相，不要只看表面现象，要追求真正的价值。他像师傅一样讲很多的自然现象，来证明其想法。他不但宣传齐物论思想，还身体力行地向人们刷存在感，引导人们寻找并认知真相。他妻子去世后别人来悼丧，他击盆而歌，向人们表示，妻子死了是一件值得庆贺的事，因为终于回归自然自由幸福了。

为什么华夏民族要将这三位奉为圣人呢？就是因为他们体现了非合作博弈自然选择产生的本体与本体、本体与社会、本体与自然，通过意识与生存环境相互作用的意识自由认知与选择空间。这个空间最主要的问题是统治者对权力的追逐和由此引起的权力争夺，造成社会混乱动荡。老子的意见，权贵们要自我抑制来维持社会的相对平衡。因为弱胜于强，不能太过分。孔子的意见，要求统治者像周朝的天子那样，抑制自身权力贪婪造成的社会混乱（君君、臣臣、父父、子子，是他基于自然血缘和祖宗崇拜，解决这个问题的方案）。他呼吁当下的人们要走中庸之道，舍利求义、杀身成仁，奉劝所有人要自觉抑制权力对本体欲望的诱惑。庄子则认为，人们要追求事物的本质，不能把表面上的权力看得太重（对追求生存贪婪的反映与批判）。它是老子、庄子发现的相对运动和孔子发现的不平等问题共同构成的一个社会运动空间。"三圣"思想来源于与生存环境的相对运动、相互作用。它是我们中华民族从古到今连续运动的真实存在。它不仅仅是一种观念，而是一直跟随我们中华民族本体产生的意识认知场效应（或者是意识对现实存在、在平等自由空间相互作用的对立生存，下同）。"三圣"的思想光芒正好照射人类生存的理想追求，就是基于对现实生存状况的维持和提升去寻求改善现状的理想，而具体的方法就是要认识人的本质意义，不是对权力和利益的无限贪婪，而是实现一个人人平等的理想社会。所以"三圣"思想在这个层面是一致的。他们都是从对社会现实的观察入手形成意识的认知与选择。这正是古老华夏民族在长期生存的生存环境中，形成的本体生存与意识的平等理想追求的供给与需求。反过来说，中国封建社会得以持续存在的根本支撑，乃是"三圣"认知场效应的广泛生存与确定性的长期存在，是本体基于平等生存所作的认知与选择。

在同一时期，古希腊也产生了"诸子百家"。他们没有像我国春秋战国时代那样搞争论，而是把各自的理想放在意识中，让本体自由认知。这一时期，随着希腊社会的日渐复杂，人们将关注的重点从物质世界转移到人，而对人的强调，智者派支持民众的大部分事业。而一些保守派别则担心它会危及社会秩序和道德。"希腊古典文明并非纯粹的原始文明"，"不受约束的自由思想是希腊人所独有的"，"世俗的人生观也是希腊人所独有的，他们坚信，人活着，最主要的事是完满地表现此时此地人的个性"（见《全球通史》第109页）。其中苏格拉底、柏拉图、亚里斯多德被后人称为"三贤"。今天的西方世界体现了他们三人意识的自由认知，是由"三贤"所属的民族在长期生存环境中产生的意识认知场效应。

苏格拉底把自己看作神赐予雅典人的一个使者，使命是探求对人最有用的真理和智慧，自称是"精神上的助产士"，帮助别人产生自己的思想。他的名言是："自己知道自己无知。"他以自己无知而自豪。他以一个独立存在表达了以自我否定的态度，解脱无知的个体价值。他一上来就直接从意识入手，不把知点放在外部的可见之处，强调个人意识认知的重要。他将"昔罗塔哥拉人是衡量世间万物的最后尺度"，改成"人的无形意识是世间万物的最后尺度"：塑造命运的不是上帝，而是我们自己。他主张人的道德和信仰的绝对自由权力。他的弟子柏拉图认为，世界由"理念世界"和"现象世界"所组成，理念的世界是真实的存在永恒的不变，而人类感官所接触到的只不过是理想世界微弱的影子，提出"理念论"和"回忆说"的认知论。他否定可见的存在，抛弃对可见的追求，寻找理性并主张废除私有制，实现一个既可以维持贵族特权又能为贫苦阶级接受的社会。他的《理想国》将人分成护国者、哲学家、士兵和劳动群众。显然，他是站在贵族阶级的立场，将人们认知事物的思想引向纯粹的意识自由之中。亚里斯多德则认为，人生最终价值在于觉醒和思考的能力，而不只在于存在。人们依靠纯粹思维，即可找到制约宇宙的定律，不必用观察去检验。他抛弃柏拉图理念是实物的原型、不依赖于实物而独立存在、感觉不可能是真实知识的来源等观念，认为世界由各种本身的形式与质料和谐一致的事物组成，知识起源于感觉。整个自然界，最低是矿物质，其次是植物，再次是动物，人类处于最高等。他认为，主人和奴隶是天生的，"有些人注定应该服从别人，另有一些人注定应该统治别人——战争是一种用来对付野兽和那些生来应该受统治、却不愿意服从的人的艺术。这种战争当然是正义的"（见《全球通史》第113页）。为了实现人的最终价值，他创造了现代西方社会及自然科学的基础框架，并发明了西方哲学的一套体系（欧几里得的《几何学原理》就是按他的逻辑推理出来的）。于是，"三贤"就构成了意识平等自由认知运动空间，在这个空间中，把人的最终价值锁定在依靠个人思考和觉醒的能力，去寻找那个"存在"，而且不必用观察去检验。

从认知方法本身来说，"三圣"和"三贤"的思想并没有本质不同，但是，他们的目标和所持的立场不同。"三圣"与"三贤"，都认知了本体在现实社会中对生存有限满足的无限追求，特别是权贵集团对生存的贪婪造成的不平等，使真善美隐去、邪恶丑显形、社会贫富不均、动荡不安的现实。寻找的是如何限制或者激励本体的人生追求，找到自我的存在。"三圣"强调，从与自然、社会、个人存在的相对运动相互关照中认知自我，倾向于实现本体平等生存的理想社会，主张让意识自由（平等）选择服从本体平等生存的需要。"三贤"正好相反，强调从与自然、社会、个人存在的相互关照中来认知人生的意义和追求，倾向于意识认知要服从意识自由（平等）的需要，主张意识的自由选择不受现实存在的任何制约。"三圣"寻求的是人的本质意义的共同价值，而"三贤"寻求的是人的本质意义的个体价值。一个主张改变不平等的现实社会，另一个则主张维持不平等的现实社会。所以人们看到，东方的意识认知的自由（平等），是基于对社会的自由（平等）的对立生存与相互关照。而西方的意识产生的自由（平等），则是基于个人的自由（平等）自主选择的对立生存与相互关照。一个以看得见的社会现实为认知对象寻找生存的理想，"横看成岭侧成峰，远近高低各不同"；另一个以看不见的或者想要的为认知对象寻找理想的生存，"路漫漫其修远兮，吾将上下而求索"。两者都是观察、思考，再观察、再思考，"三圣"源于世俗（家庭、氏族的自然血缘，或者对祖宗的崇拜）传统，由本体主导意识的自由倾向选择，主张从追求平等生存中认知人的本质意义并实现其价值；"三贤"源于打破对神的信仰，由意识主导本体的自由选择，主张从追求生存平等中认知人的本质意义，实现自我的人生价值。意念上的不同，产生了差之毫厘、失之千里的后果，即初始条件决定所有运动物体的过程和结果。

观察对象：

东方本体：生存—生存—生存的理想　意识　平等—生存—平等生存的理想。

西方本体：生存—生存—生存的理想　意识　生存—平等—生存平等的理想。

时间箭头：

东方由存在（现实）面向未来。

西方由未来（未知）面向存在。

生存方式：

东方非合作博弈选择（意识的平等受环境制约，合作共存）。

西方合作博弈选择（意识的平等不受环境制约，竞争共存）。

追求理想：

东方：生存—平等的生存的理想（部落时代的平等生存价值倾向选择）。

西方：生存—生存的理想的生存（奴隶时代的生存平等价值倾向选择）。

生存模式：

东方：集体主义 资源国家占有为主。

西方：个人主义 资源个人占有为主。

权力引力：

东方：形成集体生存的自由生存理想的社会秩序。

西方：形成个体生存的自由理想生存的社会秩序。

自由度：

东方：维护社会秩序主导的个人自由。

西方：维护个人自由主导的社会秩序。

权力运行：

东方：满足本体平等生存的集体自由倾向。

西方：满足个体生存平等的个人自由倾向。

运行结果：

东方：本体自由空间扩大，意识自由空间被抑制。

西方：意识自由空间扩大，本体自由空间被抑制。

汤因比在他的历史研究中，揭示了人类文明与生存环境之间的相互关系。他认为所有文明（即意识的认知与选择），都是人类在与自然环境的挑战中产生，即生存环境是产生文明的前提条件。他在对可知的近30种文明进行对比研究后，将东方中国文明称为黄色文明，乃是因为东方社会的生存环境决定了以家庭为主的生存方式。西方是不得不离开老婆孩子，和一帮精明强干的伙伴一起，跑到陌生的环境开疆拓土，谋求理想生存的海洋文明。面对陌生环境，不但要丢掉坛坛罐罐，还要敢闯敢试，敢想敢干。否则他们理想的生存就难于实现（见《历史的研究》）。

古老的东方大国中国位于欧亚大陆的东端，巨大的山脉、沙漠和大草原，浩瀚的太平洋及西伯利亚大草原，构成了地理上相对封闭性。内部土地肥沃，河流众多。自古以来直到十九世纪，中国受到的是少数民族的入侵，几乎没有外来文明的碰撞。相对封闭且优越的自然环境，给中华民族提供了良好稳定的生存环境和空间，并由此产生了自己独特的文化，意识创造的文字（汉字）成为民族认同和文明传承的重要因素。同世界民族一样，中国的意识认知仍然是宗教式的。不过，它不是对神的崇拜，而是对祖先的崇拜。人们（包括部落首领、君王）祭祖拜宗，怀念先人，为所有人的利益（即生存或者自存）而向苍天献祭（就是风、雅、颂）。它寄托的是本体对所有华夏民族的情怀和关切。个人姓名，姓在前名在后，正是古老的中国起主要作用的不是个人、国家或教会，而是家庭的见证。中国基于自然血缘的家庭、氏族传承，因此，姓在前名在后。由此构成了基于本体产生并传承至今、以自然血缘为基础、以家庭为核心要素、家国一体的本体文明的创造（见本书第八章）。中国人自己产生的宗教，是呵护自然心灵、扬善抑恶且以地下鬼神演绎的道教。所有的认知，都强调人在社会中的现实生活，尤其强调家庭成员之间、君臣之间的关系。中国人的意识是基于本体对现世的思考。从远古开始直到现在，都注重实际的现实观照。古希腊就不一样了，它在岛上没有丰富的自然资源，也没有肥沃的河流、宽阔的草原，只有连绵的山脉，发展农业先天不足，山脉将农村地区隔成无数块，没有大片相连、平坦开阔的天然区域，村庄只能建在高地附近（包括庙宇、防御设施），在土地相对肥沃和高地附近设城邦，人们靠农业、放牧、捕畜为生，自给自足。但到了公元前八世纪，人口多了，渴望土地的农民不得不去海上当海盗、商人或者殖民者。到公元前五世纪，包括黑海在内整个地中海环布繁盛的希腊殖民地。殖民地用船把谷物和各种原材料送过去，并交换酒和橄榄油，开始商业性的农业加工和贸易，并用硬币作为交换媒介。古希腊人（欧洲人）是被不理想的自然环境与谋求更好生存之间的矛盾逼出来的。商业化农业就是存在之存在，或者叫"无中生有"。他们的意识认知，关注的与其说是存在，不如说是存在之存在，即不是看到的而是想要的。与他们理想的生存追求一样，西方是基于对神的崇拜的社会关系传承，名在前姓在后。正是在古老的西方，起作用的主要不是国家、宗教或家庭，而是个人；是基于宗教传统，意识以神为信仰或者以个人为主导，从对神的信仰到对宗教神权的彻底摒弃，以意识认知为基础，以个人为核心要素，意识创造的自由文明（见本书第八章）。这跟东方关照的所见即所得的存在，到所见即所想得到的存在之存在一样，都是由生存的自然环境（或者能量场）所决定的（见《全球通史》第101—136页、第155—170页》）。

二、东方基于平等生存，通过国家谋求多数人更好生存

奴隶时代向封建时代的过渡，像部落时代向奴隶时代过渡一样，是社会重大转型与冲突的时期。西方像东方一样，整个社会处于巨变之中。他们针对生存环境作出的生存平等选择是对奴隶时代的继承，国家由权贵主导，奴隶时代权钱一体的现实存在无法改变，国家的存在及其作用选择的是合作博弈（合作博弈产生的是竞争与对抗，意识与本体的选择是反向生存。见前述）。要维持权贵的利益，平衡相互的权力利益之争，平衡不同阶层特别是与底层奴隶的对立，通过国家的平等支撑与意识认知选择的生存平等方式所产生的理想自由追求相冲突，人们无法从改变现实中实现平等生存，找到克服合作博弈、相互竞争必然产生的生存尖锐对立的任何方法。希腊虽然是民主制国家，但它的公民不包括奴隶和客籍民，妇女没有地位并受到严重歧视。狄摩西尼总结了这种赤裸裸的性别歧视："我们有情妇让我们取乐，有小妾和妓女满足我们情欲，还有妻子替我们生育后代"（见《全球通史》第115页）。古希腊的民主政治就是在这样的背景下产生，是西方解决生存平等造成不平等生存矛盾的自然选择，或者因为它没有别的选择。"三贤"主张

追求人的本质意义是个人的绝对自由，是对不平等现实的维护，因此，他们不可能像"三圣"那样从现实中寻找任何理想，相反，只能引导人们从意识中寻找并寄托在未来的《理想国》，寄托于觉醒和思考的能力。

在意识趋于无限大的平等自由空间，西方世界选择生存平等，只有古老的中国选择平等生存。一个继续奴隶社会时期创造的生存方式，一个则继续部落时期的生存方式。意识空间的拓展转向与国家存在及其作用的相对运动。在这个空间中，只有像奴隶社会时期一样，将生存平等与平等生存统一起来，才能使意识获得自由创生的空间最大。而奴隶制国家从产生走向了崩溃、连续运动过程的中断，正是平等与生存的相对运动与生存平等的相对运动，由于所有本体都追求生存无限满足的自由，生存被权力所内卷，意识的平等自由空间丧失，造成生存与平等的相互对抗与分裂走向了零和博弈。在合作博弈的竞争空间，两者不能统一在一个时空之中。人们要实现这两个空间都趋于最大，继续丛林生存，只能在不同的空间里进行，并让权力内卷形成的驱动力最大，才能不断拓展本体与意识的认知与选择空间，否则，奴隶社会时期获得的意识认知能力就将被制约。

在相对运动空间中寻找历史的踪影，我们需要从生存与平等（或者自存与自由，下同）二者的相对运动中，看到在国家的支撑下，生存与平等或者自存与自由对立生存、相互制约的存在。奴隶社会时期获得的意识，使人类进化彻底摆脱了自然的控制，意识的认知与选择转向在国家作用下的生存理想。古老中国传承部落时代本体主导意识认知与选择，为了克服奴隶社会时期的统治者在国家权力影响下，权力被生存内卷导致动荡混乱的根本弊端，追求圣人之道、德才兼备、知行合一，以统治者的道德和才能，形成影响力和带动力，实现国家平等抑制（激励）的生存的理想，即实现非合作博弈对合作博弈的制约。西方特别是欧洲，则继承奴隶社会时期意识主导本体的认知与选择，通过国家实现生存平等，激励本体自由追求、合作博弈的理想生存。东西方都曾主张对生存有限满足自由选择的自然限制。战国时期，李悝反对人为技巧造成社会不平等，使有限的生存能力和产品被少数人占有，导致人心不稳，挫伤人们自然生存、顺从自然秩序的积极性。直到十八世纪，古典经济学派创始人魁奈，反对法王路易十四、路易十五先后实行的牺牲农业发展工商业、使农业受到破坏的重商政策，认为自然界和人类社会存在的客观规律是上帝制定的自然秩序，而政策、法令是人为秩序，只有顺从自然秩序，社会才能健康发展。

公元前两千多年，华夏民族结束三皇五帝的部落时代逐步走向奴隶社会时期。为了让生存能力不断增长，不能再维持平均分配食物的生存方式，由依靠部落生存的理想（平等生存）转向依靠国家的生存的理想。他们的选择就是将所有土地收归国有后，再平均分配给所有部落成员（因为它是部落共同拥有，跟欧洲主要靠一家一户殖民和经商生存完全不同），即将食物平均分配转换成土地平均分配，由共同拥有一份变成大家都有一份（井田制就是部落解体时平均分配土地的方法），种地只需给国家交什一税（个人得九，国家得一）。分田到户，生存能力使多劳者多有，一些氏族逐步成为贵族世卿，一部分人则失去所种的土地变成农奴获得生存。直到西周还是公有井田，到东周就有了私有井田，到了秦朝，普天下之下就莫非王土了。它是部落时代共同拥有的长期存在。

奴隶社会向封建社会转变，意识面临的选择只有一个，就是以生存的理想还是以理想的生存，建立国家政权或者选择国家的存在及其作用，改变还是继续奴隶社会时期生存平等的方式选择。对依靠土地生存的农耕社会自组织，受到占有总是不足或生存总是不足的困扰，生存平等自由扩展，贫富不均的矛盾日益突出。生存平等很容易，平等生存就很难，或者平均生存很容易，更好生存就很难。春秋战国时期，诸侯争霸造成的社会混乱，正是由于奴隶社会失去平等约束的结果。显然，由长期生存环境形成的生存方式，特别是土地的国家占有与平均分配，和祖宗崇拜产生的民族生存认知，依靠平等抑制（激励）获得更好生存成为必然选择。它是由生存的环境决定并与本体当下的认知相一致，或者说是意识的自愿选择。为了更好生存必须打破平均（平等），而打破之后，容许不平等与国家存在的理想自相矛盾，或者实现平等生存成为国家存在的前提。国家既要通过生存平等解决生存不足，又要通过平等生存解决生存不足（或者解决生存对立），走中庸之道使生存变得更好。如何实现这种平衡成为春秋战国时期诸子百家认知选择的焦点。以德治国、无为而治、以人为本这些主张，都是建立在国家谋求平等更好生存的理想之上。它强调的是国家存在与本体之间的自然关联（道法自然），强调的是统治者自身基于平等而做出的认知选择，追求圣人之道，以防止权力效应，形成动乱，造成生存伤害。中国的政治早熟，与他们对人的本质意义认知与选择紧密相连。是由生存环境与本体在生存与平等相对运动中，意识产生的认知追求国家存在及其作用的认知场效应。

平等生存来源于平面观察的上、中、下现实比较。它所认知的国家治理理念，是抑制社会的不平等，或者鼓励更好生存而实现社会平等。整个封建时期，古老的中华民族一直在追寻它所认知的生存理想。秦朝统一中国后，违背本体的认知选择，以法治国的目的发生了根本的转变。秦始皇忘记了吕不韦"制不修故则多责、事不须时则无功"的忠告，也忘记了曾经让秦国崛起的"商鞅变法"。他将国家通过平等抑制或激励实现更好生存，变为了强大的秦朝而生存的理想生存，他忘了初心，违背了本体的真实选择，被他意识产生的追求所左右，奔向了自由的选择，导致政权快速垮台。在自然原理的制约下，一个政权中心必须"权定一尊"，否则，系统就不能正常运转。然而，权力越大，对抗力（反作用力）也越大，一旦形成权力内卷，必然加速平等自由空间的丧失，政权更迭的周期就加快。帝国建立，设立郡县制，统一度量衡，书同文、车同轨，毫不留情地消除旧势力，修阿房宫、建郦山墓、筑万里长城，彰显帝国权力。推行这一切需要朝廷强大的帝王集权来保障。以法治国变成了严刑峻法，百姓生存的理想破灭，出现严重倒退。人们看到的是一个残暴现实。陈胜、吴广"王侯将相、宁有种乎"一声喊，天下大乱。贾谊说，亡秦者秦也。不是别人，是始皇自己把帝国辛辛苦苦建起来，又鲁鲁莽莽弄丢了。朝廷的权力效应也产生了。太监赵高就是经常帮忙用皇权的人，用着用着，他自己上瘾了。他一看皇上不在了，如果扶苏回来怎么办？他感到丧失权力的生存威胁来了，跟李斯一捣鼓，干脆假造圣旨，让扶苏和蒙恬自尽。始皇归天身体发腐，他密不发丧。大脑量子引力叠加厉害，赵高指鹿为马都没有人敢言，这个时候的赵高，哪里有江山社稷、黎民百姓，给权力当奴隶使唤了。赵高联手二世把李斯杀了，然后他把二世也杀了。他被量子戏弄，结果自己的头也被子婴砍了。但后来的历朝历代都严防赵高死而复生，赵高就变成朝廷的认知场效应了。中国第一代帝王上来就上演了悲剧，竟然把自己的儿子都弄丢了。你看奴隶社会时期搞出的这么个东西，真的不好使。它是只老虎，弄不好就死人伤人。作为前车之鉴，秦朝给历朝历代的封建统治者留下一面镜子：水能载舟，亦能覆舟。朝廷集权不怕，怕的是国家的作用失去非合作博弈自然选择的平等制约，本体失去对生存有限满足的自我限制，利用国家权力与老百姓合作博弈，追求生存欲望的无限满足，必然导致权力内卷产生的权力效应，国破家亡（秦朝的灭亡充分证明，左右旧贵族势力的意识平等自由空间，产生的是生存平等的唯心主义观念选择，这也是我国历史上农民起义不断产生且都以平等生存为理想凝聚人心的自然现象）。

  刘邦承接的是前朝权力。他找前朝大儒孙叔通相助。孙叔通用儒家的"家国一体"之法，帮他先把朝廷礼制定下来。设太子宫、西宫，分散权力以分散权力欲，严防赵高转世；治大国如烹小鲜，要战战兢兢，如履薄冰，不能再像秦始皇那样。吕后用道家无为而治主张（老子的办法就管用了），让老百姓休养生息——比商鞅的改革力度大多了，"轻徭薄赋""与民休息"，生存平等或者平等生存，竟用了70年之久成就"文景之治"，才使老百姓走出秦朝的阴影认可国家的存在价值。为什么要搞这个办法，其他办法或者像西方生存平等不是更好吗？我们只有从相对运动的自由空间中，才能找到正确的答案（生存选择是环境决定，在合作博弈的选择中，生存选择带来的后果是反向生存的生存尖锐对立、本体的自由生存空间萎缩。所以人们看到古希腊创造的文明，并没有影响当下人类社会的选择，而是在后来的社会发展中走向了衰落）。部落时代，是通过家庭、氏族的自然血缘支撑的平等自由空间。平等的真实意义，是对物质绝对占有的摒弃；意识产生的精神价值追求，显示的是人的本质意义，否则，人类跟动物世界就没有什么不同："在旧石器时代的几百万年中，乐意合作的血亲社会之所以占上风，就因为它们十分适合于人类这种物种的生存"（见《全球通史》第44页）。生存平等是激励本体的自由追求，因为自存决定并制约自由，不受限制的自由追求，只能使人们的自由生存空间萎缩（即形成贫富的尖锐对立，富者少而贫者众）。而抑制生存平等造成的贫富对立又不能回到部落时代。唯一的选择是家庭基于自然血缘的逆向分配或者对生存绝对占有的否定。它是被意识所认知并为人们所践行的现实存在。而在几千年的奴隶社会时期，使平等彻底消失，血缘关系产生的精神价值已经荡然无存。在全人类，由生存环境决定生存选择，只有我们的祖先在生存严重不足的艰难岁月，追求在国家存在及其作用下，如何用血缘关系取代奴隶时代的纳贡关系，或者如何让纳贡关系服从血缘关系，努力寻求人的本质意义的实现，而不是追求意识之中的绝对自由。西方社会的唯心主义传统偏见，并不将这种选择归结于自然选择。他们将孔子列为"前所未有地开始专注于，重视道德价值的伟大伦理传统的创立者"（见《全球通史》第361页），并将马克思主义看成是人道主义。这种认知显然是不能存在的（见本书第九章）。

  治国不能长期无为，要更好生存必须有为而治。到汉武帝时，文景之治为解决老祖宗说的"家国一体"到底怎么实现创造了条件。董仲舒以儒家宗法思想为中心，杂以阴阳五行说，把神权、君权、父权、夫权贯穿一起形成家国一体，从原始社会到奴隶社会，再到封建社会前期，华夏民族的认知场效应提供了国家治理来源。汉武帝刘彻废黜百家、独尊儒术，将此定为国家存在的根本遵循。孔子之说经刘、董二人的包装，成了华夏民族的治国理念。独尊的思想并不是汉武帝发明的，也不是董仲舒的发明。它是贾谊在《治国策》中提出的。他的目的简单明了，就是如何将意识的自由认知与追求统一在国家的共同理想之中，克服生存内卷造成掌权者和其所希望更好生存的人民大众，走向零和博弈的共同灾难，为此，他还提出了分散地方权力，从意识上和措施上防止权力体系相对运转的失衡。他的想法来自过去，特别是秦朝的灭亡。把统治者的价值追求统一到国家理想之中，显然是完全正确的。所以，几千年来直到五四运动才有人喊出砸烂孔家店。今天的中华民族，把孔家店砸了吗？没有，不能砸，也砸不了，因为它是中华民族共同创造的认知场效应，是本体获得意识平等自由的根基，或者是意识选择本体自由生存的根基。

中华民族建立的帝国开始并不是孔孟之道，它是由以法治国起步，以无为而治逐步实现政权的巩固，经历了近百年的历程直到武帝时期才大体形成。它所建立的国家理念、土地占有方式、治理结构和官僚体系，包括用人制度、管理形式，都是在春秋战国至秦朝时期的基础上进行的完善与提升，它自身并没有太多新东西。它是中华民族的共同创造和传承，并不是封建统治者的意识自主选择。家国一体是以家治国。它的存在是为了下一代过得更好，而不仅仅是它自身（这是人类基于自然血缘起源并进化的灵魂）。这是古老中华民族世世代代的梦想。君是家长的存在，官是父母的存在。家不可一日无主，国不可一日无君。它是部落时代的血缘真情、血融于水的血脉相连和意识认知的共同价值。封建社会就是按这个民族传承来建设和运行国家。设若干部门为百姓办事，监督官员用权。帝王必须使权力运行得让国家更好，才能使百姓更好，或者百姓更好，国家才能更好作选择，即"大河有水小河满"，还是"小河有水大河满"。否则，国家的存在，要么被国家的理想不能实现而否定，要么被国家不能让百姓过得更好而否定，是意识的生存与平等自身悖论（或者相对运动）与国家存在的自然关联与反映。

如同产生它的意识一样，任何政权都必须服从相对性原理，符合自然辩证法。否则，它就不能存在和运转。实现平等、更好生存必须依靠国家权力，而在合作博弈的生存环境中必然产生的权力内卷效应，往往成为自身无法解除的魔咒。西汉刚建立就出现王朝的权力争夺。权力引力作怪。江山共打共坐，人人有份，这才是兄弟，凭什么你刘邦高高在上？想搞分封回到战国之前，论功评赏各霸一方的大有人在，韩信就是这么想的。刘邦不是项羽。他没有旧贵族的条条框框，想的不是自己功成名就，衣锦不还乡如锦衣夜行，为的是国家和民族。朝廷内部争权夺利不开杀戒不行。后来有人说刘邦：狡兔死，猎狗烹；飞鸟尽，良弓藏，骂刘邦不是好东西。平定英布之后，他路过家乡自己击筑，边击边唱：大风起兮云飞扬，威加四海兮归故乡，安得猛士兮守四方。慷慨伤感泣数行下，心里很惨，渴望再有一帮好兄弟一起兴国安邦。

历朝历代怎样运用国家权力来实现生存的理想是核心。聚焦的是用什么样的人掌权治国。提倡以德治国、德才兼备，才是德之资，德是才之帅。着眼于激发自然心灵的真善美，实现人的本质意义（价值观选择），在意识上筑牢防线，实现当官者不贪权的自我抑制或者自觉意识。在选人用人上，从世卿世禄制到军功授衔制、察举制、九品中正制、科举制，不断改进选择。中华民族创造了科层体制最早的人才选拔制度。宋朝时将品阶定为29级，每三年上一个台阶。即从最低层升到最高层，从出身开始做官，要活到81岁才能升到最高且一步都不能错过。通过这种办法抑制趋利内卷权力欲望。官员选择，"考试以儒家经典为基础，所以帝国实际上是儒家学者根据儒家原则来进行治理，每个官吏都被分配到自己家乡以外的地方去做官，以保证人们不利用自己的职位在当地发展家庭势力。结果形成一个行政制度，其效率和反应灵敏的程度超过现代以前的任何别的行政制度"（见《全球通史》第165页）。严厉惩治权力腐败，对擅权者诛连九族，举官要负连带责任，并建立严格的回避制度和监察制度。跟家长一样，皇上拥有绝对的权力。那个时候，只有维持三六九等才能使权力运行起来，不像现在社会进步到法律面前人人平等。只有皇上拿住生杀大权，权力才能有效运行，假使没有这一条，皇权就会失控，或者权力中心不能有效运转。为了让权力得到彰显，要建皇宫、修衙门，要根据官员大小规定不同的待遇，每一品级穿什么衣服，坐几台大轿，拿多少俸禄，依次明确形成等级。巡抚出朝要地动山摇；县太爷出衙要鸣锣开道。只有这样，才能相对产生双重效应：想当官服官管；想当官当好官。

同时，派钦差大臣巡察各地，防止贪官污吏乱用权力。鼓励写信举报贪官，到了清朝风闻可奏。在大街上、在厕所里听到的事，都可以给皇上写信举报，举报不实不算欺君。为什么？权力引力太大防不胜防。朱元璋痛恨贪官，一怒之下杀封疆大吏二十四人，还是管不住。他叹息为何朝杀夕生，百思不得其解。但是皇上、官员和百姓一起，共同监督权力运行就是进步。老百姓的"人权"就慢慢扩大了。历朝历代通过种种办法监督权力，整个社会封而不闭，就是那些偏僻的乡村，对底层的监督非常到位，贪腐之情可直达天庭。人类从奴隶制国家产生法律开始直到现在，无论是成文法还是案例法，无论是通过人治还是通过法治，对权力进行制约或者对自由进行保障，仍然是所有国家尚未解决的难题。

中国封建社会家国一体的平等生存理想，成为它对权力设置、管理和应对各种挑战的主导选择。率土之滨莫非王臣的封建王朝，鼓励天下人热爱学习，倡导劳心者治人、劳力者治于人，并通过各种途径选拔人才，防止和打破阶层固化，抑制统治集团内部权力内卷。基层家庭、氏族自组织构成的社会相对独立运行，可以司法，依族规管人，稳定社会，帮国家减轻负担，照顾鳏寡孤独，互助互济，尊老爱幼，孝敬长辈，养儿防老。子不教父之过，长辈要为晚辈做榜样，族长要为族人做表率，学文化、长本领、知礼节，都是他们的职责（它的历史局限是违背自然法则的等级选择，而不是遵从自然法则的平等选择。显然在丛林生存的环境下，我们的先人是做不到的。这也正是留给后人追求意识的精神价值无限自由创造的空间）。靠自然血缘和基于它形成的传统文明，维持基层社会与国家政权相协同，对抗贪官权力内卷。它既是国家的"减压器"，也是政权的"救命草"。每当朝廷陷入混沌、坠入黑洞，蝴蝶就从那里飞来。中国历史上，除非某些特殊因素（如成吉思汗因为马鞍、马蹄的使用，使马的优势变为战争优势，或者朝廷争权导致社会坍塌，像五胡乱华），填补政权更迭的空间的都是自己人。即使少数民族夺取政权后，仍然穿汉服、用汉文、尊儒术。家庭、氏族成为创造并传承古老文明，维护国家存在的基础支撑。正是它让中华民族基于本体的意识创造的文明香火不断，成为子孙万代谋求更好生存的根基。这很容易让人联想到，对中华民族传统文明的认知。如果从唯心主义的立场出发，与西方的当下存在作对比观察，人们从平等（自由）的一面去认知它不在；人们从生存的一面去认知它也不存在，你得出的结论，正好与人的本质意义相反。在一个相对运动的自由空间，西方追求绝对生存平等，失去了本体的生存自由空间，而东方追求相对生存，却获得了本体的生存自由。

相对于生存的环境威胁，华夏民族更大的威胁是北方游牧民族。那个时代，游牧民族的生活方式和所拥有的生存工具——马匹，是一种军事的存在。它对华夏民族的威胁超过了生存环境的威胁。西周前后，他们经常来光顾，没有吃的就骑马来抢，秦国受苦最多，始皇刚刚建立王朝就修长城挡匈奴。西汉时期，朝廷打不过，用十位公主与匈奴和亲换来近一百年的安宁（刘邦打匈奴差点丧命，刘彻打了30年）。出嫁公主和亲缓和关系，再送银子，自己不够也得给。当然，倘若没有北方的威胁，华夏民族是不是一家就有多种可能了，作为人类唯一不间断持续至今的古老文明就另当别论了。因为任何生存选择都是本体与能量场（生存环境）挑战形成的意识认知场效应。华夏生存环境的挑战不足以让这个民族生成强烈的危机感（鸡犬之声相闻，民至老死不相往来，说明那个时候华夏民族的生存就是不错的）。"中国政府基本上是建立在道德力量的基础上；它不是一个专制政府。它所维持的军队和警察，无论在人数上还是在事实上，仅够镇压派别叛乱。而完全不足以镇压一个表示厌恶的、愤怒的民族"（见《全球通史》第265页）。那时的少数民族是丛林生存，它与华夏民族的生存理想是对立的，所以少数民族不招惹大汉，大汉就不会主动去与它打仗。与少数民族的关系，就是由刘家人想出来的办法，中庸之道、斗而不破、和为贵、化仇为亲，是一个相对运动的过程。所以五十六个民族是一家，是从那个时候就开始，历代共同努力所成就。它不是通过武力而是通过认知场效应的影响，在生存与平等的相对运动中自然地连接在一起，是人类社会实现民族团结的生动体现，也是本体文明自身吸引力的充分证明。

同一时期的人类文明中，没有一个民族像中华民族那样，为它的子孙、为人类作出如此辉煌的成就，文景之治、光武中兴、大唐繁荣、宋代兴旺、明代富强、康乾盛世，中华民族无疑是当时人类社会最具影响力的存在，清朝时期的GDP占到全球的40%。"整整一千年，中国文明以其顽强的生命力和对人类遗产的巨大贡献，始终居世界领先地位。""中国人享有高度发展的文化、先进的工艺、大规模的商业，以及提供社会凝聚力和思想理论基础的儒教信仰。中国人很自然地认为他们的文明优于其他任何文明，并认为外国人是野蛮人。""中国人所拥有的文明是如此富裕、先进、治理有方，以致许多早期的欧洲来访者都认为中国人的文明优于他们自己的文明"（见《全球通史》第247页、297页）。（这也让人对中华民族之所以落后，是因为没有产生所谓商业文明的结论产生了怀疑）。"秦砖汉瓦"，依然是中华儿女珍贵记忆和当下人们的宝贵财富。它对亚洲、世界文明产生深刻影响。直到十八世纪，世界各国无一不对古老的东方社会充满羡慕。孟德斯鸠骂中国专制，主要是为了他的自由理想。同是法国人的拿破仑则认为，中国是一头沉睡的猛狮。费正清对中华文明充满了向往和神秘（见《美国与中国》）；尼克松甚至认为，相对中华文明的博大精深，美国在它面前只是初等文化（见《一九九九不战而胜》）。

它的另一面，似乎对意识形成的认知与选择更为深刻。封建社会的漫长岁月，城头的大王旗经常换，国家政权像过山车。统治集团内部折腾，折腾得差不多了，底层百姓和外来势力就来折腾它。一个新的朝代走着走着，又开始了新一轮权力效应周期，循环往复，你方歌罢我登场，只有逗号没有句号。老百姓遇上盛世——命好，高呼皇帝万岁、万岁、万万岁；遇上衰期——认栽，高喊昏君、暴主、王八蛋，对未来——再苦的等待也要等待……统治集团内部，不是人头落地就是烟消云散：苟且偷生者继续偷生，看破红尘者做了"桃花源"中人。摧眉折腰、阿谀奉承、尔虞我诈、欺上瞒下，权力生存者不计其数，权力牺牲者前仆后继……范仲淹在《岳阳楼记》中对封建制度的存在有着深刻的思考："在洞庭一湖，衔远山，吞长江，浩浩荡荡，横无际涯……若夫淫雨霏霏，连月不开，阴风怒号，浊浪排空，日星隐曜，山岳潜形……薄暮冥冥，虎啸猿啼。登斯楼也，则有去国怀乡，忧谗畏讥，满目萧然……余偿求古仁人之心……居庙堂之高则忧其民，处江湖之远则忧其君。"他对令人生畏的残酷权力争夺感激而悲，充满愤恨与忧虑。他呼吁"不以物喜，不以己悲，先天下之忧而忧，后天下之乐而乐"。奉劝统治者要摆脱意识认知的自由选择，让国家平等抑制（激励）的杠杆支撑平等与生存的对立共存、相互关照的自由空间，防止本体因权力内卷产生的生存贪婪，造成非整体性双重人格的自我伤害。否则，权力利益争夺（即权力内卷）必然导致权力效应，国破家亡，伤害百姓，也伤害自己。

    一个基于平等理想谋求更好生存的国家，在合作博弈、丛林生存的时代，无法避免权力效应造成的灾难。它像部落时代通过平等（平均分配）抑制（激励）生存一样：通过激励（约束）精神、文化、科学乃至生存方式，让社会存在同老百姓的对称确认一致；必然抑制或消除来自各个方面对朝廷权力的威胁，防止权力丧失其实现平等更好生存的目标，闭关锁国、重农抑商、抑制创新成为必然选择。它彰显权力自身造成的不平等，对资源的占有方式使生存被权力内卷，获得权力成为获得平等（自由）和生存满足（不足）本身，刺激意识失去本体进行自由认知与选择。奴隶时代权力内卷形成的生存尖锐对立，无法从根本上克服（反过来，在国家存在及其作用下，历朝历代正是在千方百计参与权力内卷、不断对立生存对抗博弈的相对运动中前进，才创造出一系列抑制权力内卷的思想、方法。显然，它的实践所产生的真实意义是国家的存在及其作用失去了自然选择的非合作博弈制约，在丛林生存的环境中，人的本质意义难于实现或者本体必然被权力异化。见本书第八章）。吏治腐败"野火烧不尽"，争权夺利"春风吹又生"，约束权力趋利内卷、防止产生权力效应决定政权存亡。中国封建王朝无一例外，国家权力被体制内的各种腐化自组织内卷，皇权（核心权力）被消耗，政权陷入混沌，就像放风筝线断了，风筝飞了，百姓对皇权失望，载舟之水变成惊涛骇浪。一个朝代的垮台成为下一个朝代兴起的动力；兴起的朝代由盛到衰，则是内部权力效应由弱到强，他们都是反向生存。失败乃成功之母，成功为失败之始。其兴也勃，其亡也忽。在很大程度上，两千多年的封建社会，就是围绕一个由权而生的"钱"字进行的争夺（权力效应）——朝廷的银子是通过发展生产而来，还是直接搜刮百姓而来，兼并的土地向何处去。雍正设军机处、摊丁入亩、火耗归公、官绅一体纳粮得罪权贵，被史家不屑。在这样的自由空间中，人的自然心灵被压抑，整体性人格被扭曲，意识的自由空间被制约，失去更大的创造活力。认知被垄断成为维护权力的思想武器，一切发明创造服从和服务于国家权力运行需要。"中国的文明根深蒂固，帝国的组织渗透甚广，决不允许任何发明破坏传统的制度和习俗，印刷术用于传播古老的观念，火药加固了皇帝的统治，指南针除郑和用于著名的远航外，并不像西方人那样用于世界范围的探险、贸易和帝国的建立"（见《全球通史》）。西方对东方坚持和平的选择，不能理解为国家的神圣存在是努力践行非合作博弈自然选择所产生的本体文明的本质所决定，而是理解为对他们构成的挑战和威胁，它的根源，则是西方国家的存在，选择生存平等合作博弈，失去自然选择制约所产生的必然结果（见本书第八章）。

封建制度的长期存在是国家存在及其作用，与权力引力效应对立生存的非对抗走向零和博弈的反复循环过程，是家国一体的治国理念实现生存平等使生存更好、平等生存使生存一样好的对立循环运动过程。中华民族就是在这种对立循环中不断地创造。以家治国，治国为家，民为贵、君为轻，多子多福、家业兴旺是他们的共同追求。稍有能力或者皇权没有被内卷分散的朝代都能正常运转，一旦出现明君就能创造出奇迹。它是"既不换壶，也不换酒"，由本体主导意识作出的认知生存选择，是意识与国家之间互相关照自然连接形成的认知场效应。同一时期的所有其他帝国创造的文明之所以衰落，是它们理想的生存选择在意识中，自动排斥平等抑制或者它们的生存平等，在合作博弈的竞争选择中自动抑制外来的平等约束，是意识自由主导本体与国家之间相互关照自我选择，而不是本体自然连接的必然结果。

现在有人对汉武帝很不满意，说他搞的独尊儒术，把百家争鸣的传统毁了，把中国的文化搞成了吃人的文化，把知识分子精英阶层搞没了，而且至宋代之后国人无义士了，知识分子的骨头都被它磨成软筋了。显然，这是意识不受本体制约，任意张扬自由选择产生的认知与选择。中华文明之所以存在活于当下，正是对平等更好生存不变追求的结果，是基于本体的意识认知与选择。而它的弊端，显然是人类进化难于避免的历史局限，这种局限在当下的人类社会普遍存在，因为人类在合作博弈、丛林生存的主导下，追求有限生存的无限满足必然使国家失去神圣存在，进而使个体失去人的本质意义，而它在相对运动的过程中所产生的真实存在，正是为了让意识认知它的必然存在并从中获得解放。但认知真实的存在需要我们抛弃唯心主义的传统观念，用自然辩证法和唯物史观，透过现象看本质，否则我们就会上当受骗。

三、西方基于生存平等，通过国家谋求生存平等为少数人的利益服务

西方特别是欧洲面临的自然环境不同于古老华夏。居而不定是他们的主要生存方式。西方奴隶社会以农耕村社为基础产生的城市文明，将稳定的农耕及其他以流动生存为主的各个民族吸引到一起。在奴隶社会解体演变过程中，东西方生存基础都是以土地为主。从封建社会开始，东方以土地平均分配、依靠国家作用谋求更好生存；西方以土地个人占有、依靠国家作用谋求更好生存。西方贵族对所占有的土地，不仅用来获得奴隶，也用来建立绝对忠实于自己的军队和君主制国家，贵族通过对所拥有土地（财产）的占有权，形成以他们利益为核心的权力体系。贵族（包括宗教权贵）以对土地（财产）拥有成为国家权力的拥有者。国家权力来源于土地拥有权或者有钱的贵族，它的目的是为拥有者的利益服务。贵族集团按获取最大利益，通过直接或者间接方式管理国家（以满足他们既有权力和利益为目的）。与东方通过国家谋求平等抑制（或激励）使多数人更好生存相反，它通过国家谋求

生存平等为少数人服务，是少数人为自身利益对国家存在及其作用的认知与选择。

相较于古老的中华文明，从古埃及到古希腊、古犹太、古罗马、两河流域，在文明形成与发展的过程中，统治者之间以及他们与百姓之间，为生存权而展开的争夺更为激烈。西方因理想的生存失去了国家的平等抑制或激励，激化了生存矛盾；东方因国家失去平等抑制或激励激化了生存的矛盾。东方基于平等生存，权力成为更好生存的意识制约；西方基于生存平等，生存平等造成生存不平等的尖锐对立，成为本体更好生存的制约。东方因权力被生存内卷，西方因意识自由追求生存被精神内卷，二者都失去了自存与自由的相互对立与关照，引发权力效应。西方对国家的选择是满足生存平等的需要。它不需要像东方那样，让国家的供给（治理）与百姓的需求对称确认。希腊古代民主制度，因自身和人类社会失去平等抑制或激励导致衰亡。古罗马帝国则从民主开始逐步走向了专制腐朽。像中国的封建王朝一样，因权力或者资本内卷效应陷入混沌而消亡。东西方的生存选择是本体在不同生存环境产生的认知场效应，并非意识认知的自由设计。它跟现在人们所认知的所谓自由民主，所谓集权专制，所谓产权制度和自由市场经济的价值追求没有必然联系。它是生存选择的结果，不是意识创造的观念的产物。

西方与自然环境不得不进行的生存挑战，使他们在公元前几个世纪就开始殖民和农工商贸易，并使用硬币。东方发明的指南针、火药，以及他们发明的地图、海洋汽流与航海技术，极大提高了生存能力和生存空间。通过海道，欧洲从美洲大陆获得大量横财，利润开始从奴隶贸易、香料贸易、殖民地的进出口乃至海上掠夺中滚滚而来。这种商业活动，在悄悄带来海外事业发展，使欧洲变得更加富有的同时，加快削弱封建秩序；农奴离开土地加入其中，他们更多利用货币而不是劳动支付地租，将自己由农奴变为自由民，将封建领主变成了地主。它们创造了一个流动的社会，这个社会能够积累资本，组织、解放了探险、征服和移民事业所需的劳动力。而维持传统生活方式、追求价格公平的城市手工艺和商业封建行会被削弱，取而代之的是在原材料和人力上尽量压价，在出售产品时尽力抬价，追求投入最少、收益最大的利润，追求价格公平成为历史。他们不满足于吃饱穿好，而是扩大财产，把利润用来再投资，以增加用于生产的资本。一个以维持和提升既存为目标的封建社会和经济制度，就被追求获取更多满足之后，仍然得而不足的内卷趋利本能，追求更多资本（利润）所替代。十六世纪最富有的银行家雅格布·富雷尔说："只要我能赚钱，就让我赚吧。"富有的银行家用资本组建合作公司，控制所有海上贸易获取更大利润。合股公司，成为欧洲资本主义在全球范围内运行的工具。世界贸易为东印度公司、地中海东部公司、莫斯科公司，以及至今仍然健在的哈得逊公司所控制。他们建立了很多殖民地，向殖民地供给产品，开辟了新的市场，找到了新的土地，使整个欧洲富裕起来。为了获取最大利润，资本家一方面压低劳动者工资，另一方面，不得不以极大的精力寻求技术以提高劳动效率。他的生存能力越来越强，欧洲、美洲已经不能满足其胃口。新君主的崛起也不得不与他联手，以获取原材料或者开拓市场为目标，即以获取利润为目的。被殖民国只要能满足这个条件，宗主国则可以停枪歇炮，并与殖民地封建国家形成有利于获得利润的方式共存，建立殖民地、半殖民地、附属国。反过来说，各宗主国是在为资本主义发展服务中，通过国家的存在及其作用谋求自身的利益。为了获取更多的利润，宗主国不得不通过向殖民地输送资本、技术进行建设，为其提供港口、道路，加速了殖民地商品经济发展和城市化步伐，出现了公路、铁路、电讯、电话、医院、学校，把原先落后的地区带入了殖民体系（见《全球通史》第393—400页）。

在中世纪的欧洲，宗教神权、世俗政权与逐渐兴起的资本主义势力互为依托，互相利用，意识的自由认知被权力内卷。国家失去平等抑制（激励），有限生存不能满足的矛盾日趋尖锐。资本家对自存的张扬，刺激（或压抑）意识空间平等（自由）追求权力引力挤压叠加，加剧意识选择脱离本体的对立与分裂。本体生存空间萎缩，被刺激的意识空间的自由追求，为宗教神权奴役人们的本体和意识创造了条件。打着上帝旗号的宗教神权，轻而易举就能从臣民那里，获取他们的"肉体"和"精神"，把他们再变回到奴隶生存。宗教教皇比帝王拥有更大的权力，连君王都在他的审判之中。一些君主要么信奉教皇为上，要么自己既当教主又当皇帝，宗教和世俗两个社会既合作共生又分裂斗争，残忍拼杀，争夺权利。一些原本弱小的欧洲君主制国家，在与宗教的合作中获得空前发展的动力，而宗教则迎来了蓬勃发展的历史高潮。精神枷锁是绝对权力的存在，它导致权力引力在意识中的挤压叠加，其后果比脚镣手铐甚至比砍头都要严重。它把无数个体折磨得疯疯颠颠，神神叨叨，生不如死者连怎样去死都不知道。为了奴役百姓，教皇施行火刑、水刑、肢解等让人胆颤心惊的刑法。高高在上的教皇不仅对普通百姓肆意杀害，连布鲁诺一个相信地球围绕太阳转的信徒，也被他们以玷污上帝的罪名处死在罗马鲜花广场（与焚书坑儒一样。无论是东方还是西方，无论是宗教社会还是世俗社会，在没有全球流动的传统社会运动空间中，无形意识的流动，如果失去了生存与平等相对运动与相互抑制，无论是被生存内卷还是被精神控制，它所造成的后果，都是意识自由空间的严重内卷，而意识被精神内卷导致的后果更为严重）。

　　权力生存的欧洲，权力效应必然产生更大的灾难。基督教巴比伦流亡及都会大分裂，教会地位衰落。英法百年战争、十字军东征、奥斯曼土耳其扩张，战火纷飞，荼毒百姓，农业欠收的大饥荒、温疫流行之后的黑死病悄然来袭，民不聊生，秩序败坏。中古封建制度及庄园经济的人际关系网络变成自私自利的生存。面对意识伤害，造成人们之间互不信任，疯狂的教会为了维持权力，将灾难转移，实行邪恶精神控制，开始了长达三百多年的大规模惨无人道、臭名昭著的"猎杀女巫"运动。罗马教皇莫诺森八世颁布敕令，称"（女巫们）绝不可饶恕，他们十恶不赦，荒淫无耻"。俗人和教徒被疯狂的权力引力挟持，可以以莫须有罪名任意指控他人，路人不敢以目，任何一位女性都可以被说成女巫。数十万妇女被烧死在火刑柱上。等级森严的教会，失去本体制约的宗教信徒，整体性人格被伤害。他们不仅公然买卖神职，还用神权定罪，并允许掏钱赎罪，俨然成为可耻的公然掠夺，变成了生存的奴隶。整个社会上到贵族下至贫民百姓，都处于愚昧无知的地狱生存，过着牛马生活。排泄物从屋顶倒下，在地上堆成厚厚一层，皇宫又脏又乱，臭气熏天。国王和贵族认为，洗澡是一种罪恶，身体越脏，心灵才越干净，才越来越接近上帝。西方特别是欧洲物质和精神生活快速倒退，显然当下人比阿Q、祥林嫂更为糟糕和不堪（显然，就国家的存在及其作用而言，中国并没有出现这种令人费解的精神伤害）。这些至今乃至未来，都是在人类自然心灵中抚不平、抹不去的伤痛（见《全球通史》第97页、第371–403页）。

黑暗的中世纪，欧洲整个社会被窒息。宗教神权和世俗权力的搏斗、温疫和黑死病的到来，不足消散绝对权力引力挤压叠加对意识的束缚，直到成吉思汗西征，欧洲的认知场效应进入混沌，"蝴蝶"终于飞出来——开始文艺复兴运动。那个曾经让他们信仰并自愿加入的、为理想生存而生存的宗教社会，正是教皇的绝对权力对个人的无情伤害和践踏，让自然心灵充满恐惧与颤栗。只有"上帝死了"才能获得本体与意识的自由。文艺复兴时期的文学、艺术、雕塑，以及各种可以证实"三贤"认知价值之存在的美学、哲学彰显出巨大的魅力。为宣泄人们对绝对权力的愤恨，他们崇尚不可知、幻想的事物和占星术，拼命寻找哲学家们所说的能将金属变成黄金的石头——曾经的本体之存在，竭力张扬意识的自由空间。但丁的《神曲》通过一个梦谴责教会，通过精神奴役将人引入地狱的罪恶。薄伽丘称《神曲》为神圣的存在，是人间《圣经》。马丁·路德明确表示，"上帝之语"并不在教会的说教里，而在《圣经》里。他通过反对赎罪券和教皇权威，激发了人们对自由、平等、良心等价值的追求。中世纪统一的教会终于退出了世俗权力舞台，被拆成大量的地方性教会，并为世俗统治者所控制（见《全球通史》）。

宗教神权和世俗权力的生死争夺，本质是维护绝对权力与争取生存平等，为资本主义发展开辟道路的认知与选择。正像摧毁奴隶制国家一样，它正在摧毁一切阻挡生存平等的现实存在。亲眼目睹文艺复兴时期意大利城邦之间残酷竞争的马基雅维利认为，政治就是权力斗争，只要目标正确可以不择手段。他为渴望统一分裂的意大利半岛、摆脱法国和西班牙入侵者的君主们提出建议，他用冷酷无情的现实主义抑制任何道德约束，让生存平等的死敌——绝对权力重现于世（见《君主论》）。他的主张加剧了君主内部与外部残酷的权力争夺，为自由的到来消除障碍（这种情形在人类社会反复出现，参见《旧制度与大革命》。由此可见，意识一旦被自由奴役，即挤压叠加量子引力对本体的伤害是何等惨烈，而反向生存的本体，量子摆脱挤压叠加，获得自存自由的力量是何等之强）。牛顿万有引力的发现，使人们更加坚信，自然存在着不仅控制物质世界，而且控制人类社会的法则，把人们从宗教神权中解放出来；洛克的政治契约主张和卢梭的社会契约主张，将人们从世俗权力的桎梏中解放出来。西方人在意识之中，与绝对权力对立生存的绝对自由，将国家作用限定在确保人人生存权（财产权）、自由权、人权的范围之内，否则国家的存在是不可接受的（见《自由史论》）。资产阶级革命，就是创建确保生存平等的绝对自由追求（防止绝对权力的再现），由意识主导本体，对国家存在及其作用进行认知与选择的过程。东西方的自由追求，共同验证了生存与平等或者自存与自由，只有相对运动，人们才能获得自由创生的空间，失去平等抑制或激励，无论是本体还是意识，权力或者资本或者自由内卷生存，必然造成自由空间萎缩，走向零和博弈的灾难。光荣革命的代表克伦威尔，与土室握手言和，接管政权。对于一个具有贵族传统的民族，在克伦威尔看来，它的存在比它的消亡更有利于资本主义的发展，是双方对抗博弈的结果。它需要建立一个"以保护私有财产为主要目的"的君主立宪制政府，这个政府为"每个个人在追求自身利益时"，都会被"一只看不见的手""引导着去达到并非出于其本意的目的的人"——"守夜"。

有"欧洲中心"之称的法国，用自然权力抨击封建专制和教皇神权。法国资产阶级革命更倾向于革除旧制度，建立新政权，彻底否定宗教，拒绝接受上帝支配世界，并任意决定人类命运的传统信仰，喊出了砸烂可耻的东西——消灭宗教的狂热，人们的意识强力伸张自由平等价值。伏尔泰、孟德斯鸠、卢梭等人，把自由、平等、私有制、法治思想、三权分离、人民主权等，统统装入理想的生存之中，使一个具有农耕传统和平等价值取向的国度，脱离本体的意识，无限追求自由（平等）的潘多拉之盒被拉开。法国以血腥的方式，展开君主与君主、君主与宗教以及他们与贫民各阶层之间，改革派与保守派之间及改革派内部的对抗、分裂与拼杀，轮番开展为了自由、平等的理想而"面对一切、对抗一切、捍卫真理"（伏尔泰语）的浪漫革命。一个个理想生存者鲜活的头颅被砍下，自由的理想追求变成了恐怖生存。伏尔泰主张的开明君主政治、以保障自由和平等的理想淹没在追求者鲜血汇成的洪流之中。

1783年独立战争之后，美国结束了殖民统治时代。它是102个欧洲宗教信徒，乘坐"五月花号"到达北美洲，靠印第安人的关照获得生存，又将其杀害并强占他们的土地，逐步发展的移民国家。它的传统来源于与宗教绝对权力反向生存的对绝对个人自由的信仰（黑暗中世纪所展示的认知场效应）。在当时的北美洲，存在着信奉平等生存才能产生自由的印第安部落，同时存在信奉生存平等才能获得个人自由的宗教信徒。人类社会自诞生以来创造的两种生存模式，在短暂的封建时代的一瞬间，再次神秘地相遇于这片自由的土地，这是人类史上跨越数千年时空、绝无仅有的自由重逢。当我们按科学常识去认知，人类是由量子态挤压叠加的相对运动、相互作用，一切就迎刃而解。也就是说，当他们之间以正负相对的面（即生存平等与平等生存两种不同的理念）去"握手"时就相互湮灭，变成一束最后的闪亮，回到自由的最高处——宇宙的基态——量子态并获得最终的自由。当他们以正面相对（即各自的自由选择），他们又不能两者相容。这是宇宙的真实存在对绝对自由追求的人类意识发出的最后警告：绝对自由的追求一旦相遇于一个空间，两者之间只能为各自的自由追求付出只有你死才能我活的沉重代价，留下一方就绝对不能留下另一方。印第安种族几乎被灭绝的命运，是合作博弈失去非合作博弈制约的自然反映（这显然是人类社会国家存在及其作用来自人类自身需要的最好证明，也是后来人选择部落时代的光明与奴隶时代的黑暗之所以是唯心主义片面认知的最好证明，他们都因为平等或者自由的绝对追求而失去了真实的存在）。人们的意识以自由认知的标准，对它进行谴责，却不能从相对运动存在的自然原理中，对它进行认真的思索。我们意识形成的观念是如此顽固，以至于对每次生存灾难进行的反思，都显得如此轻松、一掠而过，像对自由的绝对追求认知是必然的存在一样，我们把战争也看成是正义与邪恶的较量，我们不知不觉中走在丛林生存的回家路上，却认为是奔向自由的美好未来。我们失去了自我，被量子态的自由所支配。美国人民对什么是真正的自由追求，在二十世纪人类共产主义运动兴起时，进行了长达十多年的探索，比同一时期欧洲的探索广泛而深入（见《美国共产主义十年运动史》），这显然是他们当下现实的自然反映。正如部落的平等（自由）不能与个人的绝对自由相容一样，未来的绝对自由也不能与人类的存在相容，它们只能存在于相对运动的自由空间。

欧洲"双元革命"之后，美国在彻底去国家化前提下，建立起一个完全满足资本主义生存方式、自由生存的美式政体。华盛顿的理想是建立一个完全没有权力的政府，连"守夜人"都不要，它是美利坚合众国。托马斯·潘恩认为："所有的真理所要求的、所需要的就是自由的出现，这是真理不可抗拒的本性。太阳不需要铭刻就能自别于黑暗，美国政府一旦将自己展现在世界面前，专制主义就会感到震惊，人们就会开始调整思考"（唯心主义产生的偏见是多么的任性。见《人的权力》）。那时的美国流行着宁要新闻自由，也不要政府的主流价值观。持有枪支是宪法赋予个人对抗暴政的正当权利。各州自治拥有只受宪法而不受其他任何约束的权力；国家权力是"三驾马车"互相肘掣，通过两党竞争、三权分离、间接选举一套程序产生总统和内阁，并将最终决定权交给了大法官，以彻底制约国家权力对自由的限制，对国家存在及其作用的选择，在意识主导下而不是在本体主导下，形成了在国家支撑下人类社会绝无仅有的最大意识自由空间。将西方自黑暗的中世纪之后，如何建立一个更好为资本主义自由生存服务的国家理想推向了极致。帕灵顿对美国以《独立宣言》追求平等、自由、博爱的浪漫，和《美国宪法》确保私人财产神圣不可侵犯的承诺，在浪漫与现实、平等与生存之间相互选择的理想进行了深入剖析。他认为美国有两部宪法，它们像一对孪生兄弟，在结伴而行的路上，《独立宣言》的浪漫主义始终是弱者，除非《美国宪法》的现实主义有特别的需要，它才偶尔出现，否则，就被放在不能让人看见的角落，不是特别的需要绝不允许出来捣蛋（见《美国思想史》）。美国政府通过对有钱人的服务，让有钱人为国家创造税收和就业。也就是说，国家如果不能满足有钱人的需求，或者国家不能让有钱人获得更多财富，它的税收和就业就无法保障，它就失去存在的必要。

像奴隶时代一样，古老东方生存的理想、西方理想的生存追求与探索，同样导致了相反的结果。封建时代向本体和意识展示了，在一个基于量子引力运动产生的自由运动空间中，自存与自由（生存与平等）相互制约的自然存在。人类社会，无论是本体从社会存在中认知自我、追求人的本质意义，还是意识从上帝存在中认知自我、追求人的本质意义，意识在与国家的对立共存和相互关照中，产生的认知与选择失去进化灵魂，自由运动的空间必然产生权力内卷，导致平等（自由）空间丧失，产生权力效应，造成本体自我伤害。欧洲中世纪的黑暗是奴隶社会产生的国家绝对权力，从作用于本体自存到作用于意识自由（精神），产生发展并达到高潮或者极限的自然反映过程，也是人类社会在自然选择的制约下，意识对宗教信仰盲目崇拜、自我扬弃绝对权力的过程。与奴隶时代通过国家绝对权力刺激本体的自由追求，将人变成自存（生存）的奴隶失去自由（平等）一样，宗教的绝对权力刺激意识的精神追求，产生的绝对自由（平等）追求，使权力拥有者丧失自由变成追求绝对自存（生存）的奴隶（即自由被自存无限制内卷），失去权力者丧失自存（生存）变成追求绝对精神自由的奴隶（即本体与意识的对抗与分裂）。与奴隶时代一样，由于失去进化灵魂而失去了自我主体地位，造成对本体的必然伤害。这再次证明了"三圣"对人类追求人的本质意义的认知与选择价值，再次证明了共产主义是人类共同追求的真理。

第七章

意识空间的极限

【内容摘要】英国进行生存平等、美国进行自由生存的理想探索，苏联进行平等生存、中国进行平等自由生存的理想探索，将生存选择推到了意识空间的极限。人类社会因资本、权力对人的异化而自我否定，只有平等自由生存才是人类通往共产主义理想社会的必然选择。

人类的历程犹如生命之旅。我们的人生，不管出生在哪个家庭、哪个地方，是艰难的岁月，还是幸福的时刻，童年总是幸福的，因为不知道什么是不幸；青少年总是烦恼的，因为要成长；成年后总是艰辛的，因为要收获；晚年总是无奈的，因为我们不想离开。一代又一代生生不息的生命之旅，犹如长江后浪推前浪。我们不知道江月何年初照人，江上何人初见月，但我们知道它是一条不断流动的长河，人类的历史就是这样的长河。在这个长河中，人类社会的合作博弈、丛林生存，只有前行的足迹，没有后退的余地；只有量子引力的绝对自由主导的必然选择过程，没有本体相对运动自我主导的对错选择结果。我们每个人，都希望平等生存，像他人一样好，更希望生存平等，比他人更好。这是意识驱使我们对生存有限满足的无限追求，将相对运动的本体存在带入意识绝对自由运动空间的必然结果。它让人生失去本来面目，使我们的追求变成自由的陷阱，不是被权力就是被金钱或被愚昧的崇拜所诱惑。然而，如果不走向丛林合作博弈，追求生存满足的无限，我们的意识就不能获得足够的创造能力，也不能认知绝对自由追求的最后边界和生存理想的有限无界。人类的进化只有付出最大，收获也才能更多。赏心悦目的诗篇背后，一定饱含着辛酸的泪水。我们期望最好的生存是平等自由生存。而平等自由生存必须解除生存不足的困扰。这需要大脑意识空间的极限拓展。我们需要用智慧的增长实现美好的愿望。无论道路多么曲折，旅程多么艰难，前途总是光明的，人类必须驶向意识自由追求生存理想有限无界的最大空间。

我们走过封建时代，由国家支撑的生存与平等相对运动，将奴隶时代意识对生存理想的追求拓展到对生存满足和人的本质意义的追求。两种生存方式选择面临的共同困惑，是绝对自由追求产生的量子引力内卷对平等自由运动空间的限制，无论是基于本体主导的世俗社会，还是基于意识主导的宗教社会，都无法避免。摆脱内卷，克服本体与意识的对立与冲突，实现平等自由生存成为人类进化的必然选择。本体必须找到自由生存的认知与选择极限，意识才能认知其生存理想的有限无界的真实存在并自觉抑制其自由追求，因为意识的任何追求都不能无中生有，所有认知必须相对运动、对立生存。而生存与平等对立程度越大，本体与意识产生的空间才能最大，意识才能认知其边界并将其确定下来，最终将本体相对运动与绝对运动之间的合作博弈转向自然选择的非合作博弈，结束靠丛林生存去驱动人类进化的旧时代。它不是唯心主义观念的选择，而是相对运动的唯物史观的自然存在。

一、生存平等追求的极限

奴隶社会时期产生的生存平等选择因封建宗教内卷半途而废。英国资产阶级革命创造的君主立宪制国家，产生了人人生存平等的生存环境，为意识依靠奴隶时代创造的国家继续追求生存平等创造了最大的自由空间。新兴的资产阶级，不仅给英国的王室和贵族，也为当时被迫害的宗教人士提供了自由空间，英国成为当时人类社会依靠（或限制）国家作用的环境下，由意识主导追求生存平等最自由的国家，它将奴隶时代实现生存平等的选择完全颠倒过来，从基于国家主导转到基于本体主导。对财产权、自由权、人权的国家制度保障，使资本主义的生存平等获得前所未有的激励，减少成本、寻求革新、追逐最大利润的传统进一步激发。十五世纪，被宗教社会用来开启神庙大门的蒸汽机技术得到广泛运用，并诞生了工业革命（蒸汽动力在希腊时代的埃及已经为人们所知道，却仅用于开关庙宇的大门，见《全球通史》第491页）。追求技术革新成为追求利润的动力，由此形成了西方世界追求更好生存的主流。资本主义的利润需求或供给，自动形成对科技发展的供给或需求。从英国的机器工业革命开始，德国进行了化学工业革命，美国进行了电力工业革命，人类开始了由农耕文明向工业文明历史性转折。人类社会经过这三次工业革命，科学技术成为提高生存能力、发展生产力的第一推动力，人类开始并逐步实现从依靠本体向依靠意识创造生存能力的根本转变。

在生存有限满足不能实现的环境中丛林生存，对自由空间的探索和拓展都要付出牺牲，英国人民和世界人民为此付出了沉重的代价。国家存在及其作用对生存平等选择的充分保障和自由激励，对立生存资本或金钱对本体的异化。意识认知与选择产生的资本生存内卷，堪比奴隶时代绝对权力产生的生存内卷，它使意识在资本的诱惑下，将本体的生存追求引向对物欲的无限欲望。它不仅使本体迷失了进化的方向，也使国家所支撑的意识自由空间由人间变成了地狱。狄更斯在他的《双城记》开篇写道："这是一个最好的时代，这是一个最坏的时代；这是一个智慧的时代，这是一个愚昧的时代；这是一个信任的纪元，这是一个怀疑的纪元；这是光明的季节，这是黑暗的季节；这是希望的春日，这是失望的冬日；我们面前一有尽有，我们面前一无所有；我们都将直上天堂，我们都将直下地狱。"他描述的是人类社会在失去国家平等抑制或激励之后，意识对生存平等的自由追求必然产生本体自存对自由选择的制约，或者必然造成意识绝对自由追求对本体自存的严重伤害。它是奴隶社会后期生存状况的现实延续。工业革命创造了生存，催生了野蛮。百年雾都，无数人被当成羊"吃掉"（圈地运动）。为了让英镑成为人类追逐生存的万有引力，仅与黄金挂钩还嫌不够，牛顿也出来为它站台（他当了制币厂厂长）。资本主义的"守夜人"——国家的存在，必须是推动而不能阻碍意识对生存平等空间的拓展。资本内卷导致本体生存空间萎缩，它必然寻找更大的生存空间转移国内生存日益对立的矛盾，否则，内部的冲突将变成灾难（跟当下的美国一样）。工业文明创造的物质财富和先进生产力，没有给当下英国人民带来真正的自由和幸福，也没有给世界人民带来祥和与安宁，反而让人类陷入更大的丛林。英国通过代理人战争或坚船利炮、强迫贸易（像销售鸦片）开拓市场，谋求资本的获利空间；资源被掠夺、丧失主权和独立的殖民地、半殖民地，成为挂在"脖子上的沉重磨盘"（英国首相本杰明·迪雷利语）。丛林法则加剧生存对立，引发自身危机，改变它所造成的不平等生存秩序，成为被自然法则所制约的人类社会继续进化的必然选择。生存平等的自由追求变成残酷争夺的野蛮生存，产生权力引力效应。第一次世界大战，840万军人和130万平民死亡。第二次世界大战，分别增加到1690万人和3430万人（见《全球通史》第44页）。第二次世界大战之后，人类掀起了国家独立民族解放运动，殖民体系崩溃，挂在英国脖子上的沉重磨盘被砸碎，不平等生存的人类秩序被改变。日渐失去霸主地位的英国加入欧盟又退出欧盟，它所梦想建立的英联邦，随着女王的去世、内部民族矛盾的加剧而渐行渐远。昔日的荣光成为英国人挥之不去、求之不得的沉重历史包袱。

英国资产阶级革命是人类进化的重大转折。对我们有形的本体来说，人类受到了太大的伤害。然而，如果没有这种伤害，我们将无法抵达生存平等的极限，我们无形的意识对生存平等的认知，就不能因异化的产生而走向终结。我们也不能迈上物质文明的新时代。生存平等走过了数千年的艰难历程，它的终结也意味着意识认知的新转折——人们必须与唯心主义的传统观念挥泪告别。尽管在传统的观念中，我们的本体趋利本能总是让意识的自由追求更在意成功而不在意失败，常常将悖论变成一种与趋利本能相一致的选择而保留在观念之中，成为丛林生存追求无限制生存欲望或意识戏弄本体的理由。但是人们需要吸取传统认知总是悖论的深刻教训。即使我们的一面认知有充足的理由，为了获得美好的未来，明白另一面显然更为重要。人类从来都不是，也不能只是为了当下人观念中的自由欲望而活着。自己活得好，后来人才能更好；自己获得了自由生存，后来人才能获得更好的自由生存。而在丛林生存的岁月，我们所走过的每一段路程，意识产生的片面认知总是将人类的进化，置于生存与平等或者自由与自存不是相对运动而是相互对抗的困境，制约当下人对人类进化的正确选择。生存平等的绝对追求虽然改变了我们的生存，但它所产生的异化却无情地改变了我们的人性。"决定人类行为的不是他们的基因，而是他们所处的社会教给他们的行事方式。""人性是一种巨大的潜在性，会因社会影响而具有多种表现形式……侵略性不是与生俱来的或不可改变的特性，而是一种鼓励侵略的社会环境的产物"（见《全球通史》第44页）。在这样的生存环境中，我们给后代留下的既是财富，也是丢不掉的包袱和抹不去的伤痛。

人们要谨记黑格尔的忠告：人类从历史中学到的唯一教训，就是人类从来没有从历史中吸取任何教训。因为唯心主义的传统观念，会使意识对悖论认知的默许变成一种顽固的偏见，即使它的选择给自己造成了伤害，我们仍然固执地认为，不是选择的错误而是环境和机遇的原因。我们的意识没有记住不幸的一面，却在观念中形成哪里有自由哪里就是国家，以及私人的房子，风可以进，国王不能进的自由认知。意识产生的自由观念与国家的存在及其作用，继续在对抗中为丛林生存而不是为人类告别丛林时代而存在。资本对本体的异化或意识甘愿被资本内卷，不断满足人们日益增长的物质需求、而不是不断满足人们日益增长的物质和文化需要，似乎成为意识认知国家是否现代化的标准，意识渴望的自由进入了陷阱。生存平等的探索已经证明，只有在国家支撑的平等自由生存空间，意识才能摆脱资本诱惑避免异化。而这个空间，只有国家与本体共同努力才能创造出来。意识的认知必须走出被现象存在迷惑的困境，回到相对运动的观念之中认知真相，重新定位意识自由与国家存在之间的相对运动与相互作用。为告别丛林生存建设自己的国家，并在这个过程中追求属于人的本质意义的自由与幸福，而不能相反地把国家的神圣存在变成资本继续内卷本体和意识，使自由空间丧失的工具，继续意识自由与国家存在之间从对抗走向对抗，直到相互拼杀从头再来的丛林生存。

二、平等生存追求的极限

　　国家对生存平等无限激励产生的资产阶级革命所造成的生存尖锐对立，唤起了人类对平等生存的理想追求。彻底否定资本主义生存价值和方式，将劳动而不是资本，将公有制而不是私有制作为实现平等生存的价值选择。人类社会终于由本体的生存与生存相对运动、丛林生存，全面转向本体与意识的生存与平等相对运动的自由空间。十九世纪人类诞生了共产主义思想，开始了共产主义国际运动。德国、英国、法国等西方国家，相继进行了共产主义平等生存理想的试验和探索，人类终于产生了战胜异化获得全面解放的锐利思想武器——马克思主义。同样以平等（自由）理想进行浪漫革命的法国，再次开始了以无产阶级彻底推翻资产阶级的暴力革命，创建了人类第一个无产阶级政权——巴黎公社。显然，在生存满足无限追求的运动空间，英国工业革命所产生的生存能力与西方社会传统认知的生存平等选择是一致的。它根植于西方的认知场效应之中，追求平等生存不可能成为意识的主导选择。无产阶级建立自己的政权，不可能像人们所设想的那样，首先在发达的资本主义国家取得胜利。它只能从西方产生（对立生存的认知场效应），在农耕文明产生的认知场效应主导的法国实践，在俄国取得政权，并在古老的中国开花结果。它是由农耕时代的经济基础决定的、意识渴望实现平等生存的认知场效应。

　　生存平等的自由追求之所以催生意识的平等生存选择，是因为它自身造成的悖论。资本内卷在刺激生存追求的过程中，必然因生产能力的提升，使资本向少数人集中，使本体的自由空间萎缩，且使所有意识的空间被内卷，产生量子引力挤压叠加，少数人获得的生存满足反向刺激意识对平等欲望的追求，以重新获得意识与本体的自由空间，否则，意识的空间将被资本无限内卷带入黑洞，重回奴隶时代。十六世纪前后的俄罗斯，仍然处于封建农奴时期，农奴渴望像地主生存得一样好，意识的生存选择是平等自由空间的拓展。沙皇时期学习西方，引进西方技术，为了像西方一样更好生存，像古老的中华民族一样，中学为体，西学为用。彼得时期采取一系列措施，进行行政、宗教改革，强化皇权，打击不劳而获的贵族，扶持工商业发展。而他不是废除而是强化封建农奴制的选择，加剧地主阶级和新兴资产阶级对农奴的残酷剥削，造成生存尖锐对立，本体自由生存空间萎缩，刺激意识的平等生存理想追求，政权的选择与意识空间的选择像法国大革命面临的形势一样，是维持旧制度与开展大革命的悖论，各种矛盾集中爆发，正像意大利的君主挡不住自由一样，塔西佗陷阱自动生成。俄国第二次资产阶级民主革命（二月革命），沙皇政府被推翻。建立一个平等生存而不是生存平等的国家政权成为自然选择，资产阶级的主张必然被抛弃。

俄国十月社会主义革命胜利，结束了由资本主义世界主导人类进化的历史，开始了社会主义与资本主义两大阵营相对运动的新历程，为人类避免被资本继续内卷坠入地狱之门找到了出路。两大阵营的竞争与较量，既是两种制度的对立生存，更是意识空间的对立与拓展。人类意识转向在国家主导下两大阵营之间生存与生存、平等与生存两种生存方式的相互对立、相对运动的全球空间。部落时代和奴隶社会时期产生的两种生存选择，在我们意识之中形成了对立生存的共同空间。显然，这是生存平等走向极限，人类进化在平等自由空间制约下的自然转向。温斯顿·丘吉尔说："我们未能将布尔什维克扼杀在萌芽状态之中，未能通过一种或者另一种手段，将当初已经屈服了的俄国，引入全面的民主制度之中——这一失败如今成为我们的沉重负担"（见《全球通史》第562页）。第二次世界大战之后，因为美国与苏联联手削弱英法形成的殖民秩序，为此，温斯顿·丘吉尔不断呼吁打破美苏铁幕，他对共产主义的唯心主义偏见，来自他维护不平等殖民秩序和英国霸主地位的一厢情愿。美国则提出改变共产党国家颜色的对策，并将共产主义视为人类恶魔。列宁则认为，帝国主义必然走向垄断阶段，并预示它最终将变得没落和腐朽。毛泽东则深刻地指出：帝国主义者和一切反动派都是纸老虎。在两大阵营的竞争中，西方世界建立福利国家，对资本主义制度进行相对完善，社会主义阵营赶超英美的追求，它们无不对立生存、相互作用。正是在这个空间，意识的认知与选择、发明与创造达到了新的高潮。

　　苏联共产党经过艰苦的国内战争，粉碎国外武装干涉和国内武装叛乱，基于生存的理想建立人类第一个社会主义国家政权，开启了人类有史以来，在国家作用下意识追求平等生存创造自由空间的理想探索。在与企图将苏联支解瓜分并将其变成殖民地的西方列强进行的艰苦斗争中，苏联不得不实行战时共产主义。列宁总结道："用无产阶级国家直接下令的办法，在一个小农国家里按共产主义原则，不定期调整国家的产品生产和分配。现实生活说明我们是错误的。"他及时实施新经济政策，将共产主义平等生存的理想追求与务实的选择结合起来。他严厉批判共产主义左倾幼稚病，痛责否定一切妥协的错误观点，提醒人们清醒地注意工人阶级和劳动群众的觉悟和修养。列宁十分清醒，一个政权仅其理想符合历史的选择是远远不够的，必须把实现理想建立在更好生存的实践当中，建立在实现本体的生存有限满足的基础之上——它是政权连接群众、连接传统和走向未来的一切必要前提，因为自存决定并制约自由，意识的自由追求必然受到生存与平等的相互作用、相互制约。否则，微观不能自洽必然导致宏观有序的丧失。

　　强大的苏联政权以平等追求为理想，带来的是相反的结果。它将英国的生存平等由基于本体主导颠倒过来，变成国家支撑的意识追求平等生存的自由空间，因权力内卷产生的强大对抗力，使本体与意识的生存与平等相对运动的自由空间丧失。政权的平等生存理想与统治集团的权力被生存内卷形成的不平等生存，意识在与国家政权的相互关照中形成鲜明对照，反向生存日益加剧的作用力与反作用力的对抗。它挫伤了自然心灵，造成严重的整体性人格自我伤害，它在人民心中早已变色，陷入自我坍塌而无可救药。抛弃或者改变既存政权，成为包括统治集团在内所有意识认知的共同选择。苏联的实践再次证明，以平等生存的理想追求建立的政权，其生死存亡取决于人心向背。它是由生存（自存）与平等（自由）的相对运动、对立共存必然互相抑制的自然法则所决定。失去国家平等抑制或激励，无论意识是基于生存平等还是平等生存进行的选择，都必然陷入本体与意识的对立与分裂，使意识的自由选择权力引力挤压叠加造成对自存的伤害。它再次证明，意识认知的平等生存追求，尽管可以创造出比资本主义更为明显的发展优势，但是，在生存与平等的相对运动中，必须也只有通过平等抑制或激励，才能使国家权力为人民利益（即本体的自由）而存在，使国家的存在及其作用与意识的自由追求对称确认。否则，千里之堤必毁于蚁穴。任何强大的政权必然毁于失去自然选择的平等抑制或激励之"穴"。这是部落时代通过平等获得的进化灵魂，创造的属于人类生存价值的自然进化选择。这也正是它能够创造出辉煌成就并为人民所信仰的"基石"。

我们的意识必须抛弃唯心主义的传统偏见。我们现在所认知的存在与选择，是将自然选择非合作博弈产生并主导的丛林法则变成人类自我主导的丛林生存，陷入自由陷阱的必然结果。在这个陷阱中，支撑自由空间的平等主体，无论是基于本体还是基于国家的主导作用，在合作博弈丛林生存的选择中，无法摆脱量子引力在意识作用下的挤压叠加，产生权力和资本的内卷效应，理想的追求得到相反的结果，而相反的结果又迫使我们抗争。我们的历程是在自由陷阱边沿的不断挣扎。欢乐与痛苦、成功与失败、希望与失落、黑暗与光明、文明与野蛮、前进与倒退，在我们的意识之中总是结伴而行，而在我们的观念之中又总是相互分离、相互对立。我们总想让不快成为过去，让快乐绑缚终身，然而生命的历程却往往适得其反。我们的传统观念是如此的自信与顽固，总是被量子的绝对自由带入陷阱，将相对运动的现象存在变成绝对自由追求认知的绝对存在，将为了获得更好生存不得不重回丛林生存的选择认定为追求幸福的必由之路。我们将自然赋予人类自我主导的权力还给了自然，走在与人的本质意义相反的生存之路上。而要让我们的付出结出丰硕的果实，为我们和后代生存得更好，既不愧对先人也不愧对子孙，我们必须走出丛林，回归人的本质意义。我们必须将自然赋予人类自我主导的权力牢牢把握在自己的手中，让我们的生命历程不再是从不知、烦恼、艰辛与无奈中渡过，而是从相对运动的过程中走向平等自由生存。

三、自由生存追求的极限

要想获得最大的意识创生空间，必然解除英国君主立宪制对生存平等的限制，走向自由生存。否则，意识的自由认知与选择空间就不能抵达极限，绝对自由的生存追求就不能终结，这将对人类未来的进化形成制约。而形成这个空间的唯一选择，是人类社会将生存平等与平等生存的对立生存相对运动的空间，通过丛林生存扩展到极限。第二次世界大战之后，人类创办由主权国家组成的政府间国际组织——联合国，各国的政治交流与沟通有了共同的舞台。美、苏两个大国的相互竞争，使人类进入冷战时期。表面的冷战却暗藏着意识空间更加激烈的斗争与较量。美国联手苏联削弱英法，通过"马歇尔计划"控制德国和日本，通过朝鲜和越南战争扼制社会主义运动。伯克利黑帮制造印尼屠杀华人的血腥事件。发动科索沃战争阻止欧盟崛起。发动伊拉克战争拓展其在中东的势力范围。美国必须不失时机地扩大自己的势力，形成自己的绝对优势，这样，它所产生的反作用力才能使意识的自由生存空间更大。苏联解体后，美国抛弃承诺，不断东扩北约，开启重返亚洲战略，对俄罗斯和中国形成合围，以实现肢解中俄的目的。美国主导的世贸组织、巴塞尔协议等一系列规则，由美元所主导的股票、债券、证券、期货市场和无数金融衍生工具以及长协、股权机制，将美元主导的有限空间拓展至全世界。它创生了实体经济与虚拟经济两个空间，创生了数字货币。它将平等才能形成真正的市场经济秩序，变成意识选择制定的海盗游戏，将依靠资本提升生存能力的空间，转向意识的自由创造并扩大至极限。在这个空间中，意识认知了虚拟经济的本质，并为货币自身可以创造价值的"钱生钱"游戏画上了句号。

美国主导的丛林生存，加剧人类社会的对抗博弈。战争成为维持人类生存秩序的重要手段。如果不选择战争，对抗的空间不能达到极限，而选择战争必然造成生存灾难。正如我们的进化历史，在相对运动的宇宙，任何理想的追求必然付出牺牲一样，追求意识自由创造的最大空间边界需付出的代价更大。人类开拓出以毁灭生命为代价的军火交易市场，"地狱之门"被打开。它是唯心主义认知与选择的结果，更是量子绝对自由本性造成的生存灾难。美国从建国以来的二百四十多年间，只有十六年没有打仗。从布什到克林顿到奥巴马，短短的23年间里，美国先后入侵九个国家，造成数百万平民死亡的人间惨剧。他们却成为打击恐怖主义的英雄，而恐怖主义正是丛林生存的孪生兄弟。奥巴马被授予人类和平的诺贝尔奖。丛林生存让人类社会回到了野蛮生存，人类的进化被定义为"地缘政治"和"文明的冲突"。意识对自由、民主、人权等普世价值的认知与选择都成为双重标准，成为践踏自身的行为和过程。普世价值成为真实的谎言。尼克松对美国以推行自由、民主为名而发动战争，不但没有得到想要的，反而抓鸡不成倒蚀一把米的后果进行反思后，深有感触地说：在一些不具备条件的国家推行民主，还不如原有的政权更管用（见《1999不战而胜》）。而奥巴马则公然宣称："如果让13亿中国人，都过上像美国和澳大利亚一样的生活，那将是一场灾难。"它是人类丧失人的本质意义和进化方向，意识的绝对自由生存追求，必然陷入本体的相对存在与意识绝对存在的对抗与撕裂。美国原总统卡特则认为：中国之所以崛起，是因为它们不对外打仗。他反对战争，反对文明必然冲突的错误认知。弗格森对悖论生存的美国发出叹息：当世界老大真难，守护"文明"（主导权或者霸权）真累。他对美国给文明带来的进步和他为此付出的代价作了详细的阐述。像英国维持殖民统治秩序一样，维持当下人类的不平等生存秩序，成为挂在美国脖子上的"沉重磨盘"。（见《帝国》《巨人》《论民主》）。

　　用与人类的自由生存选择背道而驰的战争手段，产生残酷竞争的不平等生存秩序，撕裂本体与意识并将二者的分裂与对抗扩大到极限，以获得意识的最大自由创造空间。它将科技进步推进到新的境界，使科学与技术融为一体、基础理论研究与科学技术创造融为一体、科技发展与产业转化融为一体、物质创造与意识创造融为一体，开创了人类崭新的时代——信息时代。为人类意识摆脱资本和权力对生存的内卷，为科技代替资本，为人类谋求平等自由生存回归劳动创造价值、回归人的本质意义就是它自身创造了新天地。自由的美国将国家对自由生存的保障推到了极致。它为人类通过法治实现"法不禁止皆可为"的自由追求，通过两党竞争产生总统，通过授予大法官的最终决定权，防止国家权力对法治的公平造成影响，让意识认知了自由与法治的真实存在，认知了民主的本质。法治的绝对至上就像生存或者自由的绝对追求不能保障自由的实现一样，它既造成公平的丧失，又造成自由的丧失。法治的公平只能来源于对自由的限制，两者是相对运动的相互制衡，缺一不可，否则，它就是悖论。而人类追求法治，追求的是法律对自由的限制，而不能相反。它是自由与法治对立生存创造民主，获得自由空间的相对运动过程，即自由—法治≤民主机制的自由创生空间。人类社会只有通过国家的存在及其作用，将二者统一于相对运动的过程之中，才能获得更大的平等自由空间。而这个过程本身，就是意识自由创生多样化民主的过程。民主是意识创造自由并获得自由的广阔空间。它不是通过两党竞争，也不是大法官拥有至高无上的权力，而是意识自身的自由创造，是自然选择通过国家作用向意识回归平等生存的权力过程，就像通过国家的作用向本体回归生存平等的权力一样。法治不是统治阶级意志的一面生存，而是相对运动的本体与意识创造自由的过程，它不是意识观念中统治者与被统治者的对立，而是共同行动的相对运动统一，是共产主义理想的生动实践过程（见本书第九章）。

　　美国的西进运动，使处于萌芽的美洲文明毁灭；南北战争是美国自身发展严重不平衡，资本利益集团之间争权夺利的残酷内斗，是美国全面开启资本内卷驱动意识空间更快拓展的新起点。华盛顿期望建立没有任何权力的政府，国家权力失去平等抑制或激励产生的矛盾由来已久。建国之初，在怎样兑付独立战争期间发行的债券时就出现两难选择。国会主张兑现给原持有人，因为是他们在需要的时候出了钱；而参议院则主张兑现给现持有人。华盛顿虽然接受了兑现给现持有人的建议，但他认为这是美国建国后的第一大腐败案。第一次资本主义经济危机期间，奥西多·罗斯福不得不用枪去请那些企业大佬来白宫开会。第二次经济危机前后，柯林芝和杜鲁门因为信奉保守的自由主义使民众受到巨大痛苦。第二次世界大战期间，罗斯福则因对经济危机的有效政府干预，使美国渡过了危机。他在受到人民赞扬的同时却受到保守自由主义的攻击，若不是"二战"到来，他的总统生涯早就结束了。当下美国两党竞争日趋激烈，权力内斗日趋严重。它是美国自身丛林生存产生的各种矛盾长期积累的结果，也是美国坚持唯心主义追求所谓绝对自由生存的结果。美国的探索，使人类的意识认知了由"三驾马车"支撑的现代民主国家治理方式所产生后果。在丛林生存的环境中，美国的自由生存追求使资本内卷权力，生存对立日趋严重，百分之九十的财富被不到百分之十的人所占有，国家失去神圣存在且背上了沉重的债务。面对国内重重矛盾，不依靠霸权美元地位就会丧失，现存财富增长将受到极大限制，自由生存的追求不能得到满足，各种矛盾必然更加突出和尖锐。特朗普一上台，就找同盟要保护费，威胁从欧洲撤军，挥舞制裁大棒，让开放的世界重回孤立，已经不像"老大"的样子。拜登上台之后，不惜以世界经济衰退为代价，直接开打代理人战争并配套进行美元收割，让世界特别是欧洲向其输送利益。像苏联的后期一样，国家变成了利益集团的代表，并把一切真善美都演绎成物质利益的存在。

　　美国通过绝对自由生存的追求，撕裂自身获得意识自由生存的空间极限。但它们是一对矛盾的存在。为了寻求意识的最大极限，就必须牺牲本体的平等自由生存空间。而为了本体平等（自由）空间的拓展，它就必须牺牲意识的自由空间。否则，意识自由生存的绝对追求必然造成社会贫富差别的尖锐对立，本体和意识的自由空间必然日趋萎缩，并成为自身无法战胜的灾难。重复历史的选择，用战争的手段去开辟本体的自由空间，不仅面临核冬天的到来，更面临着美国人民和世界人民的共同命运。它似乎预示着以战争为手段，以自由、民主、人权为价值观，打造以美元为中心，以构建高、中、低端产业链为载体，将人类进化囚禁在一个不平等的生存秩序之中，拓展意识创生自由生存空间历史的必然终结。"三架马车"的治理体系与实现人的本质意义的平等自由生存追求，面临着重新选择。

就像《百年孤独》的何塞·阿尔卡蒂奥·布恩迪亚，意识自由空间富有创造常常与孤独结伴而行。美国就像一个孤独的存在。"做美国的朋友是危险的，做美国的敌人则更加危险。"基辛格的威胁之语，正好折射出美国人自身失去生存与平等相对运动受到伤害的自然心灵。它既为自己所爱，又为自己所恨。而在它创造的信息时代，一切都变得透明。对美国最大的伤害，是作为人的本质意义的核心——信誉的丧失。因为我们生活在人世间，信誉是人们认知本体内心世界是否具有人性（即自然心灵）的起点，得道者多助，失道者寡助。美国失去的不是地位，而是支撑其地位存在、支撑美元存在、支撑自由价值存在、支撑私人财产神圣不可侵犯的宪法根基存在的信誉。自由生存的美国，在人类处于十字交叉路口的交汇与转折关头，面临着抛弃丛林生存、回归共产主义理想的必然选择。

美国是自人类诞生以来，意识拓展自由生存时代的终结，也是回归平等自由生存时代的开始。是为了获得本体与意识最大自由空间，人类不得不选择合作博弈丛林生存时代的终结，也是回归自然选择的非对抗博弈，人类自我主导、自身进化实现本体与意识对立统一、和谐共生的开始。

四、平等自由生存追求的极限

鸦片战争以后，人们像追问中华民族为什么长期处于封建社会或为什么没有产生科学一样，追问中华民族为什么没有走向西方的生存平等选择。从十九世纪六十年代开始学习西方，到民国时期中国组建三百多个政党，渴望改变现状的中国人，70%多的人踊跃投票（是世界上参选率最高的），选举的政府因不知道怎么运行而陷入瘫痪。孙中山学习西方搞三民主义，他所创建的国民党却败走台湾。这是因为民族、民权、民生的实质是生存平等的自由选择，而西方在历史的长河中造成的结果，是在相对运动的空间生存被资本内卷形成的贫富尖锐对立，显然它不能与天下为公的理想相容。因此，任何国家和民族的生存选择，都不是当下意识自由选择，而是由本体的生存环境所决定的必然选择，它就是存在。

（一）平等自由生存理想来自人民的力量

"领导我们事业的核心力量，是中国共产党，指导我们思想的理论基础，是马克思列宁主义。"东方的中国为什么选择西方的理论，显然，对当下人来说似乎是一个复杂的问题。马克思主义从西方诞生，但它的理想却是中华民族世代不变的追求。马克思主义理论虽然产生于西方，但在人类社会的历史进程中，它与东方古老中华民族服从自然选择、追求天人合一的长期实践和探索相契合。而被毛泽东总结的马克思主义的精髓是实事求是。实事，就是客观存在，求是，就是透过现象看本质。而本质就是他所强调的，构成运动双方的主要矛盾和矛盾运动的主要方面。毛泽东始终将他的理想建立在人民谋求平等自由生存的追求中，这是一个由平等与生存相对运动、意识创生平等自由生存的巨大空间。在这个空间中，平等不仅是劳苦大众的追求，也是所有因不平等生存而失去意识自由空间的中华儿女、上流人士、富有阶层和爱国人士投奔革命追求平等自由的共同选择。搬掉造成不平等自由生存的帝国主义、封建主义和官僚资本主义三座大山，成为意识空间的共同目标。毛泽东在《〈共产党员人〉发刊词》中总结的统一战线、武装斗争和党的建设这"三大法宝"，就是在我们党平等理想支撑的运动空间，以共同的理想团结一切可以固结的力量，与国民党进行武装斗争的意识空间。在这个空间中，不断满足多数人平等自由生存的理想，推翻"三座大山"始终是主要矛盾。党要始终抓这个主要方面，在行动中知行合一，把理想通过言行展现给人民（即与人民心连心），始终如一地把理想统一在运动的过程之中，而不是说一套做一套。在思想路线上，实事求是，始终站在中间，使意识的认知与选择空间最大，既要防左也要反右，反对一切教条框框，牢牢掌握运动的主动，选择灵活机动的战略战术：敌进我退、敌退我进、敌驻我扰、敌疲我打，游击战、运动战、阵地战，始终牵着敌人的鼻子。在相对运动中以少胜多、以弱胜强、壮大自己、消灭敌人。毛泽东带领人民开展波澜壮阔、惊心动魄的革命斗争，从星星之火到燎原之势，他总是从容不迫、游刃有余。老一辈革命家出生入死，冲锋陷阵。他们根植于人民之中，权力来源于人民，力量来源于人民，自信来源于人民。

毛泽东的追求是要让人民当家作主。毛泽东拒绝资本主义的一切腐朽思想，同一切违背平等理想的言行划界线、作斗争。他推动社会主义改造，探索互助组、合作社、人民公社集体经济发展道路，提出多快好省建设社会的总路线，他渴望依靠人民的力量实现赶英超美的目标，消灭三大差别，实现共同富裕。他时刻警惕贪污和浪费，时刻警惕修正主义，斗私批修、破旧立新，扫除封建主义和资本主义腐朽残余。他让工农兵登上历史舞台，并赋予他们上大学的权力。他坚持和平共处、互相尊重的国际秩序，将称王称霸的一切帝国主义和反动派视为纸老虎。他以身作则，艰苦朴素，与人民同甘共苦，绝不允许任何人利用手中的权力谋取私利，也不容忍任何人作威作福、欺压人民。他的一生为人民掌权、为人民用权。人民坚信他是自己的带路人。"安得倚山抽宝剑，将汝裁为三截，一截遗欧、一截赠美、一截还中国，太平世界，全球同此凉热。"作为追求人类平等自由生存理想的守护人，他渴望自由。在生命垂危之际，常常咏读《枯树赋》，仰慕万类霜天竞自由的平等自由生存，叹息生命之短暂。

毛泽东的探索，将人类从部落时代创造的意识平等支撑的自由空间，推向了极限。在这个空间中，一个积贫积弱的中华民族，不仅推倒了"三座大山"，也打赢了朝鲜战争；不仅冲破帝国主义的层层封锁，成功打破传统农业国在外国封锁下必然因人口增长和粮食不足形成城乡倒流的内卷化，而且在兴修水利、改善农业生产条件、推进国家工业化进程等方面，打下了坚实的基础。在宇宙的自然运动中，相对运动的耗散结构系统是一个开放的系统，通过开放与外界交换能量。这是人类必然走向开放的自然现象。当这个系统封闭或者被封闭，就要消耗自身更多能量产生对抗力或吸引力，以维持相对独立的运动存在。所谓内卷化，就是当粮食严重缺乏威胁生存的时候，只能将人口从城市倒流到农村以缓解生存危机。知识青年上山下乡就是内卷现象。在严厉的封锁下，毛泽东却在极限生存的环境中，依靠人民的力量战胜内卷灾难，获得节节胜利。这正是平等自由生存空间，相对运动的自然魅力。毛泽东将人类社会的生存空间划分为三个世界，为人类社会形成良性互动的生存秩序，为结束美苏争霸的冷战，为世界人民争取独立自主、和平共处的当下和未来，产生了深远的影响。毛泽东的探索，创造了人间奇迹。它是人类自诞生以来，部落时代意识平等支撑的自由运动空间，在中华民族这片古老的土地上，从古至今未曾中断过的连续进化。天若有情天亦老，人间正道是沧桑。中华文明为什么成为人类唯一持续不断的文明，为什么坚持走自己的道路，因为它是自然规律为人类社会选择的通往美好未来的必由之路，也是人类走出丛林生存的共同选择。

哪里有奋斗，哪里就有牺牲，馅饼从来不会从天上掉下来。从法国大革命到法国无产阶级革命，从争取民族独立解放运动到苏联的曲折探索，中华民族和世界人民，为获得意识平等自由生存的极限，付出了艰辛、痛苦和牺牲。在一个丛林生存的时代，平等自由生存的探索，首要的是牺牲自我，他们时刻要准备抛头颅、洒热血。而生存平等的探索则是自我的追求。一个为人民担当，一个为自我奋斗，它们虽然都是人类进化的生存选择，但前一种选择，意识认知的是人的本质意义的共同精神价值追求，后一种选择，意识认知的是生存的自我价值追求。毛泽东和老一辈革命家依靠人民的力量，继承我们祖先不畏艰难的牺牲精神，不忘初心，矢志不移，奋斗终身，为我们后人留下了战胜一切困难的宝贵精神财富。

（二）自由幸福的生活来自人民的创造

毛泽东的探索尽管出现了一些无法避免的曲折，但人民并没有因此而丧失对党的信念。因为中华民族追求平等自由生存的选择不会改变。党的十一届三中全会，是人类历史上的重大转折，它意味着人类社会东西方之间由合作博弈转向非合作博弈。中美关系的改善，为实现改革开放的历史性转折创造了条件。西方国家逐步解除对中国的封锁，特别是粮食进口、化工产品的技术引进，缓解了吃粮穿衣等困难，人民生活开始得到迅速改善。邓小平号召人民解放思想，实事求是，团结一致向前看；提出贫穷不是社会主义，要人们冲破姓资姓社的牢笼，"大胆闯、大胆试"，借鉴人类一切文明成果，并把实践作为检验真理的唯一标准。他彻底打破由国家大包大揽的计划经济体制，向人民释放平等生存的自由选择空间；将以经济建设为中心、坚持四项基本原则、坚持改革开放确定为基本路线；让一部分人先富起来，先富带动后富，实现共同富裕作为有中国特色社会主义的奋斗目标。

邓小平主张的有中国特色社会主义，是由"一个中心、两个基本点"构成的、先富带后富连续运动的意识平等自由生存空间。"一个中心"始终是主要矛盾，而解决这个主要矛盾，我们必须反对只改革开放的"右"，也必须反对只坚持四项基本原则的"左"。既要埋头拉车，也要抬头看路。我们的意识认知与选择，既不能"左"也不能"右"，而是要站在中间，始终掌握解决问题的主动权。它是对马克思主义、毛泽东思想在新时期的发展，而不是对社会主义道路的修正，更不是对资本主义道路的选择。而在这个平等理想支撑的自由生存空间，像革命时期一样，人民焕发出强大的活力。我们的联产承包、乡镇企业，无一不是劳动人民的创造。它与西方的经济制度、经济理论、价值观选择，似乎没有必然联系。邓小平曾深有感触地说，改革开放的成功，来源于人民的创造，他所起的作用就是"总结了人民的创造"。他称自己是人民的儿子。他和人民一道，向人类社会讲述着古老中华民族"春天的故事"。坚信劳动创造自身价值、勤劳智慧的中国人民，仅用不到四十年的时间，就实现了西方两百多年才实现的生存有限满足和意识无限自由的创造，将生存的理想变成了美好的现实。美国《时代周刊》曾两度将邓小平选为时代风云人物。然而，出人意料的是，他像毛泽东一样，坚决拒绝三权分离，对资产阶级自由化予以坚决制止和回击。面对苏联垮台、东欧巨变，他坚信马克思主义永远不会过时。他断定，一个追求平等自由生存理想建立起来的政党，是任何人都搞不垮的，除非它自己（详见《邓小平文选》一至三卷）。

（三）始终坚持以人民为中心

如同西方面临的未来选择一样，当今中国共产党和中华民族比过去任何时候，更理解自身文明——生存的理想追求的过去、当下和未来进化的巨大价值。它坚决向贫困宣战，同一切违背人民利益和国家核心利益的行为作坚决的斗争，毫不留情地打击内卷人民和国家权力的贪婪丑陋行为。它与时俱进，在继承自身传统、借鉴人类一切发明创造成果中，坚持道路、理论、制度、文化自信和创新，开创人类发展新境界；创造发挥市场配置资源的决定性作用，多种所有制共同发展，有效抑制资本无序扩张（维护公平，防止资本掠夺）、发挥科技第一生产力、更好产生效率的市场经济制度；不断提升现代化国家的治理能力，创造基于平等追求形成的现代民主制度，有效防止意识的绝对自由追求，防止权力内卷资本或者资本内卷权力，产生权力引力效应，创造不想腐、不能腐、不敢腐的现代国家治理体系，实现民族伟大复兴的中国梦，同世界一切爱好和平、谋求平等更好生存的国家和民族一道，构建人类命运共同体，避免人类社会丛林生存，必然导致零和博弈的生存危机甚至自我毁灭的共同灾难。

我们党带领人民进入新时代。之所以将我们当下的时代称为新时代，是因为我们中华民族面临着前所未有之巨变。人类走到交叉路口，我们的事业面临着前所未有的机遇与挑战。为了人民、依靠人民，为人民谋利益，是我们党战胜一切困难，从胜利走向胜利的根本保证。所有政党，不管是东方还是西方，只要失去了人民，命运只有一个，就是被人民所抛弃。

在新的时代，我们要坚定不移坚持新时代中国特色社会主义思想。坚持党的领导核心，坚持党中央集体统一领导是最高政治原则，坚持党的领导制度是我国的根本制度。之所以中国共产党领导，是中国特色社会主义最本质的特征，是因为我们坚持一党执政，依靠人民的力量。这正是西方世界梦寐以求而无法得到的。因为他们无法摆脱生存平等选择，导致资本内卷成为国家权力的枷锁。他们真正想得到的，正是我们党所拥有的。他们畏惧我们党始终以人民为中心，畏惧我们中华文明所产生的顽强生命力和巨大凝聚力、创造力。而我们一旦失去了人民，就失去了我们党存在的根基和自身价值，就失去了同世界人民一道争取美好未来，并和西方世界一道相融互鉴、共同奋斗，建设人类命运体共同体的未来，也失去了我们每个共产党人，特别是领导干部，为中华民族的振兴，意识创造精神价值的无限自由。而在党平等理想支撑的意识自由生存空间，我们不但面临着权色、权钱交易（权力内卷）、使政权变质、脱离人民的风险，面临着贫富差别、行业内卷，刺激意识利益至上、自由至上的盲目自由追求的风险，更面临着党内党外、东西方之间，唯心主义世界观与唯物史观的矛盾与冲突。唯心主义产生的精致利己主义和极端个人主义，在我们少数党员领导干部的意识中，已经死灰复燃。它侵蚀着我们党和人民的共同理想和利益，也使自身变成了失去人的本质意义、丧失理想信念、忘记初心的高级黑、两面人。他们被西方表面存在诱惑，迷失了自我，不知不觉进入自由的陷阱。

　　一个真正的共产党员，从来都是光明磊落、堂堂正正，对党的事业忠心耿耿，坚持人民的利益至高无上，走的是圣人之道，心底无私天地宽。当我们的意识忘记初心、被私心所蒙蔽，就会心里惶恐、躲躲藏藏。意识带着我们走上自然心灵的不安之路，陷入自身的对抗与分裂。意识想得到的，就是理想信念所要拒绝的；而意识想拒绝的，正是理想信念所要坚守的。理想信念，就是党给我们的意识空间（也是所有党员的自愿选择）设定的选择边界。我们不能突破这个边界去做任意选择。习近平总书记告诫全党："鱼和熊掌不可兼得，当官发财两条道，当官就不要发财，发财就不要当官"（见《习近平著作选读》（第一卷）第341页）。要各行其道。你不能在同一条道上什么都想得到。它是唯心主义，不符合唯物史观。因为在宇宙的能量运动中，两个正电子不能待在同一个轨道。同样，我们的意识自由空间，不能在同一场景下做出两个都使自己有利的选择。趋利避害，只能两利相较取其重，两害相权取其轻。只要违背了自然选择，活着的就不是你自己，而是活在他人的影子之中，就失去了自我追求人的本质意义的自由。早在延安的时候，陈云给学员上党课，有的学员向他提问，说什么是坚持党的信念不动摇。陈云就讲，入党是你自愿的，你自愿进来，是因为对党的信仰。所谓不动摇，就是上海人讲的"挠辫子"，就是一直坚持到死（古代杀头的时候，将人的辫子挠起来）。如果不是这样，党和人民就要挠你的辫子。他一生坚持不请不到、不接不送，不违己不逾规，不请吃、不受礼。他的才干，来自对党的信仰形成的高尚品德；他对事业的贡献，来自他对人民的热爱；他被世人所仰慕，则来自他知行合一、对人的本质意义的执着坚守和追求（见朱佳木《邓小平、陈云与第二个历史决议的制定》）。

习近平总书记要求，"领导干部特别是高级干部要把系统掌握马克思主义基本理论作为看家本领，老老实实、原原本本学习马克思列宁主义、毛泽东思想特别是邓小平理论、三个代表重要思想、科学发展观"[见《习近平著作选读》（第一卷）]。这就要求我们必须彻底抛弃唯心主义，始终坚持唯物史观。它是改造思想的武器，又是行动的指南。比如，江山就是人民，我们为人民掌权，如果用来为自己谋取私利，就是唯心主义。再比如，我们是相对运动的存在，生命的过程只需要有限的物质满足，如果对物质利益无限追求就是唯心主义，而对意识创造精神价值的追求就是唯物主义。搞唯心主义处处是陷阱，搞唯物主义处处是风景。只有坚持唯物史观才能站稳立场，才能用系统观念分析问题解决问题；才能坚持实事求是、坚持人民至上；坚持守正创新，做到胸怀天下，自信自立；才能抛弃私心杂念，敢于面向自己、敢于面向人民、敢于面向理想信念，以问题为导向，从自我做起，在新时代的伟大实践之中，创造出无愧于党、无愧于人民、无愧于自己、无愧于时代，也无愧于后人的由物质利益衍生的无穷精神价值，践行人的本质意义，克服双重人格悖论，使本体与意识和谐共存，实现个人生命价值与人民利益的统一、自然心灵与生存环境的统一，使生命过程显得无比精彩，而不是被物质利益内卷得暗淡无光。

我们进入的新时代，机遇与挑战共存。所谓机遇与挑战，就是我们意识之中的吸引力与对抗力。吸引力大的是挑战。抓住机遇就是增加对抗力，将挑战变成机遇。当下人类社会的生存空间，美国人用战争施加压力，是想遏制美元的萎缩，或者想增加美元的对抗力（即通过各种手段压制我们的发展空间，防止美元内卷加剧，丧失对抗力，造成美元坍塌或者进入黑洞），它构成加快发展的天赐良机，我们要不失时机地加快发展的步伐，特别是千方百计加快民营科技创新增加对抗力（美元贬值的时候，我们就要反向操作，人类复杂的经济现象，根本上是相对性原理产生并受其制约，而不是经济学的所谓周期）。在挑战与机遇面前，在纷繁复杂的形势中，始终站在中间收放自如，牢牢掌握主动权。而要牢牢掌握主动权，同样必须坚持唯物史观，自觉维护中央的权威，自觉维护"权定一尊"。否则，国家将因权力中心的失控陷入无序和耗散。我们党支撑的中华民族这个大家庭，就失去把握全局的主动权。我们必须服从自然规律，自我革命，发扬斗争精神，对吸引力大的东西增加对抗力，不能要的东西坚决不要；对吸引力小的东西增加吸引力，应该做的必须努力去做，敢于同违背党和人民利益的一切言行做坚决的斗争，避免本体与意识知行不能合一，对自己造成的伤害；要坚持把理想信念自觉贯彻在相对运动的过程之中，打破一切条条框框，与人民一道，只争朝夕、身体力行，在干中学，在学中干，避免在意识观念中的对立与冲突。将治国理政新理念落实在全面深化改革、推进依法治国、全面从严治党、引领高质量发展，发展全过程人民民主，推进文化强国、建设美好家园、构建人类命运共同体的生动实践之中，让发展的成果惠及全体人民。

（四）未来全靠我们自己

当下的人类社会，是平等自由生存与生存平等两种生存方式选择，在意识空间的对立生存和相对运动。而这两种选择，交会于世界所有意识之中，隐藏在人们的自然心灵深处。

在丛林生存的当下，它们相遇是你死我活的对抗选择。而在一个运动的宇宙中，它们却是相对运动的相互依存。人类在相对运动的世界，选择光明与黑暗、正义与邪恶，我们的唯心主义认知传统，总是将相对才能存在、变成绝对存在不能相容。我们意识的量子绝对自由特性，总是从结果去选择方向，而不是从运动的过程选择真理。唯心主义从来都是第三者，常常站在旁边品头评足，眉飞色舞地向人们展现意识的高超，而不亲自下场身体力行，脚踏实地向人们展示本体的魅力。恰似墙上芦苇头重脚轻根底浅，山间竹笋嘴尖皮厚腹中空。意识与本体的矛盾，经常打架、闹别扭、生闷气。中庸之道最靠谱。因为我们不可见的意识，是一个十字构成的有限无界的宇宙空间，它虽然大而无边，看似飘忽不定，但是，它是本体的相对运动产生。站在意识的中间空间才最大，才能客观公正，看事才准确，才能打破束缚，不被不存在的观念带到沟里、上当受骗。而在意识的空间扬帆远航，就是站在中间掌舵，掌舵人手握方向盘，让航行始终不偏航，这样才能跑得快。如果左边一摇、右边一晃，就跑不起来，搞不好还要翻船。联产承包开始实行的时候，上下不一致，思想阻力大，争论不休。老百姓说"上面放，底下望，中间一道抵门杠"（我刚参加工作的一九八二年，第一次跟领导下乡调研，就是根据上面的指示，研究界定关于雇用多少人是剥削的问题，当时好像说的界线是不能超过七人。一个月以后，上面通知不要再调研了。从此以后，我的印象中再也没有作过类似的研究）。邓小平就讲，不搞争论。他的发明就是不争论，一争就把机会给错过了，把时间耽误了。他还说，不要怕犯错误，关键是要干。不干，怎么知道对还是错，不干，连犯错误的机会都没有。所有的事都是干的行动过程，不是观念的产物。观念如果能变成生产力，我们早就不用亲自动手了。干就是意识认知不偏航的好办法。习近平总书记告诫大家："我们党领导人民进行社会主义建设，有改革开放前和改革开放后两个历史时期，这是两个相互联系又有重大区别的时期，但本质上都是我们党领导人民进行社会主义建设的实践探索。""不能用改革开放后的历史时期否定改革开放前的历史时期，也不能用改革开放前的历史时期否定改革开放后的历史时期。改革开放前的社会主义实践探索为改革开放后的社会主义实践探索积累了条件，改革开放后的社会主义实践探索是对前一个时期的坚持、改革、发展。"［见《习近平著作选读》（第一卷），第78页］。我们是唯物主义者，坚持的是唯物史观，离开马克思主义，就是忘了初心，忘了老祖宗。在一个运动的过程中，没有前哪有后，没有后哪有前，这是常识。马克思主义不是唯心主义，而是追求理想的信念和方法，你一丢，就丢了老祖宗，就迷失了方向，失去了前进的动力。

像奴隶社会时期、封建社会时期一样，资产阶级和无产阶级革命产生的生存探索，向本体与意识展示了人类以自我存在认知自我，寻求意识的自由追求，无论是基于个人作用还是基于国家作用，失去平等抑制（激励）必然丧失自由，必然造成绝对权力和资本内卷对本体的伤害。人类从部落时期到奴隶社会时期，从奴隶社会时期到封建社会时期，从封建社会时期到当下进化的过程和结果表明：本体通过意识在与认知场的相互关照中，对生存（自存）有限满足的无限自由追求，失去平等自我抑制（激励），必然产生不平等生存尖锐对立，制约量子引力通过人类大脑，向多样性自存获得自由的自然进化。本体自存吸引力的丧失，反向生存趋利避害本能加剧内卷，刺激意识的自由（平等）追求，无限挤压叠加权力引力，直到形成超过强核力的巨大能量（谨记引力迭加能使恒星坍塌），摧毁阻挡自然进化的任何势力，产生权力效应进行零和博弈，使平等自由运动的空间丧失。所有曾经出现的强大帝国，无不因此而陷入困境，内忧生存外患，外部生存修昔底特陷阱，内部生存塔西佗陷阱，落入它的圈套之中并被它所愚弄，导致内部权力争夺和外部残酷拼杀，走向衰落，给人类当下生存造成灾难。这是不以人的意志，也不以上帝意志为转移的自然法则，是马克思主义唯物史观认知的真理。

人类进化，不仅是人类认知的表面进化，也是量子引力产生人类及其大脑，并通过意识获得更多自存自由的自然进化。部落时代，将生存一分为二，或者通过平等抑制（激励）获得的平等自由运动空间，对我们有形的本体来说，生存与平等或者自存与自由，只能对立生存而不能相互转化，平等追求的自由倾向必须受到有限生存满足的自我限制，或者自存必须制约自由倾向，意识的绝对自由追求的实现，是对本体物质利益无限追求的自我摒弃，对物质衍生的精神价值的无限自由创造。因为我们的本体是相对运动的存在，而相对运动，是能量左右对等居中才能平衡的动态空间，无论我们追求自由平等，还是追求自由生存，是被权力、资本，还是被精神所引诱，都必然产生内卷，都使我们失去本体与意识的平衡与自由失去微观自洽，导致自然心灵的不安、痛苦和不堪。而我们意识的绝对自由空间，只有对精神价值的无限自由创造，才能使我们实现在意识之中的永生，就像那些为了人民的利益忘我追求的老一辈革命家和无数仁人志士，永远活在人们的心中一样，或者像鲁迅所说的那样，有的人死了，他还活着；有的人活着，他已经死了。

我们人类，从平等支撑的自由空间走来，在生存平等的丛林中，艰难探寻意识认知与选择自由生存的极限，增长了智慧，拓展了趋于无限的创造能力。然而我们要获得真正的自由生存，必须告别丛林生存，走向共产主义理想的实践，通过自我革命，像奴隶社会时期否定伟大的部落时代一样，否定奴隶社会时期的伟大创造（即生存平等选择的合作博弈）。因为它使人类的进化灵魂丧失，生出邪恶丑陋的灵魂，造成自然心灵严重伤害。就是说，意识增长的最大智慧，是对绝对自由生存的否定，对人的本质意义的认知。任何理想的追求，首先是自我限制意识对物质利益欲望的无限追求（因为它使我们本体的相对存在与意识的绝对运动产生对抗与冲突），并在意识的无限空间将对本体欲望的满足，带入意识创造精神价值的无限自由空间。而任何时代、任何国家，只有像部落时代一样，通过平等抑制有限生存满足的无限追求，对有限生存不足进行激励，传承平等自由生存的理想，才能从合作博弈走向非合作博弈，才能走向自由王国。国家，不是生存平等的"守夜人"，更不是自由生存的竞技场。它是人类进化灵魂的神圣存在。国家的本质，是统治者通过这个舞台，践行对生存有限满足的自我限制，展现丰富的意识自由无限创造的精神价值，以其人格魅力和杰出才能，产生影响力和带动力，克服权力或者资本对人的异化，与本体一道实现人类文明进步。这是人类服从自然选择，由古老的中华民族创造的本体文明所产生的并为全人类所共有的国家神圣存在的真实价值。否则，人类进化必然向动物世界退化，意识的自由追求，必然使自然心灵坠入地狱而不是进入天堂。

第八章
意识空间的传承

【内容摘要】 人类社会的传承是本体的自然心灵之间，通过意识对自身所处的生存环境相对运动、相互关照的感应感知，形成思想、行为和认知价值的对称确认的代代相传。部落时代，我们的祖先在有限生存严重不足的极限生存环境中，以对纯粹物质利益的扬弃，逆向呈现自然存在的真善美的精神价值；奴隶社会时期，我们的祖先在生存日益满足的非极限生存环境中，以对物质利益的无限追求，逆向呈现人类社会邪恶丑的精神价值。奴隶社会时期，意识选择生存平等、合作博弈，通过相互竞争（或者对抗）形成生存平等的社会环境，发展生产力，构成人类社会的经济基础。部落时代，意识选择平等生存、非合作博弈，通过相互合作，形成平等生存的社会环境，发展生产关系，构成人类社会的上层建筑。它们共同构成非对抗博弈与合作博弈之间的对立生存、相对运动的人类社会生存秩序。合作博弈产生生存效率，是Q企业自组织的功能。非对抗博弈产生公平自由，是Q政府自组织的功能。在相对运动的意识空间，从奴隶社会到今天，东西方分别创造出人类走向美好未来的伟大文明——本体文明与自由文明。两种文明若不抛弃只追求本体物质利益价值，而不追求意识精神价值创造的精致利己主义，它们都将走上追求绝对生存或者绝对自由生存的绝对利己主义，个体将变成生存的奴隶，本体的自我主体地位将丧失殆尽，所有国家将走上合作博弈的制度选择，失去国家神圣存在的本质。人类将永远处于战争对抗与生存尖

> 锐对立的生存环境，失去平等自由生存的机会。我们的未来，离人的本质意义将越来越远，而离动物世界的生存将越来越近。

人类社会的文明进化是认知场效应。意识在与能量场生存与平等（生存）对立共存、相对运动、相互关照中，产生感应感知并连续不断地对称确认进行传承。像自然中所有存在一样，过去传承于当下，未来只能存在于意识的想象之中。当下是从不间断的能量运动时空。它的过去和未来就在当下，人类对过去和未来、曾经和可能而当下并不存在的记忆和思考，乃是当下的人为了更好生存之所需。人们对历史如果持积极有为的态度，就需要从当下的每一步开始，用行动而不只是用思想、用本体而不只是用意识，去认知生命过程的自然意义，体验人的本质意义的无穷价值。期望老祖宗给我们留下现存的幸福，或者按趋利本能，对过去和当下进行评判，这种以丛林生存所持的态度，就是对历史的忘恩负义，对自己的不负责任，是对自身进化的否定。

一、人类社会的传承，是意识在场认知的对称确认传承

人类社会的传承是本体的自然心灵之间，通过意识对自身所处的生存环境相对运动、相互关照的感应感知，形成思想、行为和认知价值的对称确认而代代相传。在这个连续的时空环境中，自然生存的血缘关系（家庭）是传承的主体。它与"近朱者赤，近墨者黑"的生存环境（即家庭的个人生存，构成的人际关系交往和环境交流）共同构成人类传承载体。是人类诞生一直延续至今的人类家庭、氏族部落生存Q自组织。无论生存的环境怎样变化，自然血缘产生的亲情、友情、真情永续不断，并以此为动力，演化出"部落式"生存环境，基于自然心灵，构成合作互利、对立共存的自然选择交往关系。本体的真善美通过意识感应感知，产生人格魅力和行为感染力，成为效

仿的榜样和最值得尊敬、最有威望的人；相反，邪恶丑的本体，则因自我伤害而被鄙视或者孤立，成为自然心灵的过街老鼠。自然心灵通过意识对知行合一的言传身教感应感知，进行趋利避害选择，形成对称确认。本体的身教往往成为对称确认的主导。这种对称确认的认知、判断、选择，并不需要高深的理论指引，也不需要复杂的公式运算，它是自然血缘产生的极其简洁的感应感知能力。长辈教育下一代，怎样获取生存能力、防止害的意识、从善抑恶、尊重他人、孝顺长辈、判断是非、承担责任等，并用自己的行动作出示范，用所经历的事情证明，影响后代对称确认传承。人类社会所有的文化（广义），包括生存环境的习俗、不同的制度、约定俗成的规则等，都由家庭及其生存环境构成的传承载体，基于自然心灵的感应感知、对称确认、代代相传。而被概括为文明的所有有益于人类，对自然世界和人类社会的适应和认知，符合人类趋利避害本能，以及相应的被多数人接受认可的公序良俗、人文精神，都是本体通过意识感应感知，对称确认的认知与选择传承。

人类自然心灵，通过意识产生的对称确认无处不在；其对称产生的确定性，被无数的日常事实所证实，其真实性不言而喻。善有善报，恶有恶报；得道多助，失道寡助；邻里失火，殃及池鱼；木秀于林，风必摧之；千里马常有，伯乐不常有；祸兮福所倚，福兮祸所伏。人类从长期的观察中，对称确认了大量不以人的意志为转移、本体能量运动的自然现象之存在。善与恶、得与失、木与风、福与祸、千里马与伯乐、邻里之间，都是相互存在的相互作用、对立生存的互为因果。人们在交往中，对谁好谁坏、谁真谁假、谁贵谁贱，心知肚明，并形成物以类聚、人以群分的圈子。意识感应感知能力，构成所有人适应生存环境、求得生存的基础能力。即使大字不识一个，一个人依然能依靠这种本能，通过意识与能量场的相互关照，获得并能在不同的环境中自动习得适应环境的生存能力。意识与生存环境之间互相关照，趋利通常成为从环境、各种信息中获得对称确认的主导，并因此产生认知和行为选择。所有文明，都来源于自然心灵的创造，并非意识的自由演绎。凡是在日常生活中，与他们生存的理想及未来息息相关、紧密相连的价值存在，经由自然心灵感应感知、对称确认并传承。反之则被拒绝或抛弃。

因此，按相对运动的观点，理解自身与他人、社会之间的关系，显然比传统的观念，更带有基础性、根本性和确定性。个人与个人、个人与社会之间的关系，用趋利的本能就简单明了。国家以满足个人趋利避害诉求程度区分好坏；个人以满足趋利避害交往的程度区分亲疏。程度判断则来源于自身对称确认。在以追求生存为基本需求的时代，物质利益是意识认知好坏对称确认的重要依据。它同时表达出亲情、友谊、真情等多种精神价值认知，以满足自然心灵的愉悦。与此相对应，过多的占有会刺激他人的欲望，如果用于他人则生出正效应；若毫厘不施则遇到非议。前者为真善美，后者为邪恶丑。这种认知，并非出于人的主观臆断。它来源于生存需要的趋利避害本能。意识不能把趋利避害本能理解成庸俗的利益关系。趋利避害本能，是宇宙所有Q自组织的自然属性，是合作互利、对立共存的自然选择（即非合作博弈），人类交往关系中的基石和自然反映。在当今社会，如果没有趋利避害本能连接，个人与个人之间、个人与社会之间、个人与国家之间的连接就会中断。古今中外、历朝历代概莫能外。趋利避害本能是多种存在。它不只是物质利益的存在。而是基于自然血缘产生、通过物质利益衍生的属于人的本质意义的真实价值之存在。在相对运动的社会空间，物质利益是双重价值。对相对运动的本体，它是满足生命需要的生存价值；而对于绝对运动的意识，它是满足意识需要的精神价值（即老子的圣人之道，见困难上、见荣誉让的奉献品德，也就是物质利益的衍生价值。它从生存环境中产生意识的追求与满足。过去我们学习雷锋好榜样，致力弘扬民族文明的优良传统，后来在物质利益的冲击下，将丧失人的本质意义的追求当成人生的价值追求，一些被物质利益内卷的丑恶灵魂，用各种方式攻击和丑化这种属于人的本质意义、追求人的本性的共同价值观。直到今天，我们的文明被精致的利己主义改造。共同富裕的家国一体的传统被意识错误认定为落后的文明，本体对物质利益的追逐成为自由的信仰，其教训极其深刻）。

在本体与意识的相对运动中，意识的平等自由追求（即摒弃单纯的物质利益的价值追求），是守住本体自然心灵、追求人之为人的本质意义的大门（世界观、人生观、价值观选择与追求），本体生存的有限满足与意识追求的人的本质意义，两者缺一不可。如果将生存有限满足融入意识的无限追求之中，本体被物质利益价值内卷，意识的自由空间就丧失；如果意识被对神崇拜的精神价值内卷，本体的空间就丧失，二者都将使人失去进化灵魂，本体被物质异化，或者被精神异化，或者被权力异化。我们的自然心灵就不能安稳，我们的后代就将被驱赶到丛林进入动物生存。我们愿望的未来将变得渺茫。这正是自奴隶时代以来，东西方社会在相对运动的过程中所产生的真实存在。物质的双重价值，是部落时代通过平等生存、非合作博弈自然选择，物质衍生的精神价值，是意识平等与生存对立生存的进化自由（即意识的空间，是平等与生存对立生存的相对运动）。奴隶社会的生存平等、合作博弈选择，使物质的精神价值丧失，是由本体生存与生存对立生存的进化自由（即本体的空间，是生存与生存对立生存的相对运动）。本体的生存与意识的平等（自由）相对运动，构成本体与意识的最大自由运动空间（中医学主张的阴阳平衡，是本体与意识相对运动的平衡，即实现心理活动的安定与愉悦，以保持大脑神经系统的正常运动）。部落时代，我们的祖先在有限生存严重不足的极限生存环境中，将有限物质用于存活更多生命，对纯粹物质利益的扬弃，逆向呈现自然存在的真善美的精神价值；奴隶社会时期，我们的祖先在生存日益满足的非极限生存环境中，对物质利益的无限追求，逆向呈现人类社会邪恶丑的精神价值。意识对二者的对立生存，认知了物质的双重价值。无限追求并占有，使自然心灵变成邪恶丑；无限追求并奉献，使自然心灵变成真善美。它是本体与意识获得自由的双重价值存在，也是量子引力通过自然血缘产生多样性自存、获得自由的生存空间；是人类社会一直持续到今，识别自然心灵的自然标准。意识认知没有必要将其外化为与自然不同甚至相对立的价值存在，更不能把物质利益看成是趋利的唯一追求，否则，人类将失去人的本质意义，伤害本体与意识的自由。因此，意识的空间传承，是对物质存在的双重价值对称确认，以满足本体的相对运动与意识的绝对运动，在二者的相对运动相互作用中，获得自然心灵的最大满足与愉悦。也就是说，本体要将物质的双重价值统一于相对运动的过程之中。在生存有限满足之后，意识追求物质利益衍生的精神价值，才能获得人的本质意义。"历史记载表明，人类生来既不爱好和平，也不喜欢战争，既不倾向合作，也不倾向侵略。""文明的到来对人类平等来说，是一种倒退。""各种文明的高雅文化和低俗文化虽然具体内容不同，但基本方面都很相似……农民们有着优越感，认为乡村生活和农业劳动与城市生活和各种职业截然不同，在道德上是善的。……显贵们实际上是靠剥夺农民才过上富裕生活，但他们却把自己的傲慢和专横，说成是由于他们自身的精神品质和道德品质较好的缘故。几千年中，农民不可避免地把显贵们及老爷们的这些看法深藏在心底，变得卑躬屈膝和顺从起来。"自从工业革命以后，随着生存环境的巨大变化，意识的对称确认传承日益脱离人的本质意义，物质利益的诱惑把人们带入困惑之中，使消费者社会正在成为全世界范围内的一种普遍现象，无限制自由追求生存满足的消费者社会成为我们的敌人。"控制消费主义不是个人的义务，而是整个社会的责任……当你在街上开车看见红灯的时候，你会停下来。你不会认为红灯试图限制你的自由，相反，你知道它是在保护你。那么为什么经济学不会有同样的事情？""我们现在既不能做自我欺骗式的乌托邦幻想，也不能做杞人忧天的悲观预言，现在到了对现在的惯例和制度做一个冷静的再评价的时候了，我们应当保留那些行之有效的，抛弃那些不合时宜的——这正是当今全世界正在努力去做的……从而实现培根所倡导的改善生活，抛弃他所反对的卑微目的"（见《全球通史》第13页、第37页、第194页）。

　　本体与意识的相对运动，受到作用力与反作用力的制约。本体的空间增加，意识的空间就被抑制；意识的空间增加，本体的空间就被抑制。二者之间不因为生活于农耕文明之中而减少，也不因为生活于工业文明时代而增加。不因为生活于发达国家而增加，也不因为生活于落后国家而减少。它们之间是相对运动的绝对生存，相互制约。作为自然生存的本体，是生存与生存的相对运动，它产生人类社会的Q企业自组织：生存－生存≤自由有限生存（1-1≤0），是本体基于意识创造生存能力的自由空间，即生存－生存≤产生效率（利润）。意识的选择是生存平等合作博弈，通过相互竞争（或者对抗），形成生存平等的社会环境，发展生产力，构成人类社会的经济基础（这也是我们当下东西方社会普遍存在的生存选择）。意识则相反，它要保持的最大自由空间，是对本体生存的平等支撑并相交的十字空间，必须选择平等才能获得自由空间，意识的选择是平等生存的非合作博弈，通过相互合作，形成平等自由生存的社会环境，发展生产关系，构成人类社会的上层建筑。这也是我们当下社会所有国家存在的平等（自由）理念。宇宙中，非合作博弈产生并制约合作博弈。在自然选择的制约下，非合作博弈是人类社会存在及发展的前提，在此基础上产生的合作博弈，Q企业自组织相互之间的竞争，也必须在一个平等（公平）的秩序中才能完成，否则它们的竞争必然走向对抗，最终进行零和博弈。这也是在我们现在的认知中，社会必须平等或者公平，企业的竞争也必须在公平或者平等的环境下才能进行的自然来源。非合作博弈是非竞争性合作，它产生的收益是所有参与者利益的满足，它是意识在追求创造平等（公平）生存环境过程中产生的共有利益。在这种博弈中，平等的维持与创造是所有参与者的共同行动和共同利益。平等生存选择产生的国家及其职能，政权与资本是非合作博弈，资本满足营造平等（公平）环境，效率满足公平的需要，调动所有人共同创造的积极性，依靠人民的力量。而合作博弈正好相反，它是竞争性博弈，生存的满足是在合作博弈的竞争中，产生的是参与者相互之间非共有的利益。生存平等选择产生的国家职能，是满足竞争的需要，政权与资本是合作博弈，权力以满足维持生存平等为目标，公平满足效率的需要，通过相互竞争来调动所有人的积极性，依靠的是资本的力量（西方国家，都是类似于美国政府与美联储合作博弈的关系，资本的逐利选择主导政权的运转）。这两种博弈，在人类社会共同存在，构成非对抗博弈与合作博弈之间的对立生存、相对运动的人类社会生存秩序。平等生存的国家治理，通过法治对国家权力的有效保障，法治

（权力）调控资源（资本），依靠人民的力量，合作博弈满足非对抗博弈的生存环境需要，以所有人的共同利益为追求目标，平等生存的实现就是自由的价值。生存平等的国家治理，通过法治对国家权力的有效限制，法治（资本）调控资源（权力），依靠资本的力量，非合作博弈满足合作博弈的生存环境需要，以合作博弈参与者的非共同利益为追求目标，生存平等的实现就是自由的价值。平等生存国家的对立与冲突，是权力失去约束，对生存满足无限追求内卷生存的结果。而生存平等国家的对立与冲突，是资本失去约束，对生存满足无限追求内卷生存的结果。权力内卷资本造成的零和博弈，是内部不同阶层的冲突（所谓"塔西佗陷阱"）；资本内卷权力造成的零和博弈，是内部不同阶层的对立，导致的国与国之间的冲突（所谓"修昔底德陷阱"）。合作博弈产生生存效率，是Q企业自组织的功能。非对抗博弈产生公平自由，是Q政府自组织的功能。

人类社会各自相对独立的运动空间，随着西方的崛起、海外扩张，人们自愿或者不自愿地移居到新的大陆。十六世纪是一个重大意义的时代。它标志着地区自治与全球统一之间冲突的开端。到十九世纪，欧洲人在这一全球运动中处于领先的地位。他们在政治上以其强大的帝国、在经济上以股份公司控制了全球，为他们带来文化上的支配地位，并成为人们向往的典范，人们将西方文化等同于文明，并将自己的文明等同于愚昧和落后。西方的霸权不仅被欧洲人、也被非欧洲人认为是理所当然，被唯心主义地认为是人类自由幸福的必然选择。然而正如人类过去的历程，人类的进化跟宇宙所有的运动一样，必须在平等自由的环境中，才能产生多样性自存自由，或者多样性才是自然进化的本性，它遵循马克思主义的唯物史观。欧洲用了四个世纪建立起来的支配地位，仅仅过去了五十年，两次世界大战就使其土崩瓦解。"西方文化不再被认为与文明同义，非西方文化也不再等同于野蛮"，"对于殖民主义者说，西方文化是一种极好的手段、一个使人疏远本民族的工具。通过使一个民族接受西方和美国的价值观，他们便能使该民族服从他们的统治"（见《全球通史》第474页）。我们从两种生存方式选择的对比中，可以看出，十九世纪兴起的共产主义运动，实质是对部落时代人类丧失的意识平等自由空间的寻找。所有社会主义国家开始建立的时候，拒绝西方的文化价值观，不主张市场经济的竞争选择。凡是敌人反对的，我们就要拥护；凡是敌人拥护的，我们就要反对。西方国家将共产主义的平等理想视为"恶魔"，将人类社会的进化定义为文明的冲突，将当下的人类社会看成是东西方两种价值观你死我活的斗争。人们也能从唯物史观出发更好地理解，东方实行民主集中制，西方实行两党（或多党）竞争的所谓"民主"体制，究竟原因何在（因为他们的民主体制是对真正民主的误解，只有马克思主义的理论，才是人类的共同理想，见本书第十章）。

　　唯心主义的传统认知观念，将本体生存的合作博弈与意识生存的非合作博弈，将基于国家的存在及其作用共同创造平等自由的社会生存环境，与Q企业自组织的竞争选择，混为一谈，并将其置于二者必居其一的对立与冲突之中。西方生存平等选择，国家的存在及其作用服从合作博弈，因Q自组织的竞争加剧（资本内卷权力），使生存自由空间丧失，导致意识空间对外的平等（自由）扩展；东方平等生存的选择，国家存在及其作用服从非合作博弈，因平等支撑的生存环境竞争加剧（权力内卷资本），使意识自由空间丧失，导致意识空间对外的平等（自由）扩展。所以人们看到，在当下东西方的对抗中，西方国家选择战争，扩大自由空间，而东方则是在意识中，通过平等扩大自由空间。这是两种文明的不同选择，就像它们曾经在历史的进化中所选择的那样。然而，在相对运动的人类社会，所有合作博弈在失去非合作博弈的环境中，必然走向更加激烈的竞争与对抗，并最终进行零和博弈。如果西方国家不通过平等抑制，扭转资本内卷权力而加剧竞争对立的趋势，拓展本体与意识的平等自由空间，东方国家不通过平等抑制，扭转权力内卷资本而加剧竞争对立的趋势，拓展本体与意识的平等自由空间，且所有本体仍然希望，在合作博弈丛林生存的竞争中，追求有限生存的无限满足（即物质利益的生存价值），而不是追求意识的平等自由（物质的精神价值），无论是东方，还是西方，必然走向内部的对立与外部的对抗，最终进入零和博弈。人们所有美好愿望的实现，只能像过去一样，在作出无畏而巨大的牺牲之后，从头再来。而二者的拓展，就是实现人的本质意义，通过本体对生存有限满足的自我限制，或者对生存有限满足不足的激励，追求物质利益的精神价值，使意识的自由空间得到拓展和满足的相对运动的过程。显然东方中国的平等生存选择所形成的国家治理，相较西方具有明显的体制优势。它不但可以集中力量办大事，更能够在党的统一领导下，形成中华民族，特别是广大共产党员的价值观认同。因为，它追求的是全体人民的共同利益，它战胜一切困难的力量源泉，都蕴藏在广大人民的平等自由生存的理想之中。相反，西方国家的力量则来自资本，它不符合人的本质意义，正如马克思主义的预言，终将被无产阶级被迫进行的零和博弈所推翻，或者因内部的尖锐矛盾无法克服而自动退出历史舞台（见本书第十章）。

　　在意识空间的认知与传承中，唯心主义的传统观念认为，西方世界是动态的、不断进步的社会，而东方社会是一个静态的、停止不前的社会。从相对运动的视角来看，现在我们肯定的一面，正是要否定的一面，反之亦然。如果我们把当下人类放在一个意识空间，就会看到，在生存与生存（平等）相对运动的自由空间，西方国家依靠资本的力量追求的是生存的满足，获得更多资本是自由的必然追求，意识的自由被本体的生存追求内卷，意识的平等自由空间因本体生存空间的萎缩而抑制。这是西方哲学不断在意识中从批判走向批判的根源，也是西方创造近代一切文明成就的根源。它是本体的生存内卷通过意识的对立反映，或者是本体生存空间萎缩与意识自由空间的分裂。相反，平等与生存相对运动的自由空间，国家依靠的是人民的力量（自然引力的平等或者平衡运动），追求的是生存的满足与自由，它是本体与意识相互作用、互相联系的自由空间。自由空间的威胁，是人们不能实现圣人之道、天人合一、知行合一，统治者德才不能兼备，所有人追求生存欲望的无限满足，权力同样被生存内卷的长期困惑，与统治者争夺权力，从合作博弈走向零和博弈，成为东方获得自由或者失去自由的焦点。显然，平等与生存相对运动的自由空间，争取的是本体与意识的自由空间的平衡和拓展，而生存平等相对运动的自由空间，争取的是本体生存被制约，诱发的意识与本体争夺平等自由空间的拓展。丛林生存对权力与资本内卷效应的驱动，使它们都走向了反面。西方的意识空间和东方的本体空间都被内卷。主导西方的价值观选择，它的自由空间造成本体平等生存的空间萎缩（即自由空间的丧失，下同），而主导东方价值观选择，它的自由空间造成意识平等自由空间的萎缩。在一个全球意识的大空间，东西方的价值观不是对立与冲突，而是生存与平等或者自存与自由相对运动的最大空间。在这个空间中，人们选择生存平等，本体自由生存必然丧失；人们选择平等生存，意识的自由空间必然丧失。它们都是对立运动的对立转化反向生存。因此，人类必须走出丛林生存，必须回归人的本质意义，人类社会才能有美好的未来。这正是几千年以来，"三圣"共同反对的权力和利益贪婪，寻找人的本质意义的自然现象，是马克思认知并主张的共产主义觉悟和唯物史观的科学认知。

霍金对唯心主义的传统十分忧虑，他指出："整部科学史是对事件不是任意方式发生，而是反映了一定的内在秩序的逐步的意识，这秩序可以是，也可以不是由神灵主宰的。""以寻根究底为己任的哲学家不能跟得上科学理论的进步。在18世纪，哲学家将包括科学在内的整个人类知识当作他们的领地……然而在19世纪和20世纪，科学变得对哲学家，或者除了少数专家以外的任何人而言，过于技术性和数学化了。哲学家如此缩小他们质疑的范围，以至于连维特根斯坦——这位本世纪最著名的哲学家都说道：'哲学仅余下的任务是语言分析。'这是从亚里斯多德到康德以来哲学的伟大传统的何等堕落啊。……然而，如果我们确实发现了一套完整的理论，它应该在一般的原理上及时让所有人（而不仅仅是少数科学家）所理解。那时，我们所有的人，包括哲学家科学家以及普普通通的人，都能参加为何我们和宇宙存在的问题的讨论。如果我们对此找到了答案，则将是人类理智的最终极胜利——因为那里我们知道了上帝的精神。"（见《时间简史》第115页、第156页）这就牵涉人类文明的根本选择，它们都是与自由空间被限制相对产生的文明，如果用意识的自由追求满足本体的生存欲望，只能继续丛林生存，人类将离天堂越来越远，所有人的理想都将化为乌有。只有追求本体文明，把本体的相对运动与意识的绝对运动统一起来，通过每个人对人的本质意义的实现，才能获得美好的未来。这就需要当下人类，以本体与意识相对运动的平等自由空间的拓展为根本方向，相互借鉴，共同改造和提升东西方的文明传统（见后述）。

东西方两种生存方式选择，是本体与意识平等自由空间丧失的必然结果，而非唯心主义认知的价值观冲突。从奴隶社会以后，在意识平等自由空间，对国家存在及其作用的认知与选择，是从相互竞争走向全面比较、互相借鉴，而不是持续对抗的相对运动过程，是马克思主义预言的人类社会丛林生存时代的终结，属于人的本质意义追求时代的开始。国家存在及其作用，通过法治在权力与资本之间所作的选择，意识认知了产生的后果。平等生存的国家治理权力内卷资本，是限制意识自由空间的敌人；生存平等的国家治理资本内卷权力，是限制意识自由空间的敌人。在两种国家治理方式的比较中，东方从西方认知民主的本质，找到法治限制权力内卷的借鉴；西方从东方认知国家的本质，找到完善法治、限制资本内卷权力的借鉴。人类社会从合作博弈走向零和博弈、反复不断的恶性循环，是对生存有限满足的无限追求的必然，也是国家失去平等抑制，使生存有限需求不能满足的必然。这正是"三圣"寻找人的本质意义的根源。因此，在国家支撑的生存环境中，意识空间的在场认知与传承，不是唯心主义的观念选择，而是本体在场的相对运动的对称认知、选择与传承，是与意识的选择与本体的行动相对运动、实践并创造的过程。

二、意识空间对人的本质意义的纯粹理性认知

平等生存，意识空间选择的是人类社会非合作博弈的生存环境。孔子曾描绘的理想生存环境是："大道之行，天下为公，选贤与能，讲信修睦。故人不独其亲，不独其子，老有所终，壮有所养，矜寡孤疾皆有所养，货恶其

弃于地，不必藏于己，力恶其不出于身，不必为人。是以奸谋闭而不兴，盗窃乱贼不作，故外户不闭。谓之大同。"(《孔子家语》）而与其相对的是"大同"之前的"小康"之世。稍后出世的柏拉图，提出了消灭私有制的《理想国》，康德则提出了建立世界公民和国家的理想。西方由于生存平等的选择，使他们必然走向竞争与对抗，进而使本体的平等（自由）空间丧失，认知为是对自由的威胁。相反，在他们的意识中，维持生存平等是自由的本质所在。他们将国家作为产生非对抗博弈生存环境，是获得自由的前提，认知为是对自由的威胁。马克斯·韦伯认为，国家只有在发生战争的时候，才能发挥其作用（参见他著的《社会科学方法论》）。他们的意识被禁锢，无法从国家存在及其作用中找到实现平等自由的任何理想。从苏格拉底提出打破思想禁锢（即神的崇拜的禁锢），到柏拉图对现实存在的彻底否定（所谓的"洞穴"），培根提出知识就是力量，笛卡尔提出精神，康德提出道德信仰，黑格尔提出绝对精神，直到弗洛伊德提出本体的整体性，荣格提出意识的整体性，西方世界在意识中、东方世界在现世中，追求圣人之道、天人合一、知行合一，意识在与生存环境的相对运动、相互关照中，从奴隶社会时期向封建社会时期过渡之后，一直在艰难寻找人的本质意义到底是什么和人的本质意义到底怎样实现。不过，西方站在绝对自由的立场，继承奴隶时代的生存平等选择，它们所寻找的人的本质意义，是本体与意识南辕北辙的对抗与分裂。

  意识空间虽然具有无限的想象力，但它所产生的一切自由认知，如同逆向生存自由一样，是意识在与生存环境、生存与平等相互关照和反观自照的逆向生存，而不是意识的自由选择。随着物质的增加，生产力的提高，人际交往及生存环境逐步发生改变，特别是获取食物和占有方式的巨大变化，生存现状的反差扩大，血缘亲情维系的平等、自由，自然存在的真善美，被少数人的权力和利益追求所改变，逐步扭曲为社会现实中邪恶丑。现实的存在使物质的双重价值变成了纯粹的物质利益，由此使人的存在被物质利益的追求异化，意识的平等自由创造的精神价值空间丧失。美好的部落生存变成了黑暗的奴隶时代的延续。意识将部落时代对物的寻找，转向对当下社会现实为什么的反思，将"是什么"的对称确认，转向"为什么"的自我思考。这种转向，开启了意识不是对存在而是对存在之存在，从现实生存中对人的本质意义，进行纯粹理性认知的非对称确认时代。在这个时代中，所有纯粹理性的认知思考，都是聚焦于意识获得平等（自由），不得不依赖量子引力的作用，依赖这种作用又不得不在国家支撑的生存环境扩大意识认知与选择范围，以获得本体与意识的更好生存。而现实的生存不平等与意识平等支撑的自由空间反差巨大、悖论生存，本体丧失了（或者不能实现）自我主体地位。纯粹理性认知，将自然秩序变成人类秩序，在丛林生存、合作博弈的生存选择中，人们拷问人之天性到底是什么？人生的目的和意义到底是什么？它的矛头所向，表面上是针对人生意义，实质是针对生存平等，造成平等丧失的社会存在，是由本体生存（自存）主导的意识追求平等（自由）空间的认知与选择。

奴隶社会时期，国家的产生使意识（神经元）暴涨之后，生存趋利内卷日益明显，权力引力（即量子引力）作用日趋扩大，生存平等使人们失去平等生存的自由。奴隶制国家绝对权力产生的生存（财富占有）效应，在张扬自身存在的过程中，不平等（或者平等）抑制（激励）的作用走向反面。奴隶主奴役他人的无限渴望与追求，奴隶想像奴隶主一样奴役他人的无限渴望与追求，严重伤害自然心灵，造成整体性人格的自我扭曲和自我主体地位丧失。它反向生成意识自由，与国家存在之间的对立——信奉国家绝对权力，追求平等生存理想，必然以本体的权力丧失为前提；信奉个人绝对权力，追求生存平等理想，必然以本体权力的绝对维护为基础。这正是纯粹理性认知悖论产生的根源。它是由权力引力（自然引力），通过意识与生成它的能量场对立生存、相互作用，由绝对权力反向生存的奴役他人，或者被他人奴役（奴役心态），失去自我主导能力，在意别人如何看待自己，或者伪装自己不让别人在意，非自我主导、脱离自然法则，被动追求生存满足，丧失意识平等自由空间的认知场效应，也是一直延续到今天的奴役心态来源。自然心灵失去了对真善美的坚守，产生了邪恶丑的空间，使整体性人格产生分裂、受到伤害。意识趋利避害本能，与绝对权力对立生成的纯粹理性认知，是对真善美与邪恶丑的认知与选择，是意识摆脱因自存与自由倾向分裂产生的绝对物质利益追求，被生存奴役或者被自由奴役，寻找自我主体地位和人的本质意义的认知与选择。

"三贤"无限拓展的理想生存，使西方意识的自由运动空间，成了本体自由选择对立相生、无限多种对立参照物的自由认知与选择空间。每个本体的意识都是一个自由认知与选择空间。各挖各找，不断地上下左右拓展，无限延伸，挖着挖着，越挖越多，越挖越不对劲。但他们不认为是不对，而是认为挖得不到位，深度还不够。何以见得呢？亚里斯多德不是说思考和觉醒的能力吗，我们思考得那么多，《理想国》没有找到，黑暗现实却跑来祸害人了。啥时候才能找到，或者到底怎样找到，它有还是没有，总得有个边。

培根坚决反对意识脱离现实的传统观念和信仰，从根本上批判自古希腊以来重道德、政治和神学的学术传统，批判亚里斯多德的思辨哲学为无实际用途。认为，自古以来，从没有人认真地借助于一种试验程序，从感官出发开辟一条人类理解之路。传统的观念既不能发现原理，也不能穷究原理。哲学一旦和使它发育成长的经验隔离开来，就变成死东西。提出唯物主义经验论的基本原则，认为感觉是认知的开端，是一切知识的泉源。他热情地赞扬科学革命的潜力，同时，希望用"人性和善"来引导（即西方当下现实社会，因生存平等选择的丛林生存，单纯追逐物质利益，对人的自然心灵的伤害）。培根主张，从科学认知中，改变西方世界的不平等生存，并在认知科学中实现人的本质意义（见《新工具》）。笛卡尔生活于大小战争持续不断的年代，他参军的第二年就爆发三十年战争。落后的法兰西，民族陷于愚昧与无知之中，那些自以为不是平民百姓的人，也不例外。资本主义与封建专制矛盾尖锐，使他处于既反对专制又反对神学统治，要求发展科学、发展资本主义，而又在政治上同封建贵族相妥协、思想上同天主教会相妥协的矛盾之中。他提出普遍怀疑论，认为世界上根本就没有什么可靠的东西是真实的，"我"是既怀疑又有缺陷的东西，不完满的"我"产生比较完满者，是不可能的，只有上帝是完满的；主张打破思想禁锢，我思故我在。他提出，凡是我十分清楚极其分明地理解的，都是真的。我是精神的（意识）又是肉体的（本体），精神不可分，肉体可以分割。期望以精神为基础，构建寻找人的本质意义的新体系，而他所追求的精神，就是对人的本质意义的寻找（详见《第一沉思录集》）。到了康德的时候，他看到意识自由选择的问题，提出了所谓纯粹理性认知悖论，即二律背反（白马非马）。他发现，同一个现象或者问题所形成的认知，虽然各自成立，但相互之间矛盾。他提出了很多二律背反。比如关于自由：正题，世界上存在自由；反题，世界上不存在自由，一切都是必然的。再比如关于基本粒子：正题，世界上的一切都是由单一的不可分的部分构成；反题，世界上没有单一的东西，一切都是复杂的和可分的。他先后写了《判断力批判》《实践理性批判》《纯粹理性批判》，揭示形而上学陷入困境的根源——人类理性追求无条件东西的自然倾向，使意识的绝对自由选择陷入相互矛盾。他认为，要通过道德信仰为追求无条件东西设定限制。通过科学认知自然，通过理性认知人性，通过宗教认知信仰，寻求建立世界公民、世界国家，以消除这种"自然倾向"。他对各种不同的观点进行调和和综合，构建了批判哲学体系（他的一些观点被告蔑视基督教教义）。康德发现人类理性追求无条件东西的自然倾向，正是构成意识绝对运动的平等与生存对立生存、相对运动，失去进化灵魂的自然现象，而所谓道德信仰（人生观），就是人类失去的进化灵魂或者人的本质意义。

　　黑格尔将人类创造的文化、艺术、科学等各种形式的思想和精神产品，归结为精神现象，并认为，法律是国家权力的表现，是国家在社会中施加控制的手段，法律的本质是自由的体现，是在实践中逐渐实现人类自由的过程中发展起来的。法律和道德相互联系，道德是法律的基础和前提（所谓道德，就是进化的灵魂，或者人的本质意义）。他认为，宇宙是一个自我转化的整体，一切事物都是由相互矛盾的对立面构成，这些对立面在相互斗争中，产生变化和发展，最终实现历史进步和人类自由。由此，他提出矛盾运动的三大规律：即对立统一规律、量变质变规律和否定之否定规律。在人类社会与自然界，在本体与意识的相对运动中，对立统一规律，既是宇宙非对抗博弈的相对运动现象存在，也是自然界与人类社会、本体与意识非对抗博弈的相对运动。量变到质变规律，既是宇宙合作博弈、促进进化的相对运动现象存在，也是自然界与人类社会本体与意识合作博弈、促进进化的相对运动。而否定之否定，既是宇宙合作博弈必然走向零和博弈的反映，也是自然界与人类社会、本体与意识合作博弈必然走向零和博弈的反映。他认为，宇宙存在着绝对精神，它先于自然界和人类社会，是永恒存在着的实在，是宇宙万物的内在本质和核心，万物只是它的外在表现。显然，它所认知的绝对精神，就是产生宇宙相对运动存在、人类社会相对运动存在，在非合作博弈的基础上（或者制约下）的对立统一相对存在并相对运动的规律。对人类而言，就是人的本质意义——对生存有限满足的自我抑制，对意识无限自由创造的精神价值追求。他不但提出了国家是神圣存在的，而且也认知了法律的本质是创造自由，或者说自由来自意识对国家法律的追求与创造。

弗洛伊德从本体人格的整体性出发，提出本我、自我和超我，本我是本体的相对存在（像动物一样）；自我是意识与生存环境相对运动、相互作用的存在；而超我则是意识的绝对自由运动的存在。他认为，自我属于大部分有意识，负责处理现实世界的事情，遵循现实原则；自我是永久存在的；而超我和本我又几乎是永久对立的，为了协调本我和超我之间的矛盾，自我需要进行调节。如果自我无法调节这种矛盾，就会因内在冲突的不断加剧，造成各类心理问题。他与黑格尔的研究是不谋而合的。在本体与意识之间，必须遵循对立统一的相对运动，即二者之间的平衡。他从性心理方面，探讨潜意识与价格理论、本能论、焦虑与心理防范机制和社会文化理论，对人的自然属性、社会属性和精神追求的本质进行了广泛的研究。但他从本体研究意识的活动，强调性的作用显然带有片面的。因为意识的任何活动，必须是相对运动的对立生存，运动本体及相互之间必须平等（平衡）制衡。他的研究，正是西方世界的生存选择，在长期的合作博弈中对本体和意识造成伤害的现实存在。虽然它是量子引力的运动，隐而不现，但在人们的心灵深处，它真实地存在着。就像我们在日常生活中，长期处于高度紧张的竞争环境生存一样（见《梦的解析》《性学习三论》《精神分析引论》）。荣格研究意识的精神世界，提出人格由意识、个体潜意识和集体潜意识三部分组成。他认为，集体潜意识，是从祖先那里传承下来的（显然，它是本体的自然血缘传承产生的、意识相对运动的非合作博弈选择的自然生存），是心理原型。他认为，人心不同，各如其面，但在这种不同中，我们却可以找到若干共同点（而这个共同点，就是量子获得多样性自存自由的自然存在）。而个体潜意识，则是本体的相对运动的合作博弈选择的自然生存。它是一个经验的储存库，容纳了所有与意识自我不协调的心理活动和心理内容。它的一个重要特点，就是以情结的形式表现出来，如自卑、性、金钱、权力、完美等情绪，心灵被某种"心理问题"强烈地占据了，使其无法思考其他任何事情，而自己却没有意识到。产生情结的最深层次根源是集体潜意识，意识的非合作博弈的相对运动，对本体合作博弈选择的必然制约，是本体与意识之间的相对平衡与制约（详见《荣格文集》）。斯宾格勒认为，西方渡过了文化创新的阶段，进入反省和物质享受，不可避免地走向没落和灭亡，即追求生存无限满足的合作博弈，本体的生存相对满足使意识的平等（自由）空间受到抑制（详见《西方的衰落》）。按"三贤"的认知指引，如何从意识的自由选择与自然、社会及其个人的相互关照中，寻找自我进而确立自我主体地位，追求人的本质意义，一直是西方人的苦恼。贝克大主教听说牛顿信奉绝对物的存在，他很不高兴，就请人带信把他的见解告诉牛顿。生气的牛顿，则用脚狠狠地踢了一块石头，并说，我要这样来回答他。显然，牛顿的见解有否定意识追求绝对个人自由的倾向。

西方人对问题的执着追求，正是他们今天取得辉煌成就的本钱。黑格尔写那么厚一摞书，朝思暮想，寝不安席，挖了一辈子，就是为了找到"绝对精神"。这在我们常人来讲，很难做得到，甚至连想都不敢想。结果怎样，吃力不讨好。波普尔提议人们用莎士比亚的"这个疯言疯语，没头没脑的东西"这句话，作为黑格尔的箴言，说他的辩证法如此廉价，以至于任何人都可以像阿Q那样辩证起来。说他"起初是知识上的不诚实，后来是道德上的不负责任，甚至出现一个被夸大其词的魔法和隐语的力量所控制的新时代"。为了骂到位，他把柏拉图、亚里斯多德这些老祖宗都带上了。波普尔为啥要这样？他说黑格尔的东西信奉国家权力，伤害个人自由。他主张"国家即一切，个人什么都不是""他把一切都归于国家，包括他的肉体和他的精神"。因为黑格尔说"国家是神圣的理念……，我们必须把国家视为神在尘世的显现来崇拜"，"如果理解自然有困难的话，那么把握国家的本质就更比登天还难……，国家为了自己的目的而存在，是现实的存在，实现了道德的生活"（显然，柏拉图、康德、黑格尔都意识到西方生存平等的追求，需要国家存在及其作用对平等的抑制（或者激励），尼克松、哈耶克等西方不少政治家和思想家都有类似的看法（见《通往奴役之路》《真正的和平》）。黑格尔这样一说，国家的道德权威，就否定了一切个人的道德和良知。与黑格尔将国家视为神圣存在相反，波普尔是在意识的绝对自由追求中，将国家的存在及其作用，看成是伤害自由的"敌人"，他与黑格尔的认知没有本质的不同，都是对自我主体地位的关注。一个倾向于国家对自由的作用，一个反对国家对自由的限制。波普尔说黑格尔那个绝对精神，就是沽名钓誉、追求权力的需要搞出来的（黑格尔是拿破仑战争后，封建时期被指定的普鲁士主义首位官方哲学家）。说他的哲学就是邪恶的理念（见《开放社会及其敌人》）。显然，无论是从存在（自存）的立场，还是从存在之存在（自由）的立场，从柏拉图到黑格尔，都倾向于对追求无条件东西（自由倾向），造成本体与意识自身悖论的限制，或者是在寻求对意识无限自由追求的否定之否定，目的是使本体获得自由，或者不伤害意识的自由，实现人的本质意义。用相对运动的观念观察西方世界，他们的意识是沿着理想的生存而上下求索，它必须以意识自由思考为前提，而又必须与本体的相互关照为基础，从未知开始，由点到面向前延伸，他们的生存平等、合作博弈选择，导致了本体对意识平等空间的自由拓展。西方人在悖论中不懈追求，与其说是"三贤"的认知价值，不如说是对意识绝对自由的坚守。他们在自由选择中追寻，也在互相批判与被批判中保持自由。康德提出的追求无条件东西的自然倾向，即意识的绝对自由追求，造成本体自存与意识平等（自由）的对立与分裂（即不能通过国家改变生存平等带来的不平等生存、进而抑制合作博弈造成本体自由空间丧失的现状，与意识平等自由理想的无限延伸之间的对立与分裂），始终是他们无法摆脱的桎梏。传承的是奴隶制时代，意识自由不受存在（或自存）制约，丢失灵魂，意识在对人的本质意义（整体性人格）的寻找上陷入自相矛盾的困境。或者失去了部落式平等抑制（激励），本体必然失去进化灵魂，造成整体性人格的自我伤害，即不是基于对生存有限满足的自我限制，而是无限追求生存欲望的满足，失去对意识精神价值的追求与满足，必然在寻找自我中丧失自我。是意识向本体自存内卷的认知场效应——实现人的本质意义，来自每个人意识觉醒与思考的能力（进化灵魂的自我守护或者自我修身的自觉）。

古老的东方，从"三圣"开始，像西方一样，在一个相对运动的人类社会，一直进行着对人的本质意义的艰难寻找。按"三圣"的指引，如何从意识的自由选择与自然、社会及其个人的相对运动、相互关照中，寻找人的本质意义，进而确立自我主体地位，同样是东方人的苦恼。不过，"三圣"提供的方法，是把人们引向意识的统一方向的寻找与拓展、与意识自由认知与选择之间的对立生存，它寻找不是人的本质意义，而是人的本质意义为什么不能实现。它的生成与他们的生存理想一样，在统一的价值观指引下，通过意识与存在的平等观察，从面到面，从外表到内心，在意识与本体、理想与现实的相互关照中，寻找理想的生存。像西方的意识认知无法打破生存平等是自由的前提、平等生存就是对自由限制的禁锢一样，他们在平等生存就是人的本质意义的追求中，将生存平等看成是对人的本质意义的否定。被存在制约的意识认知逐步演变成摆脱存在制约，走向西方"三贤"的认知方法，即回到了人的本质意义，必须来自本体的意识觉醒和思考的能力的提升与反思（自我修身的自觉），而不能只来自统一的对人的本质意义的认知与选择。他们的追求不是意识自由的内在生成，而是对外部理想为什么不能实现的对称寻求。它与其说是为了意识的自由生成，不如说是寻求意识自身的统一。意识空间的平等生存、非对抗博弈的选择，与本体生存空间生存平等、合作博弈的选择，使本体与意识处于相互的对抗与分裂。或者失去了部落式平等抑制（激励），本体必然失去进化灵魂，造成整体性人格的自我伤害，即不是基于对生存有限满足的自我限制，而是无限追求生存欲望的满足，失去对意识精神价值的追求与满足，必然在寻找自我中丧失自我。同样是意识自由向本体自存内卷的认知场效应——实现人的本质意义，来自每个人意识觉醒与思考的能力（进化灵魂的自我守护或者自我修身的自觉）。

在一个道法自然的相对运动空间，东方意识所追求的支配这个运动的根本，是老子提出的圣人之道——为而不争，大音稀声、大象无形，追求人的高尚品质（或者以意识的精神价值追求为满足）——这个道是万事万物的本性。孔子则提出仁道：仁者，人之本性（克己复礼的内在品质，本心），仁是良心，是核心，是人之所以为人的根本。即仁者爱人、己所不欲勿施于人，为仁由己、天下归仁，能行五德（恭、宽、信、敏、惠）于天下，为仁矣，施仁道，行仁政，"我欲仁，斯仁至矣"。他认为，抑制生存环境的利益内卷诱惑，找到自然心灵的自我存在，实现人的本质意义是很难的，自己最得意的门生颜回，只能做到"三月不违仁"。尽管如此，"朝闻道，夕死可矣"，任何人只要朝夕不懈地闻道，便可得道或者仁（详见孔子《论语》）。像他们生存的理想一样，意识认知受到平等生存的制约，而认知平等，需要通过平面观察发现问题，通过主观思考作出判断，并对存在给出选择。它的目的是将客观存在改变成与主观认知相符合，或者说给社会的存在提供意识的认知价值。所有认知选择都聚集于平等生存的理想，或者人的本质意义怎样实现，或者为什么不能实现的探索。与西方从意识之中各自自由寻找什么是人的本质意义不同，东方寻找的是怎样实现人的本质意义——圣人之道或者仁道。

孔子在记述《春秋》时，就对社会、人及事以简练的语言，暗含了他的价值判断，后人称之为"春秋笔法""微言大义"。吕不韦主持编撰《吕氏春秋》,上应天时,中察人情,下观地利,坚持无为而治,用儒家理论定位价值,吸收墨家的公正观念、名家的思辨逻辑、活动家的治国技巧,加上兵家的权谋变化和农家的地利追求,形成国家治理学说,提出"制不修故则多责,事不须时则无功"的深刻见解(从对社会存在的现实关照,追求平等生存的理想,统治者怎样行仁政)。司马迁在编写《史记》时,抑刘褒项,暗含他对传统价值、圣人之道的坚守,对避免社会从合作博弈走向零和博弈的立场与态度。贾谊在《过秦论》中对秦朝灭亡的总结,就是平等观察,对统治者不行仁政的认知结论。北宋政治家司马光认为,平等生存的理想社会之所以不能实现,是历朝历代的吏治腐败,官吏盛行小人之道,追求生存欲望的无限满足。通过大量的史料研究,对如何实现圣人之道,提出首选德才兼备的圣人(这种人实在太少),其次是德胜于才的君子,再次是无德无才的愚人。而对于有才无德的小人,即使有天大的本事,也不能用。因为这种人无德,本事越大干坏事的能力越强,对朝廷威胁越大。而所谓德才兼备的圣人,就是知行合一、行仁道者。所谓"德"就是本体的良心,所谓"才"就是意识认知能力。主张以德为本,即以自然心灵的真善美为本,主导意识的认知与选择,实现自我的整体性人格(详见《资治通鉴》)。程朱理学,将佛教、道教、儒学发展为理学,以探讨世界本质。认为"宇宙受自然法则的支配,相信人的善良及其完整性,把人比作一面落满灰尘的镜子,一旦抹去灰尘,将和过去一样明亮。邪恶是疏忽和教育有缺陷的结果,是可以纠正的"(见《全球通史》第264页)。提倡"君子之学,必先明诸心和所养"。主张天人感应。应天道,行人道,尽天理,灭人欲。天理乃三纲五常,人欲则是私心,提倡"格物致知,明本末"。"本"就是本体的相对运动存在,"末"就是意识绝对运动存在,主张以本固末或者以本抑末,使真善美的自然心灵彰显,灭掉邪恶丑的人欲私心,实现自我的整体性人格,就是人的本质意义——对生存欲望无限满足的自我限制,对仁者之心的自我张扬(即人生的本质意义,是实现意识的无限自由的精神价值追求,而不是意识对生存欲望的无限满足)。

1506年，王阳明因反对太监刘瑾而遭流放。他在隆昌安静而艰苦的环境中，结合自己多年的遭遇，在苦恼和痛苦的陪伴之下，日夜反思，终于在某一天的午夜，悟出了"圣人之道自足，悟性自足，向之求理以事物者误"。所谓"以物求理者"，以关照现实产生的生存之理想的求索是不对的。他认为，人在成为圣人的过程中，只需从自己的内心真善美中寻找力量，寻求人生的本质意义。内心足具一切，无需外求。或者说，他认为，本体的意识在与外部的相互观照中，寻求认知与选择，现实的存在必然与人的本质意义相矛盾，而这种认知与选择，必然导致自然心灵被扭曲，进而失去人的本质和力量（荣格的个人潜意识与集体潜意识的相互形成及相互制约）。这就是人们所熟知的隆昌启蒙运动（龙场悟道）。为什么是启蒙呢？因为他终于明白，生存的理想生存是很难的甚至是无解的，人们必须依靠自我觉醒的能力，依靠自己的内心，闻道、行道。人们必须转变想法，把对外部生存理想的追求，转向自身理想的生存，从人的本质意义中追求生命的价值。他倡导"心外无物、心外无理、心外无事"，要打破一切思想桎梏，把物、理、事统统放在一边，让意识自我觉醒，自我修身，知行合一，践行仁道。就是慧能的看法："菩提本无树，明镜亦非台，本来无一物，何处惹尘埃。"他就比程朱理学"身是菩提树，心如明镜台，时时勤拂试，勿使惹尘埃"（神秀语），向意识的自我认知与追求迈进了一大步。他提倡知行合一，要个人按自己的真心去做事。"格物致知"要"致良知"，按良心做一个内心强大的人。从灭人欲到致良知，可以看到王阳明对理想的生存愿望多么的强烈，对统治者说一套做一套，玷污真善美自然心灵是多么痛恨（即意识的自由选择与本体的分裂形成的双重人格。谨记作用力与反作用力成正比，相对运动与绝对运动不相同，以上详见《王阳明大全集》）。王阳明的心学，是基于自然心灵的意识认知与选择，是对人的本质意义的追求，是本体真善美具有的无限魅力和无穷力量，显然具有无穷的认知价值。张居正、曾国藩、梁启超、章太炎、西乡隆盛、稻田和夫等无数中外名人都受到影响。饱读经书的曾国藩通过《家训》，教育他的后代怎样提高个人能力和修养，获得理想的生存。杜维明则说，二十一世纪将是王阳明的世纪。他的意思是，一个基于自然心灵的本体，实现意识自由的时代到来，必将为个人创造能力的提升和发挥提供无限的可能。而一个强大的内心，来自本体的意识，获得的自我主体地位或者人的本质意义。

到了民国初期，早年跟随孙中山参加辛亥革命的熊十力，痛感时下人无法做到知行合一，"党人绝无在身心上做工夫者，如何拨乱反正"？退而研究为什么。他说："人谓我孤冷，吾以为人不孤冷到极度，不堪与世和谐与平等"。主张仁道之尊，当仁不让于师，在真理面前老师说得不对，学生也要坚决拒绝（在追求真理面前，人人平等的整体性人格）。他渴望将"我注六经"变成"六经注我"，批判胡适全盘西化的主张，认为胡适由意识主导本体做出的认知与选择，不符合仁道之尊（即不符合本体自然心灵的真实选择）。胡适的搞法又是一道捆住个人之尊的绳索。他就是个糊涂虫（显然，胡适对西方的追求是盲目的，他从表面现象看到西方存在的一面，而没有看到相对运动的西方社会存在的另一面）。面对科技理性的膨胀、人文价值的丧失、新科技意识的危机、生命本性的困惑等诸多问题之存在，他沿用佛学之法潜心研究王阳明心学，反观自省寻求本体自由与意识自由之间的镜像对称。他以探寻宇宙人生的本源为己任，认为仁者本心也（王阳明的内心、人的本质意义），即吾人与天地万物所具之本体也（即宇宙相对运动、对立统一的根本规律），他终于将王阳明的"心外三无"的界限，扩展到了意识认知自我的极限空间——宇宙。像历代的思考者一样，他们共同找到了实现人的本质意义，不是来自条条框框的束缚，而是来自本体意识的自我追求，来自自我的觉醒与思考，来自自我的修身与自觉。熊十力与黑格尔殊途而同归。他将孔子仁道意义，即生命的价值定义为人的本质意义和宇宙的共同本质。显然，中华民族的生存选择，从意识与现实的相对运动、相互作用的反观自照中，同样认知了平等生存的理想为什么不能实现，是因为人们失去了人的本质意义——对生存有限满足的自我限制，对意识无限自由的精神价值追求。回到了西方"三贤"的认知主张——人们依靠纯粹思维，即可找到所有制约宇宙的定律。而这个定律，就是相对论产生的宇宙相对运动的共有本质——对立统一的相对运动，是自然选择对本体与意识相对运动的必然制约或者是自我对自然心灵的自觉守护。他同王阳明一样，寻求的是理想的生存，打破的是以物求理，反对的是知行不能合一对自然心灵造成的伤害，寻找的是自我主体地位。他应元培邀请去北大讲学，一到课堂就打破"师生蝼蚁聚一堂"的学院之派，沿用古代师生朝夕相处、自由随和的方式。他拒绝蒋介石提供经费帮他建研究院以抬高自己的"盛情"，体现对一个双重人格的独裁者从骨子里产生的不屑和对自己尊严及人格的珍视（自然心灵整体性人格的价值存在，或者熊十力自我追求并实现的人的本质意义，详见《熊十力全集》）。

鲁迅作为新文化运动的革命旗手，早年想求医报国（医治自然心灵），理想破灭后弃医从文［启迪意识（平等）自由追求］。他笔下的阿Q、祥林嫂、孔乙己、闰土等鲜活的人物（在一个生存不平等的现实中，因意识失去平等追求，产生的整体性人格伤害），不仅在中国，而且在人类意识之中无处不在。他的呐喊是对封建统治者不能施仁政、行仁道，压抑意识的平等自由追求，造成整体性人格扭曲的深切关怀。他痛恨吃人的社会，渴望人们自我觉醒。生存的理想导致理想的破灭，引起了无数思考者的思考。人们找不到生存的理想，看到的是"满口仁义道德，一肚子男盗女娼"（在人类社会中，无处不在的失去进化灵魂、整体性人格扭曲、双重人格集于一身的对立和冲突）。就是前面讲的，意识把权力引力释放出去，按趋利的本能希望收回想得到的结果，在意识中寻求镜像对称：原来不是那回事啊，他们说的都是假的（这也是法国大革命时期，意识空间与本体空间对立生存的对立与冲突的长期存在，托克威尔在《旧制度与大革命》中，对此有详细的研究）。在丛林生存的岁月，本体生存的合作博弈与意识生存的非合作博弈，相互的对立与冲突，造成人类社会无法避免的生存理想与现实之间、本体与意识之间的对立与分裂。对被扭曲的整体性人格，为什么不能知行合一的思考者，或者追求人的本质意义、保持自我整体性人格者，历来都是极其孤独的（就像熊十力所说的那样："人谓我孤冷，吾以为人不孤冷到极度，不堪与世和谐与平等。"）。"孤独坐灯下，家国涌心头"，倡导自由之思想、独立之精神的陈寅恪，不得不以诗证史，用极大的精力研究一代名媛柳如是的身世。他从柳氏那里消除心灵的孤独，保持整体性人格之存在。显然，东方传承部落时代的认知传统，意识平等（自由）在存在（或自存）的制约下，寻找丧失的自我主体地位，对为什么产生知行不能合一的非整体性双重人格的寻找，像西方一样，陷入上下求索的追寻之中。

纯粹理性认知，与纯粹经验认知和纯粹理性之理性认知一样，均是意识观察思考所得出的存在之存在。它所形成的认知或者结论是观念的产物，不仅其内涵充满不确定，依据它所做出的推论或结论，也不能与现实存在相对称，它只能在相对运动的过程中存在。人们熟知的自由、民主、法治、集权、专制等，凡是由意识产生的存在之存在，不是来源于相对运动的过程，都是丧失确定性的存在，它们不能真实存在。倘若用这些存在去作判断和推理，必然产生矛盾。例如自由是存在的。人们若问，它长啥样，它在美国，还是在中国，在昨天还是在今天你见过，显然是无法回答的。为什么？因为它之所以存在是因为意识认为它存在。克劳塞维茨认为，战争是政治的最高形式（见《战争论》）。若要实现政治的最高处就必须使用战争，若不使用战争则政治进入不了最高形式。人们到底是应该去信奉呢，还是应该将二者都抛弃呢？这些观念如此不确定，以至于人们用它分析的理论不能与自然存在，甚至意识自身认知相对称，只能自圆其说。马克斯·韦伯认为：社会学研究是对概念认知主观的探索，是一种理想的探索。而观察对象，则由许多现象提供的某些特征和成分所组成，但它不会与任何特定的现象有完全一致的特征（即非对称）。他在非对称中，认知了政治支配和权威形式：魅力型（家庭与宗教）、传统型（宗主、父权、封建制度）、法理型（现代的法律和国家、官僚权威）。显然按照这个定义，去观察过去和当今社会的现状，就不能对称确认。中国封建社会就是家天下治理，中世纪的西方宗教统治没有任何魅力，法理型的苏联并不现代，现在的部落也没有生存内部抵抗。反过来，人们愿意按自然原理去观察则它自动对称。所有政治支配和权威形式，在非合作博弈的生存环境中，若它集中的权力引力与他的释放者（自由意识）的对称确认一致，或者基本一致，则该权威存在，否则它就消亡。因此，历史上曾经出现过的所有王朝和帝国兴衰成败，均是在合作博弈的环境中产生权力引力效应所造成的必然结果，是本体的意识能量运动由相互吸引走向相互对抗的自然现象。是长寿还是短命，完全取决于意识趋利挤压叠加权力引力，本体与意识对生存与平等对立悖论的抑制（或者对权力、资本内卷的自我抑制）。

人们现在所见到的历史记述，属于意识产生的非对称认知。它所记述的历史事实，与其说是历史事件本身，不如说是被附加了某种企图和诉求，即它是受趋利避害本能制约、另有目的的认知选择。历史事件被按某种观念整理成素材，以对当下的人们产生效用，指导当下人的价值选择。那些构成所谓人类历史的气势磅礴、波澜壮阔而是非不断、真假难辨的重大事件，总是以它独有的魅力吸引无数思考者的目光，刺激着意识去寻找"我是什么""我为什么""我应该怎样"，让他们凭借意识的无限想象和穷追不舍的能力，世世代代去无穷无尽的追寻答案。然而，为这些重大事件提供支撑，使人类几百万年以来仍然还在的自然之存在（家庭及其生存环境），像高山、大海、森林一般，被意识当成了自然而然的现象，置于历史研究次要或可有可无的地位，自然原理生存成了历史研究的陪衬。这样，人们就发现了各种各样、自圆其说的历史规律。诸如，英雄创造论、文明进化论、经济决定论、自由价值论、种族优劣论等。自然原理决定的人类历史在各种认知中被置于从属地位。所有认知都倾向于将人类历史的过程看成源于自然又高于自然，从属于合作博弈而不从属于非合作博弈独创的杰出史诗。它的惊心动魄、荡气回肠是如此让人着迷，而它的自然生存之道是如此的了无兴致、索然无味。人类不再以服从自然生存之道为根本，而是按照自我认定的标准（即丛林生存）进行历史的审判，将是非对错之审判权统统收归己有，给各种历史事件和人物翻来覆去地贴上真与邪、善与恶、美与丑的标签，让真善美去引导人类走正道，让邪恶丑永远踩在脚下。让人类历史在真理与谬误、正义与非正义的无情较量中，获得进步并勇往直前。个人在历史进化中的作用不可否认，而本体在场认知的对称确认传承，才是人类文明传承的薪火。所有这些研究，除非它的结论与自然原理，即意识自由认知选择与本体在与生存环境、生存与平等对立运动和相互关照的对称确认相一致或基本一致，否则它就不能自洽甚至相互矛盾。洞悉自然原理的伟人毛泽东，坚持世界是由矛盾构成的，没有矛盾就没有运动，唇亡齿寒，舌头和牙齿打架。他对中国历史记述做出"一篇读罢头飞雪，但记得斑斑点点，几行陈迹。五帝三皇神圣事，骗了无涯过客"的评价（见《贺新郎·读史》），正是对非对称认知历史的真知灼见。他鄙视封建时代统治者追求仁道，但自身却不行仁道、知行不一的双重价值选择。这也正是在历史的长河中，任何个人在宇宙和人类社会中总是微不足道的原因所在。而那些永远活在人民心中并为人们所敬仰的，无一不是追求人的本质意义、实现人类意识平等自由生存的共同理想，在人生的追求中知行合一，自然心灵强大的仁者或者圣人。而那些纯粹为了自身物质利益的人总是过眼烟云。

对人生的意义到底是什么，或者人类文明进步的本质到底是什么的纯粹理性认知，是建立一个合作博弈，还是建立一个非合作博弈人类社会，更有利于本体获得自由，回归自我主体地位的认知、比较和选择。少数精英基于种族优劣论（达尔文进化论），试图将合作博弈丛林生存，作为人类所谓文明的认知主导，将人类获得的意识平等（自由），从部落时代的真善美拉回到奴隶时代的邪恶丑。认为在耗散结构系统中的自组织，从宇宙演化到生物进化，已经将自由、民主植入人类的DNA中（见《自组织宇宙观》），暗示人类社会的丛林生存和西方主导的价值选择，是人类社会进化的必然选择。量子纠缠现象被发现之后，一些人甚至开始怀疑宇宙的确定性存在，认为自然界和人类社会不确定性存在是其本质，主张人类要用更大的不确定性去面对。显然，他们希望利用所谓的科学发现为西方推行颜色革命铺路（见《不确定的科学与不确定的世界》波拉克著）。自达尔文以来，以伪科学诱导一个大国进入他们设定的圈套，是一贯做法。美国曾经用登上月球的伪照片，将苏联诱入星球大战。马斯克收购"推特"后，向世界公开了"推特"，不仅成为美国操纵选举的工具，也成为控制人类意识形态的工具。宁要新闻自由也不要政府成为伪命题。

现今的人类社会产生的纯粹理性非对称认知，布满了各个角落，各种书籍摆满大街小巷、车站码头，互联网上更是丰富多彩。它们各自演绎着看似丰富多彩，但不少认知实质是对意识自由进行控制或者洗脑。人类文化就像超市里的商品，在被演绎得不知哪个更好时，追随者只能不断地掏银子去作比较选择。相信钱生钱的意识，对那些赚钱的技巧兴趣倍增，相信不用勤劳和汗水，仅凭投资技巧就可以去"诗和远方"；那些叙述投机钻营的雕虫小技、厚黑之术的书籍重受追捧；神谕、巫术、戏说、心灵鸡汤纷纷登场。纯粹理性认知自身陷入悖论之中：倘若所有认知价值体现的只是利益（生存），则意识平等（自由）将被生存制约，本体的自由必然丧失，像巴菲特的投资技巧畅销书，既掏空脑袋又掏走钱包一样；倘若所有的认知价值，就是它自身，则必然把人们带入非确定深渊，意识将陷入迷茫，本体的自存与自由倾向必然陷入分裂或迷茫，像对人生的目的和意义无条件追寻一样。在意识之中追求自由的理想无处不在，对"为什么""是什么""怎么样"的纯粹理性认知，是意识追求自我存在的自由创造，若要从中获得缘于自然心灵的自由愉悦与追求，需要拿起生存与平等相互关照的"照妖镜"，对丛林生存的伪装进行识别，以免被误导陷入自身悖论，丧失自由。

在相对运动的人类社会，意识空间产生的纯粹理性认知是以社会存在（或者意识存在产生的认知场效应，下同）作为参照物起点，通过对这个起点的思考，在意识之中寻找答案并确认结果、给出结论。意识认知客体时一旦产生对称则被确认，本体对所见即所得的当下所有存在认识一致。纯粹理性以社会存在为参照物，在意识中寻求参照，回答"为什么""是什么"的思考，在场确认变成离场确认，对称确认确定性丧失。东方的纯粹理性认知张扬本体的自存倾向，通过对社会存在的平等生存的相互关照，产生对有限生存满足或者不足的认知与选择，回应本体生存需求（或者满足）的意识平等（自由）倾向，坚持物质（存在）第一性（即马克思主义的唯物史观）。西方的纯粹理性认知张扬意识的自由倾向，通过对社会存在的生存平等的相互关照，产生对生存有限满足或者不足的认知与选择，回应意识生存需求（或者满足）的本体平等（自由）倾向，坚持意识第一性（即唯心主义世界观）。它们被纯粹理性分成唯物论与唯心论、唯实论或唯识论分别构成的各种学派、流派形成各自的主张，回应对本体之存在和意识存在之存在的自由倾向关切，回答人生的本质和意义，探寻实现人生价值，实现自我主体地位回归的方向及路径。它们所概括的丰富观念、形成的认知框架、产生的深刻见解，自成体系自圆其说。证明意识自由创造的空间和潜力是无限的，其实现的多样性自存自由认知的精神价值同样是无限的。它们之间存在的相互矛盾甚至相互冲突，正是意识自身创造多样性自存（创造存在之存在）获得自由的生动体现。但失去生存与平等互相对立、相互关照的本体，对意识存在之存在所作的非对称认知与选择，意识认知的自由、民主、人权、平等价值追求，失去本体自存对自由倾向的必然制约，将恃强凌弱、巧取豪夺、弱肉强食等丛林生存，追求生存无限满足的行为，视为意识认知的精神价值追求，本体与意识的对立选择造成非整体性双重人格。它是意识认知内卷效应的外在反映，是本体自存与意识平等（自由）倾向的对立与分裂，是东西方共同认知的宇宙的本质，即人的本质意义，在合作博弈的丛林时代，自然心灵丢失真善美，意识的绝对平等（自由）追求对本体自存造成的整体性人格伤害。意识基于社会存在而不是自然的相对运动存在，对丧失自然心灵的双重人格之存在的过去缘由、当下成因和未来进化方向所做的存在之存在追寻，成为纯粹理性认知确认自我主体地位的自由寻找空间。纯粹理性认知的产生和发展，使意识获得自由、自我非对称表达日益扩大，观念的表达和对观念的确认完全取决于本体的立场和态度。本体对称确认存在转向意识自身，按趋利避害的本能形成自我非对称确认，或者自我非对称寻找。人类虽然没有必要，也不可能让所有人持完全相同的立场和态度（因为它与多样性自存相矛盾），但生存与平等或者自存与自由相对运动互相关照，产生多样性自存自由的自然属性却无法改变。意识的认知与选择，无论是追求生存平等，还是追求平等生存，只能将二者统一于整体性人格的相对运动之中，统一于对立统一、走圣人之道的相对运动的过程之中。否则，自然心灵必受伤害，整体性人格必然破裂，弗洛伊德和荣格所认知的心理问题就不能根治，而东西方在意识之中的批判与批判之批判，必然走向零和博弈。

三、坚持唯物史观，实现意识空间无限自由的创造

在宇宙中，任何事件的发生都受到时间和空间的限制，或者说任何事件都是时间、空间融为一体被意识感应感知的自然现象。它是本体能量运动的多维生存。依靠意识所生成的观念和认知，是脱离时空在意识之中的存在。它之所以存在并为人们所认知，乃是因为人们可以在意识之中，赋予它时间和空间的属性，或者不在意它的时间、空间属性，并按趋利避害进行选择，形成意识的非对称确认，而不是本体的在场对称确认。在环境相对封闭、信息量少的环境中，人们常常依靠权威确认，或者价值引导来消除悖论；纯粹理性认知，则通过无穷的递归和推理寻求逻辑上的自洽，避免这种悖论；人类进入信息时代，意识确认的对象（信息）扩大甚至于无处不有，通过权威确认，消除纯粹理性认知悖论自动失效。在这个时代，意识只有从纯粹理性认知悖论中解脱出来，坚守本体在场对称确认，才能获得自我主体地位的真实认知与选择。

抛弃对纯粹理性认知的非对称确认选择，使本体的意识重获解放之路，就在意识的自然属性之中。对纯粹理性认知自身的不确定性导致的悖论，意识只需要按生存与平等相互关照对它进行假设，即恢复它的非确定性本性（运动过程之存在），然后再去寻找对称确认（恢复时空属性），则悖论自动消除。例如，孔子说"民之不患寡而患不均"，显然是不全面的。民之患寡

第八章 意识空间的传承

又患不均才是全面的，因为时间箭头向前，芝麻开花要节节高，有限生存不能满足和意识平等（自由）的精神价值追求不能倒退（熵原理的制约）。人们加上假设，则变成如果民之不患寡而患不均就要解决不均。再把这个不确定性结论与实际存在进行对称寻找，就会知道不公平产生在哪里，为什么，怎么办，等等。它不仅自动对称，还自动生存认知价值。例如，叔本华说：人性一个最特别的弱点就是"在意别人如何看待自己"，显然是不全面的。因为不在意别人如何看自己，或者彰显自己让别人在意自己的大有人在。将它变成假设去寻找，若找到这个对称，就会告诉某某，这是个特别的弱点，产生人文关怀价值。再比如失败是成功之母的悖论。因为没有人希望通过失败求得成功。变成如果失败乃成功之母，就要研究它是如何将失败变成成功的，再去寻找对称确认并对其加于研究，则产生借鉴价值。如此等等。我们的先辈明知是悖论还要去证明，他们因解决悖论而追寻悖论认知，其实质是对我们后人的指引和奉献。它所潜藏的价值是极为丰富的认知财富。

在意识的自由认知与选择空间，人们愿意抛弃唯心主义的传统观念，将它们的结论放在一个对立统一、相对运动的时空之中，相互的矛盾就自然消除。比如，西方自从工业革命之后，针对资本主义社会造成生存日益对立的矛盾世界以及对本体的伤害，马克思坚持平等对生存有限满足和平等创生自由的唯物史观，认为一切价值由劳动创造，并穷尽毕生向人们证明资本的本质。他痛责资本对劳动剩余价值的无情剥夺，资本贪婪的本性使生产价值者穷困潦倒，生存倒退，甚至比奴隶主使人失去身份变成奴隶更为残酷；资本使人变成在百倍利润面前不惜掉脑袋的动物。金钱（物质）对人的异化造成人格、尊严的扭曲，使人变成生存的奴隶。他主张建立没有私有制的新制度，按劳动而不是按资本分配，实现人人平等的共产主义理想社会。马克思·韦伯则认为，资本主义的兴起缘于新教精神，正是马丁·路德、加尔文对宗教的改革，促进了资本主义的发展。而新教改革的实质正是对宗教绝对权力的否定，对教徒平等回归所产生的自由信教的结果（见《新教与资本主义的兴起》。他们的思考是一脉相承的。马克思认知的是西方将国家的职能用于满足合作博弈，在一个失去非合作博弈制约的生存环境中，生存平等必然使平等丧失。韦伯认知的是中世纪的宗教社会，意识被宗教神权内卷使本体失去了生存平等，宗教改革正是对生存平等的回归，使宗教信徒在合作博弈的相互竞争中，促进了资本主义的兴起。他们共同认知了生存与平等悖论，在不同环境下的相同结论，二者之间不是矛盾的冲突而是相对的统一，即生存平等在合作博弈的竞争中，因平等自由空间的产生实现创造，也必然因平等自由空间的丧失而走向异化。宗教社会因精神内卷造成异化，资本主义社会则因资本内卷造成异化。再比如，在合作博弈的Q企业自组织的生存环境中，穆勒认为，分配规律是历史的可变性规律，而不是永恒的规律，主张通过分配制度的完善，克服资本主义所产生的矛盾（见《政治经济学原理》）。穆勒主张，通过提高劳动的价值形成Q企业自组织的相对运动的非合作博弈生存环境，显然与马克思主义的主张在本质上一致。类似存在于人们唯心主义的传统观念之中，而在真实的相对运动中并非存在的所谓对立比比皆是。人们只要按照自然辩证法和唯物史观的科学方法，将其统一于相对运动的空间，统一于非合作博弈的自然运动的规律之中，它们相互之间的对立与分裂就变成相对运动的对立与统一。

在相对运动的意识空间，东西方在生存环境的制约下选择了不同的生存方式。正是不同的选择，从奴隶社会至今，他们创造了人类走向美好未来的伟大文明——本体文明与自由文明。东方从社会存在中找到了道法自然的圣人之道，西方则从自然存在中找到了对立统一相对运动的自然存在之道。在传统的观念中，看似风马牛不相及的认知，在相对运动的空间，却是本质完全相同、人类共同拥有、实现人的本质意义的共同的价值观——对生存有限满足的自我限制、对意识趋于无限的精神价值追求（或者相对运动的物体必须保持自身平衡，而相对运动的本体与意识也必须如此）。

中华民族传统文明，是以家国一体、天人合一的自然理念和自然血缘亲情、友情、真情相融合，追求本体与意识知行合一的平等自由精神价值，经由意识的认知与选择，产生"明明德、亲民、止于至善"的三纲，"格物、致知、诚意、正心，修身、齐家、治国、平天下"的八目（详见《大学》）。并基于家庭为主体形成的传承载体，由自然心灵在场感应感知对称确认传承，并与国家神圣存在的精神纽带、血脉相连的本体文明，形成了中华民族拆不散、打不倒、压不垮的长期共存。"儒家世界因其无与伦比的统一性，而与穆斯林世界大为不同。""它从数千年前中国文明的早期阶段起就有了，并一直持续到今天。实际上，中国文明是世界上最古老的、未曾中断的文明"（见《全球通史》第359页）。新中国的成立和改革开放的成功，正是它在新的历史时期所彰显的巨大魅力。本体文明的精髓，是它基于平等生存并在国家平等抑制（激励）下形成非合作博弈的生存环境，本体在合作博弈中追求生存有限满足多样性自存自由，对意识精神价值无限自由的创造产生辉煌成就和丰富文化。它形成缘于自然心灵的内在强大生存活力和巨大凝聚力。它由没有受到宗教绝对权力伤害（即自由倾向受自存制约）、保持自然心灵的民族所创造，是中华民族实现未来理想和贡献人类的软实力。

西方文明源于宗教传统。它基于意识与宗教绝对权力的对立生存反观自照，在解脱宗教对意识的禁锢中，以个人为主导，意识平等自由追求的认知与选择，在合作博弈的竞争环境中产生了以提高生存能力为主导的科学技术，以及与之相适应的自由观念、制度选择所形成的自由文明。自由文明的精髓，正是它基于生存平等，不断打破国家对生存平等的一切束缚，通过合作博弈的充分竞争，将意识的空间拓展到极限，为人类的未来创造的丰富的精神产品。从工业文明到信息时代，无一不是自由文明的丰富成就。本体文明与自由文明的对立与冲突，来自唯心主义的传统观念偏见。非对抗博弈与合作博弈是相对运动的统一，不是绝对运动的对立与对抗，二者不能独立存在，只能统一于相对运动之中。而本体文明强调等级有序，与意识平等（自由）的矛盾，和自由文明强调意识平等自由与本体生存不平等的矛盾，不是来自国家的存在及其作用，而是来自本体丧失了人的本质意义，本体将自身的相对才能存在变成了意识的绝对自由追求，本体与意识的对立与分裂，造成了整体性人格自我伤害的必然结果。在合作博弈中,东西方形成的精致利己主义加剧了这种矛盾与冲突。本体文明与自由文明若不抛弃只追求本体物质利益价值,而不追求意识精神价值创造的精致利己主义,它们的精髓都将走上追求绝对生存或者绝对自由生存的绝对利己主义,个体将变成生存的奴隶,本体的自我主体地位将丧失殆尽,所有国家将走上合作博弈的制度选择,失去国家神圣存在的本质。人类将永远处于战争对抗与生存尖锐对立的社会环境之中,失去平等自由生存的机会。我们的未来,离人的本质意义将越来越远,而离动物世界的生存将越来越近。本体文明与自由文明只能在求同存异、各美其美、融合共生中,优势互补、文明互鉴,才能创出满足人类未来的崭新文明。

　　人类已经进入信息时代,知识更新周期大大缩短,社会变化日趋迅速且多样,家庭传承的影响力减弱,而环境载体的影响力增强,传统文明和血缘关系的对称确认传承受到威胁,代沟裂痕扩大。在这种环境下,必须考虑运用有效的方式,形成有利于后代成长的社会环境。它的实质是坚持唯心主义的传统还是坚持相对运动的唯物史观,或者是按非对称确认还是按对称确认(自我认知确认),让自己和后人理解并追求人的本质意义。倘若坚持后者,人生最终价值不只在于存在,而是获得意识自由无限追求精神价值的未来,后代将过上先辈们所愿望的美好生活。诸葛亮、王阳明、曾国藩基于本体文明传承,对后代提出期望与要求:非学无以广才,非志无以成学;刻苦努力,自强不息;有志、有识、有恒,能勤能敬,实现本体整体性人格,与意识自由追求相统一的人生价值。倘若按照前者,则人生的价值只在于存在,后代必然进入无条件追求生存欲望的时空,意识将在生存—生存的相对运动中转变和衰退,并产生人格扭曲,丧失本体与意识的平等自由。历史事实已经证明,为了有限生存的物质利益价值无限追求或者绝对自由追求,意识对所谓财产权、人权、自由权的过度解读;对自然赋予人类自存和自由倾向的人为定义(比如自私是人的天性,自由是独立的存在);对生存失去平等制约必然自我伤害的遮掩,所暗含的丛林生存认知引导,往往造成本体困扰和意识的盲目追求，导致本体与意识的双重价值悖论，甚至对当下社会存在造成混乱、构成威胁。显然，这是本体文明与自由文明在现实存在和虚拟世界，如何在相对运动对立生存的人类社会，为我们的子孙后代更好生存营造更好的生存环境所面临的共同选择与挑战。就人类进化的历史来说，意识在过去与生存环境的相对运动相互关照中，总是倾向于对绝对自由的向往，"富裕的上层阶级的出现，为建筑师、雕塑家、画家、音乐家和诗人发挥自己的创造力提供了机会。诸如希腊的帕特农神庙，印度的泰姬陵和法国的巴黎圣母院之类的杰作。这些进步使少数人得到的好处，远远大于多数人。归根到底，为高雅文化付出代价的是多数人"（见《全球通史》第193页）。我们应该致力于改变这种与意识的本质不和谐的过去，从唯心主义的泥潭走向唯物史观的阳光大道和美好春天，彰显自然心灵的真善美，赞美勤劳朴实的劳动者，赞美那些勇于自我牺牲、甘于奉献，在平凡的岗位为人类共产主义理想脚踏实地、矢志不渝、忘我奋斗的英雄。歌唱他们就是照亮自己。我们要让后代承接自己的整体性人格和尊严，让他们传承人的本质意义，通过对真善美的追求，实现我们所愿望的属于他们的真正自由和幸福生活。

早在六百多年前，培根就为我们人类克服纯粹理性悖论开辟了道路。他主张从认知科学中获得更好生存，弘扬人的本质意义。他创造的归纳逻辑，提倡一切认知都要经过存在的检验，成为科学认知的规范。马克思和恩格斯则创立了将自然界与人类社会统一于相对运动时空的世界观和方法论。与文学、艺术通过塑造描绘形象，让本体的意识寻找对称确认，产生真善美与邪恶丑的认知一样，科学认知的规范，是意识寻求本体或者自然存在认知人类自身、认知自然存在、满足人类存在需求、自我主体地位，从而获得自由的唯物史观。科学认知的规范是说，它提出的假说必须能够准确描述大量的观测，必须能够对未来观测的结果做出明确的预言，无论是肯定还是否定。若与预言相符合则它存活，若不符合则被抛弃或被修正。所谓描述大量的观测并与预言相符合，即对称确认。它把意识认知放在非确定性之内，只有找到了存在的对称才能被确认。正是它的规范，科学得到了日新月异的发展，并成为人类提升生存能力、实现意识自由的支撑。倘若没有科学认知的规范产生的科学技术，人类社会的文明进步甚至连人类生存，到底会与其他动物有什么显著不同都难于预料。意识在悖论之中无限地张扬其自由倾向的时候，是否意识到只有科学技术才是人类骄傲的本钱。意识所创造的各种纯粹理性认知，在它的面前是如此脆弱不堪，不是被它消灭，就是对它俯首帖耳。

"就整个人类历史而言，重要的是人类的确取得了进步。而且，正是数千年间积累起来的这些进步，最终让人们通过科学技术战胜自然获得了巨大的生产力。从而使多数人和少数人一起受益"（见《全球通史》第193页）。科学技术在给人类带来自由幸福的同时，也造成了生存威胁：由它所生产的核武器可以在顷刻之间毁掉人类创造的一切。人类对它的追求与赞叹、恐惧与诅咒，并非科技本身的悖论，而是源于意识被权力引力所诱惑，对克服它所产生效应的偏见所造成。科学认知的规范之所以有如此神奇的功效，是由于在自由意识中，既不像常识认知那样仅凭自然本能感应感知对称确认，也不像纯粹理性认知那样无限张扬自由倾向选择。它把主观能动性的发挥限定在自然原理之中。它是介于对称感应感知与纯粹理性认知之间，被对称确认所限制的认知模式。意识自动生成对自由倾向的约束，限制无根据寻找，避免自身坠入黑洞。那些杰出的科学家，当他们对自然的探索百思不得其解的时候，仍然会像坚信上帝一样地坚信科学的真谛，或者他们是在完成上帝赋予的神圣使命。与其说他们是相信上帝存在，不如说是把自己的困惑留给上帝，给意识的无条件追求画上的句号。他们追求的不是科学的物质利益，而是意识的自由无限创造的精神价值。科学认知的规范，自我限制意识自由倾向的事实证明，给科技发展以充分的自由，不仅会极大地推动科技的发展，也将有效地推动意识自由空间的有序拓展，把纯粹理性非对称认知逐步转向相对运动的价值追求与认同。

以科学认知的规范，扭转意识的纯粹理性认知悖论生存，必须尊重科技发展的自身规律。科技无禁区，它的禁区由自身界定，它的唯一禁区是对意识自由的抑制。要全力营造破除权力引力迷信，形成尊重科学、崇尚科学、热爱科学、追求科学的浓厚氛围。让科技生存主导人们的认知行为和价值追求，让有限的资源在科技转化中发挥最佳效率。人类社会的改革、发展与完善，应当同促进科技的发展自动衔接，互相促进，良性循环。人类政治体制、法治制度和国家治理能力的提升和完善，要以此为基础，并在推动它更快发展中完善自身，实现在国家平等抑制（激励）作用下，本体与意识坚守人的本质意义，依靠科学技术谋求更好生存，向增加自身整体素质的根本转变。恢复教育的本质，让它成为学习、传授、研究、发展科技的主战场。明确教育的根本宗旨，是培养人们的科学认知规范。通过科学兴趣的培养让人的本体得到提升，通过科学认知的规范改善意识认知，通过发展科技为自己也为人类奉献意识的生存理想价值，使存在的价值就是它自身、工作就是目的，成为实现自我主体地位自由创造的奋斗目标。科学并非枯燥无味，也并非难于上青天。李永乐用他扎实的功底和渊博的学识，通俗而准确地讲述深奥的科学到底是怎样一回事，什么是麦克斯韦方程，什么是欧拉最美公式，什么是洛伦兹变换，什么是波尔兹曼方程。他让人们相信，科学不是象牙塔，不是可望而不可即。虽然得到它不是轻而易举，但它却是那样简洁而明了地存在于我们的日常生活中。人们享受着它带来的幸福生活，然而，对它的热爱和追求会更加幸福，其乐无穷。

  概括地说，意识空间的认知与传承，东西方灿烂的意识之光，东方本体文明对自由的追求，是追求知行合一的本体从人间到天上的认知与选择；西方自由文明对自由的追求，是追求上帝存在的意识从天上到人间的认知与选择。东方通过自然心灵对意识进行反观自照，是本体通过意识追求整体性人格的认知与选择过程；西方通过意识对自然心灵进行反观自照，是意识通过本体追求整体性人格的认知与选择过程。东方涌上心头的是悲欢离合、阴晴圆缺的自然心灵，从人间到天上的灵动；西方扑面而来的是"上帝死了""存在的就是合理的"自然心灵，从天上到人间的星光。东方沿着权力引力内卷触到的天花板，是限制意识自由的场效应；西方沿着权力引力内卷触到的天花板，是意识自由追求无条件东西的山穷水覆、路在何方的场效应。由于失去了进化灵魂，二者都走向了各自的反面：在意识中平等与生存的相对运动，东方理想产生一个更好生存的外部环境——国家的存在及其作用，结果成为意识平等自由的限制；西方理想在一个完全不受到任何外部限制（即基于个人完全自由）的环境——国家存在及其作用，结果使意识陷入绝对平等自由追求的自相矛盾之中。这说明我们的意识虽然具有一定的自我认知主导能力，但这种能力仍然受到自然选择的制约，而并非意识可以自由主导。它是意识能量运动中自动生存的，本体自存与自由倾向的对立生存和相互制约。这种制约在部落时代以及之前的相互作用，是自然选择，即外在的平等平均食物分配实现的生存，而内在的生存通过外在的平等获得了更好生存的满足与愉悦的精神价值（部落时期的人们在有限生存下的自洽自足）。而人类通过意识的获得，在具有了较高的自我认知主导能力之后，仍然不能突破自然选择的限制，意识只能在自然观念的主导之下才能获得自洽。任何自由的理想即存在之存在，都受到生存与平等对立共存、相互关照的制约（即自然心灵自存对自由的制约），否则，必然丧失进化灵魂，本体与意识的自由就不能产生或自洽。

从东方"三圣"、西方"三贤"开始到如今，从意识为主和本体为主两条路径，对人的本质意义的寻找，产生的丰富文明与创造，都是对克服生存与平等悖论，实现国家神圣存在与个人自由幸福相对运动、相互作用、有机统一，推动人类文明进步的认知与选择。人类的共同探索，为本体与意识对绝对生存、绝对平等、绝对自由的追求划上了句号。人类文明的当下和未来，正是通过国家的平等抑制（或激励），消除绝对权力，形成人类社会之间相对共存、合作互利的自然选择（非对抗博弈）生存关系，治愈奴隶社会时期、为了获得意识不得不伤害本体自然心灵的伤痕，恢复失去的人的本质意义和整体性人格，将意识的自由追求，由奴隶社会时期与邪恶丑的对立被动生存，转向由部落时代，对生存有限满足的自我限制，实现意识自由追求真善美精神价值的主动生存与创造。

"三圣""三贤"的认知与选择,给我们后人提供的真正价值,不仅是他们的认知本身,更重要的是,它所揭示的人类意识认知与选择到底怎样产生、怎样传承的。它是高于自然的特殊存在,还是自然生存的普遍存在。它与自然选择之间的关系,到底是自然选择主导意识选择,还是意识选择主导自然选择。显然,是自然规律对我们每一个人自然心灵的制约与限制。我们的心灵是自然的。当我们坚守人的本质意义时它在我们的本体之中,意识所有认知与选择在与生存环境的相互关照中,既从追求真善美也从享受真善美中获得健康、自由和幸福;相反,当我们失去人的本质意义时它在我们的意识之中,意识所有认知与选择在与生存环境的相互关照中,既从追求邪恶丑,也从演绎邪恶丑中感受到不安、冲突与痛苦。在一个合作博弈、丛林生存、迷茫愚昧的曾经岁月,唯心主义的传统偏见总是不断地将我们诱入自由的陷阱,让我们失去自我,在为他人而活着的自由追求中,从物质利益的一面价值获得一时的满足,因迷失了物质衍生的精神价值造成终生的不足与遗憾。

第九章

向宇宙求和

【内容摘要】 人类是一个大家庭，其中的成员需要沿着部落时代先辈们的足迹前行，向历史、向自然、向自己求和：从封建社会至今是人类追寻平等自由生存、扬弃国家绝对权力、克服权力引力效应的自然选择进化过程。人类社会的当下和未来是基于对自由生存的平等价值追求，创造出自由与法治对立生存的当代民主制度，实现本体与国家、国家与各个民族以及它们与自然环境之间平等相处、各美其美、和谐共存的美好未来，是所有人抛弃无限制自由追求、解除自身困扰、治愈奴隶社会时代造成的自然心灵、整体性人格伤痕，获得平等自由创造的自动转向，是每个人逐步迈向共产主义社会的实践过程。

这个世界，各国相互联系、相互依存的程度空前加深，人类生活在同一个地球村里，生活在历史和现实交会的一个时空里，越来越成为你中有我、我中有你的命运共同体。意识各不相同的人类社会是一个大家庭。无论身处何地，何种种族，说何种语言，持何种信仰，遵何种习俗，无论是富有，还是贫穷，都来源于同一个地球，同为宇宙自然之物。像宇宙运动的存在一样，自然进化出的人类是量子引力获得自存自由的载体，而不是意识所认知的纯粹自我本身。人类社会，任何人不因为权力大而拥有更多的自由，也不因为地位低而失去选择的权力；任何国家不因为所谓的强大而拥有更大的权力，也不因为所谓的落后而失去进化的选择。意识的所有认知与选择均来源于量子引力，体现的是自然法则。人类唯一的创造是对自我进化灵魂的认知与坚守，在对人间邪恶丑的认知与判断中自我呈现的对宇宙真善美本质的自由追求。因为只有真善美的自然心灵，才能让量子引力的自存获得的自由空间最大，进而让其载体获得真正的自由和幸福。否则，意识必然因失去平等（平衡）使量子引力挤压叠加遭受痛苦与折磨。这样才能解决当今社会的一个悖论："虽然人类正在获得起来越多的知识，变得越来越能依照自己的意愿去改造环境，但却不能使自己所处的环境变得更合适于居住。简言之，人类作为一个群种所面临的问题是，如何使自身不断增长的知识与如何运用这些知识的智慧，保持平衡"（见《全球通史》第7页）。在看似漫长实则一瞬的岁月，处于自身的陌生与恐惧以及生存环境的陌生与恐惧，为了获得更好生存，本体认知了意识，认知了它所产生的效应，认知了人的本质意义，为未来的自然进化更好生存铺平了道路。

一、向历史求和

向历史求和，意味着我们人类是在非合作博弈的自然选择中，从平等创造的意识空间里获得了自由创造的由物质衍生的精神价值，走出了丛林生存，告别了动物世界；意味着我们人类是在合作博弈的选择中走进了丛林生存，在竞争与对抗中逐步消除与争取意识平等自由空间，获得了神经细胞的增长，提升了生存和创造能力并产生了国家支撑的更大平等自由生存空间。未来的人类，回归人的本质意义，在意识的平等空间创造无限自由的精神价值。人类创造自己历史的动力来自平等支撑的意识自由空间，获得动力的源泉是对平等自由创造的追求而不是动物的生存本能。

早在一百七十多年前，马克思主义就创造了科学社会主义。它之所以成为人类追求真理的必然选择，颠扑不破，是马克思、恩格斯运用自然辩证法的科学观念创造的历史唯物主义和辩证唯物主义的科学原理，所产生的人类社会共同的理想——实现共产主义的科学结论。他认为，生产力决定生产关系，生产关系反作用于生产力，经济基础决定上层建筑，上层建筑反作用于经济基础。人类社会，正是从由生产力决定生产关系、经济基础决定上层建筑，向生产关系反作用于生产力、上层建筑反作用于经济基础进化的历史过程。也就是说，人类历史的进化，从非合作博弈中产生进入合作博弈，再走向非合作博弈的必然运动过程，人类将在非合作博弈的共产主义社会实现共同的理想。他将这个社会看成是物质极其丰富，没有任何差别，像原始共产主义社会一样，实现人类平等自由生存的社会。在这个社会中，各尽所能、按需分配，每个人的自由发展，是一切人自由发展的条件。国家将结束自己的历史使命自行消亡。马克思主义阐明了自然、社会和思维的发展规律，揭示了资本主义生产方式固有的矛盾和资本主义社会的特殊运动规律，证明了资本主义必然崩溃，共产主义必然胜利。无产阶级是资本主义制度的掘墓人，是共产主义社会的创造者，无产阶级必须通过暴力革命建立自己的政权，并在人类共同追求平等自由理想的政党——共产党的领导下，对资产阶级实行无产阶级专政，将资产阶级的腐朽思想改造成实现全人类平等自由生存的共同理想，实现国家从一个阶级压迫另一个阶级的工具，向消灭阶级压迫后的自行消亡（即生存平等选择的丛林生存必然导致人的本质意义丧失和自然心灵的伤害，产生无法克服的生存与平等悖论）。恩格斯创立的自然辩证法，马克思创立的辩证唯物主义、历史唯物主义的科学观点和方法，将人类社会的运动与自然界的普遍存在，将人的本质意义与宇宙运动的本质意义，将无产阶级与资产阶级的对立与斗争统一在相对运动的时空。马克思主义是全人类争取解放的科学理论。而共产主义的理想，则是实现人的本质意义的人类社会共同的奋斗目标。

马克思主义认为：世界的统一性在于它的物质性，物质是世界所发生的一切变化的基础。运动是物质的存在形式。物质的运动是绝对的。物质不是精神本身，相反精神是物质的最高形式，是物质衍生的精神价值之存在。社会存在决定人们的意识能够认知并正确运用客观规律。辩证法的规律，是从自然界和人类社会历史中演化出来的：是从量转化为质、质转化为量的规律，对立的相互渗透的规律和否定之否定规律，是关于一切最普通的规律的科学。运动的根源在于矛盾。矛盾双方只存在于相互依存和相互联系之中。人们要认识物质世界的运动规律必须通过实践，人们应该在实践证明自己的思维的真实性（相对运动的过程）。人的认知能力是无限的，个别人的认知又是有限的。西方对生存平等的唯心主义片面认知，东方对西方所谓民主自由的盲目认知，就是这种有限性的充分体现。唯物史观认为：物质生活资料的生产劳动是人类社会存在和发展的基础，劳动者和生产资料始终是生产的因素，两者的结合构成生产力。人们在发展生产力时，也发展一定的相互关系即生产关系。生产关系总和构成社会关系。生产关系和社会关系的性质决定着生产力的改变，在相对运动的时空中，生存环境对意识的形成起决定作用。在丛林时代，像动物世界的食物链生存一样，人类全部历史都是由物质占有严重不均产生和不同阶级的斗争史，人们自己创造自己的历史，是从丛林生存走向自然生存、从合作博弈走向非合作博弈，彻底摆脱动物生存，实现人的本质意义的平等自由生存，是共产主义运动本身认知和改造现实社会的科学实践。追求并实现共产主义的理想，是人类社会每个个体自身的根本利益之所在，是每个个体砸碎意识被物质利益内卷（量子引力挤压叠加）使其异化的脚镣手铐获得自我解放，从必然王国走向自由王国的必由之路（以上详见《神圣家庭》《德意志意识形态》《英国工人阶级状况》《哲学的贫困》《共产党宣言》）。

我们在向自己的历史求和之前，有必要回忆一下恐龙时代——宇宙让人类生存之前所做的"实验"。宇宙用了6700万年实验这个庞大而独孤求败的群体。它由于没有获得宇宙的灵魂，只"专注于膨胀的胃和银行存款"（培根语），尽管如此强大却被宇宙无情抛弃，惨遭灭绝。人们曾经对它的灭绝进行各种猜想。正确的结论是毁恐龙者恐龙也，它亡于宇宙的意志。人们思索它的效应，显然比思索它是因陨石撞击地球造成生态灾难，还是因为自身贪婪导致食物链断裂而亡，对人类意识理解宇宙的意志、获得更好生存更有价值。因为意识是宇宙进化的自然生存，它不是来自瞬间的十月怀胎，它同宇宙相伴而来，只不过是用的时间更长，生产的过程漫长而艰巨，恐龙则是它的前生。

现在我们就可以让时空倒着回放，沿着先辈们走来的道路，与他们一道观察理解我们的历史。

人类大脑的意识是与恐龙大脑对立生存。本体通过对自存自由选择的自我限制而获得宇宙进化的灵魂，意识在与生存环境的生存与平等对立生存相对运动和相互关照中，追求自我主体地位的认知与选择。我们的祖先原人同地球上所有的动物一样，被逐步演化出来，从非洲走到世界各地。他们在漫长的进化过程中，过着原始时代的生活，与动物同处于自然之中，获得生存是唯一的全部的价值追求。它的生存原理与现代经济学的原理截然相反，获取食物的唯一方式是劳动！唯一价值就是存活生命！分配食物的方式则是家庭之外的平均共享，家庭内部不劳而获甚至多获的逆向分配。长辈成活自己是为了成活后代，宁可自己挨饿也要让后代活下去。辛勤劳动和甘愿奉献是他们意识唯一自由创造的精神价值追求。他们在极限生存的环境中创造有限生存，实现了意识无限自由的丰富创造：一是血融于水的血缘、亲情、友情和生死与共的真情。二是谋求生存发明创造的驯化植物、动物，制作生产工具，刀耕火种的生存方式。三是用于沟通交流的文字符号（语言），为克服自然恐惧获得多样性自存自由的祭祀、祭祖、载歌载舞。正是意识平等自由的获得与进化，为子孙后代更好生存奠定了基础。历史学家、人类学家将这一时期概括为原人时代、智人时代、采集时代、旧石器时代和新石器时代。

现代科学揭示了自然生物基因遗传现象。这一发现似乎让后人对当下的智慧产生了某种优越感。然而，如果用这种优越感去思考一下，宇宙为什么用了四百多万年才将原人进化为智人，然后又用了四万年左右的时间才将智人进化成现代人？它体现的是人类社会的自然本质：自然血缘（基因传承）的连接，是最基本、最持久也是最具有生存价值的关系存在。正是家庭和氏族在极限生存的漫长岁月，把有限的食物平均（平等）地共享并在极度匮乏的时候给那些最需要的人，使量子引力获得了平等支撑的自由空间，人类获得了宇宙进化灵魂并使意识的进化成为可能。意识进化的动力，来自在平等支撑的自由空间通过生存创造的物质衍生的平等（自由）的精神价值，而不是物质利益本身。这是当今社会仍然存在的判断真情假义的标准来源：雪中送炭是朋友，锦上添花可能是做戏。前者发源于自然，后者来自社会。马克思称之为原始共产主义的四百多万年的原始社会，之所以如此之漫长，其真谛是让自然血缘将自然存在的平等，通过对生存有限满足自我限制的自由（平等），铭刻在意识之中并让它们同生共死。让意识的自由空间永远不失去平等的支撑，不失去创造的动力源泉。这样，才能使自我主导的人类进化遵从自然选择，克服因获得这种能力导致的丛林生存，避免恐龙时代的悲剧重演。将生存有限满足的自我限制由自然转向人间。平等或限制自我的自由必须用足够的时间才能生存于意识之中，或者意识的自由创造空间才能获得。因为宇宙在生成人类时不得不赋予生命趋利避害的本能，而这种本能与平等之间构成了矛盾（或者趋利本能限制了量子引力的自由）。人类正是通过平等撕裂自身的逆向生存选择，才将生存与平等对立统一，产生了意识的自由空间和创造能力，使人类获得了人的本质意义。

奴隶社会是人类进化最重要的转折。它基于平等生存产生了生存平等，并由此创造了国家，获得了人类社会前行的动力——权力引力，拉开了人与自然、与社会之间共同生存的巨大空间，将依靠万有引力的被动生存拓展为人类进化主动生存，实现了意识或神经细胞的倍增暴涨，开创了人类社会文明进步由必然王国迈向自由王国的新纪元。

高高耸立在尼罗河岸的金字塔，对科技如此发达的当今世界，仍然隐藏着无数的秘密。人们怀疑在那个科技不发达的年代，建造这样的塔是外星人所为；也有考古学家对奴隶到底是被迫还是自愿去建造这些宏伟的建筑提出猜想。它是奴隶和奴隶主共同建造。它的不朽告诉未来：他们曾经来过这个世界。他们为后代竭尽全力并奉献了一切。他们希望后代真正理解，奴隶主为何如此无情丧心病狂。他们失去进化灵魂对人类自然心灵整体性人格造成的伤害，不是贪婪成性，更不是为了自己，而是为了后代更好生存的理想。奴隶主（法老）千古不腐的僵尸告诫后人，要谨防权力引力效应，谋求权力引力以满足本体生存的贪欲就是一具活着的僵尸，既伤害自己又伤害后代。像他们死后一样，失去了对平等理想的追求就失去了自我限制产生的人类自由，就是失去灵魂的邪恶丑存在。

  迄今为止，人类在太空中所能见到的地球上的建筑，乃是古老的东方所建造的长城。巍峨绵延于群山之中的万里长城，象征着人类追求平等自由生存的人心所向。"但拟天娇祛冒顿，那知民怨萃蒙恬"（乾隆《望长城作》）。国家是我们的家园，意识之所以创造出这个家园，是为了获得更大的平等（自由）创造空间。意识把它认知为暴力机关，认知为一个阶级压迫另一个阶级的工具，乃是在合作博弈丛林生存的环境下意识不得不通过它的"暴力"，通过竞争博弈直至零和博弈，在相对运动中用最大的作用力产生更大的反作用力，将意识的空间增长拓展至极限。我们不能用唯心主义的传统观念去评判自己的历史、评判自己的祖先。那样的话，我们就必然陷入自由的陷阱。我们应该用相对运动的观念，坚持自然辩证法和唯物史观，像马克思和恩格斯那样，去寻找历史的真像：没有这个家园我们走不到今天，我们每个人都是这个家园的子孙，更是这个家园的主人。人们称呼祖国为母亲，它不是空穴来风，不是统治者的口号，更不是政治家的"骗术"，它是人们自然心灵的深情呼唤。中华民族的本体文明是人类唯一存活至今的古老文明。它之所以长期延续经久不衰，并不缘于封建社会的先进与落后，它是宇宙意志的存在。它承载着意识追求平等自由生存的崇高理想。它的使命是将奴隶制国家对意识权力引力的绝对占有，通过平等抑制或激励使本体基于国家存在及其作用，对意识产生的吸引力始终大于其对抗力，形成国家存在与意识的自然联结（就像太阳与地球那样），走出合作博弈的丛林时代，实现非合作博弈平等自由生存。避免人类丧失进化灵魂，失去自我限制获得的自由，失去人的本质意义向动物世界退化。它的长期存在证明，国家的本质是放大的意识的平等与生存对立运行，进行趋利避害选择，获得意识无限自由创造精神价值的神圣存在。政权运行的结果必须与意识的对称确认相一致，否则就被抛弃。它在追求人的本质意义——圣人之道的过程中所创造的一切文明成就，成为人类无比宝贵的精神财富。

与古老的东方使命不同。西方在权力引力被个人约束的基础上形成的国家存在，通过合作博弈鼓励竞争，极大地调动了意识自由创造的活力，开创了人类社会依靠利用科学技术或自然存在求得更好生存的新时期，提升了人类意识趋于无限的创造能力。它使人类彻底摆脱自然生存环境的束缚，人类与地球之间开始了由单向索取向和谐共生的转变。人类不仅有能力呵护大地母亲，也有足够的能力消除来自外太空对她的任何威胁。

人类更好生存的理想，共同创造了源于自然原理的Q自组织——现代企业制度。它是生存与生存的对立运动，意识趋于无限自由创生效率、实现多样性自存自由的Q自组织：生存-生存≤0产生效率。即投资人（包括各种价值）的生存或财产与被参与者获得生存或满足生存的收益，相对运动相互作用的自然自洽的Q自组织。它以本体的生存（即各种产权）完整保护为基础，以自愿参与为前提凝聚各种生产要素，劳动者与生产资料结合产生效率（即使用价值）。无论对于供给方还是需求方，都遵循效率最大化原则。即供给方通过生产效率空间的提升获取利润，需求方通过使用效率空间的提升得到满足，双方自动连接并构成效率生存循环，合作博弈、竞争生存、优胜劣汰。实践证明，它的生存需要国家（政府）创造前提和条件，为其提供公平公正的非对抗博弈生存环境，以确保合作博弈、相互竞争的秩序，且它自身的良性发展，也必须以劳动创造价值为主导，坚持一次分配而不是二次分配，解决内部的公平与效率矛盾。它因效率而生，因失去效率而亡。在它的生存秩序之内，供需双方以价格语言进行沟通与交流，以各自追求的效率最大化而形成交换。货币是它的价值尺度或者等价物，充当供需双方沟通交易的工具。除非它违背了法律或者因垄断破坏了公平，国家只能在外部调节，用它所产生的效率解决不公平，克服这只"看不见的手"所产生的效率与公平悖论，实现对有限生存满足和Q自组织在平等（公平）秩序中，充分的自由和创造价值,产生最大的效率。任何希望它产生效率之外的其他目的,则必然使其走向反面——脱离效率导致功能丧失或失去自由创造力,走向死亡。它追求效率对科学技术产生的内在需求(供给),为科技的发展铺平了道路。科技将替代资本成为现代Q企业自组织产生效率的主导,资本将结束自己的历史使命,货币将回归效率尺度。而它在信息时代的虚拟世界所形成的公平与效率矛盾,以及它对国家创造非合作博弈社会环境构成的挑战与威胁,已经成为刺激意识自由创造无限精神价值而不是满足物质利益无限追求的新空间。人类将在与虚拟世界的相对运动过程中,战胜物质利益对本体内卷,更好实现人的本质意义。

第二次世界大战期间,美国空军欲炸毁科隆大教堂。当飞行员飞抵上空,眼望高耸入云的大教堂的一瞬间,他似乎神奇地看到了上帝的存在,盘旋之后呼啸而去。显然它与金字塔、长城一样,是宇宙意志的存在。对神的崇拜和信仰作为意识最早的引路人,对人类做出了特殊的贡献。在完成自己的使命之后以彻底自我否定的方式,将绝对权力丧失的自由还给了本体和意识,悄悄回到了人间。

驻足回望一个大家庭的前世今生,我们是否感到不安和惭愧。过去所发生的一切乃非人力所为,纯粹是宇宙的意志——万有引力(量子引力)运行的自然现象。它不以生命之存在而转移,也不以意识之存在而转移。相反,人们若违背了宇宙的意志限制了量子引力多样性自存自由,必然对立转化,美好的愿望得到相反的结果。要么造成生存灾难,要么造成本体之伤害。那时的人们无法认知权力引力效应。他们源于生存的长期困扰,意识被权力引力所诱惑。趋利本能驱使他们既做出了奋斗,也做出了牺牲,为后代留下了宝贵的财富。倘若不是他们从正反两个对立方面的探索和拼搏,人类社会还要在必然王国中徘徊。当下意识的认知与选择,是不是应该将历史的审判权归还宇宙?是不是应该对曾经来过这个世界的所有人,表示深深的谢意和崇高的敬意呢?是不是应该按照马克思主义所指引的方向,坚定不移地践行自己作为人的本质意义的自由幸福的理想追求呢?!

二、向自然求和

  时至今日，人类进化原始生存的精髓已然原原本本地传给了子孙后代。今天的人类社会与那时相比，并没有什么本质的不同。我们正是生活在祖先们留下的基业当中。这个基业就是意识。唯一不同的是，先人们用四百多万年凝聚的血缘真情，被后代悖论认知为所谓的先进与落后、文明与野蛮所撕裂。物欲横流的迷雾开始模糊人们的双眼，污染人的心灵，改变人的本质属性。丛林生存所主导的人类社会，亲情、友情、真情被演绎成纯粹物质利益的存在。碰瓷者被碰瓷，自身的变性和变性的自身，在共同面对什么才是真正的人性拷问时，竟然如此冷漠。中国封建社会存在的"朱门酒肉臭，路有冻死骨"，西方两次经济危机发生后，宁可将买不出去的产品倒在河里也不施惠于人，和当下社会同类之疏远、异类之亲近的天上地下如此泾渭分明。意识陷入物质利益的桎梏，人类自我限制获得的自由正在悄然流失。人们不禁要问意识自由认知的所谓文明进步和文明的价值追求，真的比自然之生存更文明、更高尚、更有价值？或者如此的人类之文明到底有什么意义，它到底是前进还是倒退呢？它所追求的自由、民主、人权的价值到底是什么？它难道比我们的祖先所追求的平等自由的精神价值更伟大、更崇高吗？由自然进化的人类意识并没有什么特别的高明之处，它不能也不可能创造出比自然血缘生存更为高贵的价值存在，不能也不可能创造出比我们的祖先甘愿牺牲、无私奉献更为博大的胸怀。它所演绎的丛林生存悖论，在表面的繁荣和进步之下掩盖着意识的颓废与倒退。它从根本上否定了人的本质意义和进化的真实价值，纯粹是人类自身的误导和对自身的伤害。1983年6月，在国际高级研究协会联合会的一次会议上，来自15个国家的学者们一致认为："我们生活在一个正常秩序被打乱了的行星上，这一行星以一些当代现实没有联系的经济观念为基础。我们要对那些基本信条提出异议，看看能否对它们加于修正或调整"（见《全球通史》第769页）。

意识产生的认知主导能力，是基于量子引力运动与生存环境之间（能量场）相对运动、相互关照、趋利避害的选择过程或结果，通过对环境进行观察和认知产生量子引力效应，再通过语言或者文字互传互认、思考选择，同样是量子引力效应。它的全部认知内容是对生存、平等的认知与选择，是本体挤压叠加量子引力获得多样性自存自由的自然反映过程。它的进化并没有超出构成它自身自然原理的范围。它的思维能力和认知能力同样没有越过它自身。它不是可以自由发挥或任意选择的神秘之物，既不超凡也不脱俗，是自然现象之存在。"三圣"与"三贤"的生存方式认知缘于自然环境产生的认知场效应，是人类诞生以来的生存选择传承，是在丛林生存追逐物质利益丧失人的本质意义的艰难岁月，对什么才是真正人的生命价值的认知与选择。生存的理想是获得意识平等自由精神价值的需要，理想的生存是获得本体生存不足的物质利益的需要，两者共同构成人的本质意义。正是连续不断的自然选择能量运动，生存平等才为自由生存的平等转向开辟了未来。它们互为一体、自动对焦，既不构成矛盾，更不构成威胁。生存平等服从并服务于平等生存，而不能相反。

　　人类社会由于意识的暴涨，丛林生存的悖论所产生的认知场效应，已经将人类带入一个充满不确定性的世界。宇宙的本质是由能量创造的相对运动对立生存，所有运动都是源于量子引力挤压叠加。人类社会对个体的挤压和个体对挤压的摆脱，是意识平等自由选择存在和运动的宇宙意志。在这个确定性的存在中，只有生存与平等或者自存与自由自身的对立才能产生运动。它们相对存在、相互作用，对立双方必然因运动的存在而转化。丛林生存将符合其主观愿望的转化称为确定性，相反，则称为不确定性。它们不是按唯物史观，从自然选择中寻找答案，而是根据唯心主义的自由需要，将平等对生存的自我限制产生的自由，或者只有意识的平等创造才是人的真正自由，认定为对生存有限满足、对物质利益的无限自由追求，并美化成人类文明进步的本质，以奴役他人的思想，持续奴隶社会时期对人类自然心灵以及自身的伤害。人们认知不确定性的存在，不是为了寻求不确定性去面对不确定性。恰恰相反，是为了产生和维护确定性（即平等或者平衡的相对运动存在）。正如我们意识的自然本质属性，所有的科学都倾向于满足人的确定性生存之需要——延长寿命或生命的确定性存在，而不是相反，通过加快生存和死亡的频率作不确定性选择。对人类当今面临的矛盾，倘若人们愿意按自然辩证法的相对运动观念去认知，则十分简洁而明了。在无机物、有机物和生物构成的运行系统中，由于人类对它们的过量消耗，特别是资源破坏、环境污染、战乱不断、生态危机、生存危机、生育下降、病毒侵犯，正是自然多样性自存进化的能量运动，或者量子引力摆脱挤压叠加争取平等自由空间的常态消失、非常态增加的必然结果。这正是在丛林法则主导下，意识自由选择失去制约的非人的本质意义的生存选择，追求无限满足物质利益欲望的确定性行为所造成。我们失去了物质利益衍生的真正价值——精神价值的创造与追求，被物质利益异化，丧失了人的本质意义。我们必须告别丛林生存的时代，走向意识平等创造精神价值无限自由的新时代，在非合作博弈自然选择的支配下回归自然的怀抱，和谐相处、相依为命。

三、向自己求和

人类诞生至今，是意识自由否定之否定的连续能量运动过程。而在丛林生存的环境下，人类被它上演的无数次权力引力效应而产生的战争和权力残酷争夺，它所生存的丛林生存悖论，它在意识自由和国家权力之间的不平衡矛盾，它所表现的强权政治所造成的影响，以及绝对物质利益自由追求对自然心灵的伤害等，对人类未来产生深远的影响。意识的悖论生存将人类带入无条件限制的追求，趋利选择陷入生存得而不足和平等自由得而不能的困惑。国家的神圣存在在与意识的相互关照中受到不平等生存的严峻挑战，不得不在不断做出承诺的过程中，因难于兑现承诺而逐步丧失其确定性。国家权力与意识的对立联结，用于保障法治公平的民主被用来选举总统，使国家应有权力丧失；或者权力引力趋利内卷严重，民主被虚化而导致法治不公，特权造成了严重不平等。两者都使本体与意识受到自我伤害。现代政党制度建设成为一部分人对另一部分人的对抗博弈,社会陷入重重困境。各个国家都按自己的立场,按唯心主义并非存在的认知,给出对错是非标准,甚至战争也被赋予了正义与非正义的含义,自由和人权成为干预他国主权、谋求自身物质利益的理由。意识不仅有充分的理由(即脱离或者伤害本体的纯粹理性认知)进行消灭生命的战争以获得强权地位,也完全有理由把意识争取平等生存权力的自由创造,反对特权霸权(即制约权力引力效应的自然现象),实现本体与意识争取文明进步,实现人的本质意义的追求,视为是对强权的威胁。国家与本体之间因意识的相互关照失衡,权力引力连接产生裂痕。丛林生存代替自然选择,造福于人的权力引力变成祸害于人。惶恐不安的自然心灵被膨胀的纯粹理性认知驶入盲目港湾,焦虑的人们在焦虑地寻找、焦虑地等待着某种预感的出现。然而,期待与恐惧是如此之强,以致使人们不知所措。纵观人类发展,这是一个危险的时代。它的危险不是来自物质匮乏,而是来自丛林生存主导的人类社会自身的不安与恐惧。权力和资本对所有人的生存内卷或裹胁,意识沿趋利内卷日益严重,造成权力引力运行和释放之间失衡,Q自组织各自沿阻力最小的方向运转,生存与平等相互关照的分裂与冲突生成混沌效应(新冠疫情所展示的悖论选择正是这种效应的自然反映)。人们用期待或严防那只蝴蝶出现的两种截然相反的立场和态度对待当下的一切。沃纳·海森伯格说:"人类有史以来,第一次在世界上只面对自己而不再有其他伙伴或敌人。""对我们这个时代来说,极具讽刺意味的是人类的这种首要地位,成为我们今天全球隐忧与恐惧的根本原因。在消除了所有可能的对手之后,人类不再面对任何敌人,我们面对的只有自己"(见《全球通史》第11页)。我们必须向自己求和,走出被物质利益异化的艰难岁月。

(一)战胜威胁意识平等自由创造的敌人——资本内卷权力

在信息的时代,如果从更大的尺度将英镑时代和美元时代连接起来,用自然辩证法的相对运动的观念和方法,在一个意识自由创生的运动空间认知资本的运动及本质，人们会对现存的经济学原理产生怀疑和不安。资本主义被定义为"一种以牟利为动机，以各种精心设计的、往往是间接的方法，通过利用大量的资本积累，赚取利润的制度"（见《全球通史》第393页）。自从这只"看不见的手"被传统观念认知为，具有在追逐自身利润的同时自动生存对外部的正面效应，它能神奇地为社会创造出连它自己都不知道的效益之后（见亚当·斯密《国富论》），Q企业自组织的功能被意识的认知所神话，它成为国家的主人，而国家成了它的公仆，被绑架成附庸。一些靠它崛起的国家通过代理人或者直接发动战争，用这只"看不见的手"对其他国家的市场和资源进行深度控制，形成了资本为王的生存时代。这些传统的国家几乎全部被资本所肢解，失去独立自主的国家神圣存在，变成新的殖民地、半殖民地和附属国，资本的力量终于将人类带回了殖民时代，资本将民主、自由、人权和产权这些现代文明成果用来为获取物质利益服务，并诱导人们将它奉为获得美好生存之神。它把人们对自由与幸福的追求，带入对资本的无限渴望和对金钱的无限崇拜。美元的地位来自丛林生存主导的规则，也来自人们的唯心主义传统观念必然产生的自我误导。相对运动的人类社会生存空间与相对运动的自然界一样，Q自组织运动的性质相同。在流动的物质利益相对运动空间，一个绝对权力——资本的存在，像奴隶社会时期的国家绝对权力一样，必然是相对运动的对立生存。资本与资源在相对运动的过程中，遵从弱胜于强的自然选择（即非合作博弈）。资本逐利的结果必然走向资源，而资源逐利的结果必然是资源的利用与再生。资本推动资源的开发，而资源的开发形成对资本的需求，发达的国家变成金融国，生产加工被资本自动驱赶到相对落后的国家和地区。资源国则将资源的供给转向加工的国家。一个获得的是资本与资本的聚集成果，失去的是劳动创造自由的幸福；另一个获得的是资源开发与加工的能力，失去的是劳动创造自由的空间。一个变成了只收金子的地主，另一个则变成了"粮食"的生产者。为了获得更多的资本，资本国穷尽意识地开发，将意识的平等自由创造引入"钱生钱"的逐利空间，引导意识寻找梦中的馅饼，使涌入者成为待宰"羊羔"和待割的"韭菜"，对金钱的无尽欲望成为自然心灵的缠身恶梦。或者将本体带入享乐的空间，让意识的自由追求在享受"快乐"的过程中，意识与本体最终都在痛苦的折磨下郁郁而亡。就像本体必然制约意识、自存必然制约自由一样，资源必然制约资本，实体经济必然制约虚拟经济。资本的绝对权力受自然选择的支配。美国持续不断的经济危机和巨额的美元债务与黄金生产多少无关（见特里芬悖论），因为货币的本质是效率的尺度。不管它是与黄金还是与其他对等物挂钩，必须与产生的效率为发行边界或必须以推动效率生存为自己确定其真实的价值（这就是挂钩的本质含义，而不是挂钩本身）。否则，它就成为伪钞或者劣币，充当了人为干预市场的工具并走向自己的反面，陷入通胀的无言结局。蒙代尔提出，在开放的条件下，一国货币政策的独立性、汇率的稳定性、资本的完全流动性不能同时实现（不能"三角"），最多只能同时满足两个目标，而放弃另一个目标。它证明，当今世界经济是不公平公正的非市场经济。美国虽然是世界上唯一可以"三角"的国家，却背上巨额债务，一旦遇到生存危机，它只能开启"杀敌一千自毁八百"的机制谋求自救。意识是基于本体的能量运动，趋利内卷的本能遵循自然选择的非合作博弈。在这个博弈中，美国作为老大只有像太阳一样，为地球（即其他参与者）付出更多，才能收获更多并形成良性循环。否则，无论采取什么方式，任何人为选择都不会增加其收益或者只能受损（自然法则或者纳什均衡）。在相对运动的流动空间，对立双方遵从作用力与反作用力成正比的自然规律，所有相对独立的Q自组织，在中心力量的作用下必须按照趋利的本能作选择，美元因趋利最大化脱实向虚，其他国家则通过发展实体经济以满足美元的需求。运行的结果必然与人为的设计相反生存。美元的真实价值逐步丧失，人类的经济活动必然转为通胀。由此可见，唯心人文传统观念主导的Q企业自组织的合作博弈，竞争也不是无限的，而是受到非合作博弈必然制约的有限竞争。正如哈耶克所言："大多数科学都牵涉到多线变和多变量，而经济学和非设计程序的复杂性原则，有如达尔文生物学理论一般，强加一般的科学研究方式，只会造成错误的结果"（见《通往奴役之路》）。"许多经济学相信他们制定的货币政策和财政政策创造了必需的购买力，可以避免过去的繁荣—衰退的经济周期，然而事实证明，他们的乐观同1929年大崩溃前夕的早期经济学家的乐观一样是没有根据的"。"第二次工业革命的情况跟第一次工业革命一样造成了深远影响，不过它更强烈，更全面，也更带破坏性"（见《全球通史》第767—768页）。它加剧了丛林生存和贫富差距，使人类的生存失去了个体的微观自治和社会的宏观有序，造成对人们的自然心灵和自然生存环境的伤害。历史反复证明，任何失去平等约束的不公平人类社会，都是在丛林生存主导下失去进化灵魂，意识无限追求物质利益（即动物生存的退化选择），伤害本体并必然为自身所抛弃的脆弱时代。它的繁荣和崩溃跟历史上一切曾经强大的帝国一样，无法逃出成功是失败之母的自然咒诅。再强大的国家都将像曾经的英国一样，因为违背自然选择导致自身无法克服的生存与平等悖论而自我衰弱。显然，坚守进化灵魂、战胜资本内卷权力，是人类获得自由幸福的共同难题。

（二）战胜威胁意识平等、自由创造的敌人——权力内卷资本

早在公元前五百年左右，人类就已经认知意识进化是自然的进化。"三圣"主张对物质利益的无限追求，通过自然、社会和个人进行限制找到自我并实现其人的本质意义。梭伦和商鞅的改革证实失去平等就失去了自由，失去了人类文明进化的根基。不健全的民主政治会导致篡主的独裁统治，金钱（债务）能将人变成奴隶，选举成为有钱人谋求权力地位的工具。牛顿的万有引力、爱因斯坦的相对论、霍金的宇宙研究以及量子力学、热力学对自然能量运动规律的发现，自然辩证法和唯物史观的产生与发展，共同揭示了宇宙及意识产生的自然原理。东方和西方的认知与实践在本质上互相映衬、共同验证了同宇宙运动一样，意识是量子引力作用的自然现象和过程，是霍金所认知的由量子引力构成的，弗洛伊德和荣格所认知的自然心灵、整体性人格互为一体的共同存在。在本体与意识支撑的生存与平等对立生存相对运动的空间，正如中世纪西方社会认知失去平等、绝对权力或绝对宗教信仰以及

当今人类社会认知资本内卷权力对自然心灵的伤害一样，古老的中华文明对权力引力效应造成的伤害有着深刻的认知。通过民间传说写成的小说《西游记》，以唐僧西天取经为主题，刻画了长生不老的唐僧肉（权力引力）对妖魔鬼怪的巨大吸引力，和宗教信徒无法摆脱人间诱惑的权力引力效应。有七十二变本领的孙悟空仍然无法克服权力引力趋利诱惑，犯下偷吃蟠桃和老君舍丹的大错。贪财好色的猪八戒以谋求生存为唯一追求，毫无人格、尊严和廉耻，像一头猪一样地活着。被权力引力所害的沙僧心里阴暗，消极怠工（即负能量）。只有白龙马顺其自然、自足无恼。《水浒传》则以农民起义为主题，描述所有起义者的理想不是为了当皇帝，就是为了被皇帝所器重，暗示权力引力驱使他们去反抗，又驱使他们去追求，为了权力，他们曾经的兄弟情义荡然无存，演绎成悲剧。《三国演义》描述封建统治集团内部的权力争夺，使天下"分久必合，合久必分"，造成人类社会非自然选择地走向零和博弈的生存灾难。结局是，"是非成败转头空，古今多少事，都付笑谈中"，只有"青山依旧在，几度夕阳红"。权力争夺没有意义。《红楼梦》又名《石头记》，通过描述贾、史、王、薛四大家族"一年三百六十日、风刀霜剑严相逼"的争权夺利，导致对人间真情的伤害。那些被意识无限制追求的功名、金银、娇妻、儿孙，原来都是虚幻。人生变成了石头。真作假时真亦假、假作真时假亦真的社会如此荒唐，呼吁人们去"天尽头"寻找自然心灵之自由。中国四大古典名著，深刻揭示了权力引力对宗教社会、世俗社会，在国家和家庭之间造成的自然心灵伤害。自然心灵对权力引力有着自然的感应感知能力。乾隆想通过出版《红楼梦》解除人们的权力引力困扰。大学士纪晓岚那么大的本事，把自己的权力欲望隐藏得那么深，乾隆早就看出他德性不好。他专门到四库馆跟纪先生说，朕有一幅上联："口十心思思乡思家思父母"，纪先生一听，哎哟，皇上看到我的心思了。皇上的对联不对不行啊，对："言身寸谢谢天谢地谢皇上。"回到家乡，昔日老师给他接风洗尘，礼让他坐上席。他一屁股就坐上了，朝廷大员岂有不坐之礼？老师说，你给老师增光了，但我这一辈子有一憾事，一幅"眉先生胡后生后生总比先生长"的对联，没有人能对得出。纪先生有才啊，不眨眼就对："眼珠子鼻孔子珠子座在孔子上。"师道尊严是传统美德，当仁才不让于师。一个大学士，当了官连常识都不认了，德性有问题。中国封建时期开始的时候，君臣关系还是很好的。后来，权力引力惹祸烧身。唐太宗把魏征当镜子经常照自己的对错得失，君臣之间平等相处，你坐我也坐，你站我也站。到了明代，连宰相府都不要了。到了清朝，皇帝一叫名就"喳"，立马下跪，多没趣、多搞笑啊。一点人格和尊严都没有了。为啥，为权力引力所诱惑，争权夺利。

要是把时空隧道挖得长而又长去观察，也不知道这些被权力引力所困的人图个啥。图成王败寇，还是千秋永存？还是当下快感、威风一阵子？还是三宫六院七十二妃？还是多喝几口茅台？好像都不是，转眼一瞬成王也成败寇了，再一眨眼成王、败寇都不见了。中国封建时期光皇帝就有三百多个。要不是电视上闹闹，好多人可能想不起来秦始皇、汉武帝、刘秀、唐太宗、康熙、乾隆曾经来过这个世上。他们自己活着的时候可能想过千秋万代，走了以后也不知道活着的人到底记不记得他。皇上几乎少有快活的，活得比常人累，有的死得比老百姓还惨。汉武帝为了防止太后擅权造成朝廷之乱，赐死皇子的母亲。崇祯皇帝上煤山挂歪脖子树之前，先把自己最不放心最亲近的人亲手杀了。这种现象说明曾经的帝王贵人跟常人一样，不是想怎么来就怎么来的。他是自然进化的过程，本质上是量子引力获得多样性自存自由的载体，而不仅仅是它自身。他们被意识自由附加的各种非自然属性的认知，在自然原理中是不存在的。人不因其身份或地位或财富而比他人具有更长的寿命或具有更多的功能，他们的价值乃是让自我主导的人类认知自然引力（权力引力）在人类进化中的规律性存在，以及产生人类对顺应自然原理的科学认知，更好地实现自然的目的——对生命价值自然自洽的本质把握，守住进化灵魂，实现整体性人格的自由追求和人的本质意义。人们对封建社会皇权的复杂情绪、是非选择的感性认知正是由他们演绎。他们的价值不仅是活着自身，他们的付出就活在当下人类社会之中。

宇宙对人类的关怀无处不在。它不是语言也不是行为，而是对量子引力（权力引力）运行后果的关注。人类通过它所获得的意识是量子引力运动的作用和过程。它既不服从财富和权力，也不服从专制与霸权，它就是无时无刻不有的存在，只能遵从自然原理而不能服从丛林生存。意识只能通过自身平等抑制（激励），本体才能获得与自然引力平衡运行的自然心灵的自由与愉悦。而克服权力引力效应的实质，是基于自然选择生成国家连接意识和现代Q企业自组织的机制。追求平等生存的古老东方，之所以陷入国家权力集中与意识自由的对立悖论，追求生存平等的西方之所以陷入意识自由与国家权力耗散丧失自由的对立悖论，其根源在于，人类在摒弃奴隶制国家的绝对权力过程中，对国家神圣存在的民主制度建设的认知产生了悖论。在自然原理中，自存决定并制约自由。自由（平等）是生命存在的进化，法治是平等（自由）由自然存在向人类社会存在的进化，民主是意识平等自由的进化，是意识产生多样性自存的自我需求。法治限制自由产生自由，民主限制法治产生公平，自由与法治对立生成民主制度，产生有序或者多样性自存。在马克思追求的共产主义社会，法治不是统治阶级压迫人民的工具，也不是统治者的意志，而是意识平等自由创造的精神价值追求空间，是所有本体与意识共同创造获得平等自由生存的过程。它们之间是一个对立生存的整体，即自由到法治再到产生民主。通过创造基于自然选择的民主制度，把奴隶社会的国家权力，用法治维护少数人特权利益，改变成当今社会的国家权力，用法治维护人类社会的共同利益。改变在全球诸文明中，上层统治阶级仅占总人口的1%—2%。不过，无论在哪里，他们都侵占了整个国民收入的一半到三分之二的丛林生存（见《全球通史》第158页）。通过生存有限满足的自我限制，对有限生存不足的激励实现人类自然心灵的自足之愉悦，创造意识无限自由的精神价值。显然，建立这个机制，是自封建时代以来东西方面临的共同任务。而它的目标是实现人类社会自然选择的非合作博弈、更好生存的自然进化和文明进步。中华文明坚守家国一体的治国传统遵从"天人合一"的生存价值，努力践行圣人之道，不选择战争霸权而选择和平共处，完整地保留了作为国家神圣存在的真实价值。它所创造的文明,正是对人类当下和未来实现自然心灵整体性人格、知行合一的多样性自存自由的当下价值。它不是黑格尔所说的一成不变的社会。相反,正如他所说,法律的本质是自由的体现,是在实践中逐渐实现人类自由的过程中发展起来的。而人类正是在国家支撑下通过意识的共同创造,让法律成为所有人实现自由的工具。当今西方理想的生存选择形成的国家治理方式,相对于古希腊则产生了倒退。它不能像梭伦那样废除债务奴隶制,只能向人类拓展这种将人变成生存奴隶的制度,造成人类社会不平等对抗,强化意识无限制追求陷入与本体,只有在国家平等抑制(激励)的前提下才能实现意识自由的对立困境,使本体与意识无法获得进化自由而受到伤害。

  从封建社会至今,是人类追寻平等自由生存,扬弃国家绝对权力,克服权力引力效应的自然选择进化过程。正像英国所创造的工业文明和美国所创造的自由文明一样(通过保障绝对个人自由扬弃国家绝对权力),人类当下和未来是基于对自由生存的平等价值追求,创造出人类社会回归自然选择的自由与法治对立生存的当代民主制度,实现人类社会本体与国家、国家与各个民族以及它们与自然环境之间平等相处、各美其美、和谐共存的美好未来,是所有人解除意识自身悖论产生的无限制自由追求困扰、治愈奴隶社会时代造成的自然心灵整体性人格伤痕,获得平等自由生存与创造的自动转向,是每个人逐步迈向共产主义社会相对运动的实践过程。今天,我们已经拥有必需的知识。因此,我们有摆脱数千年来的灾祸的潜力。可悲的是,这种潜力还没有发挥出来。但事实依然是,它的确存在。之所以存在,是因为过去的不同文明使各种进步成为可能。因此,我们可以回答这一问题,文明是诅咒还是福音呢。在过去,文明既是诅咒又是福音。至于将来怎样则取决于人类将过去文明中积累起来的知识,是用于破坏还是用于建设(见《全球通史》第195页)。

第十章

走出丛林法则

> 【内容摘要】如果没有意识对平等的强烈欲望冲动和追求，本体必然被生存诱惑而失去自由，开启重回动物世界之门。人类主要要做的是让意识平等自由的精神价值追求与创造，保护自然心灵、整体性人格不再受到伤害。我们的肉体和精神，可见的本体和不可见的意识既不被创生，也不被消灭；既不从哪里来，也不到哪里去；既不是什么，也不为什么。他（她）就是存在。而人的本质意义就是人类获得进化的灵魂。它不是来自意识与能量场的相互关照，而是来自自然心灵的自我守护。生命之存在，只是自我的开始，我们需要重温《共产党宣言》，毫不动摇地坚定共产主义的理想和信念，继承、创新本体文明和自由文明进行新的长征，共同构建人类命运共同体。

　　自人类诞生以来，依靠平等生存创生了自由，依靠生存平等创生了意识。进入二十一世纪，人类社会文明进步是以自由生存的平等转向，结束自奴隶社会时期以来，本体通过意识与能量场相互关照失去平等（自由）被动生存、不堪回首的过去，创生本体通过意识与能量场相互关照获得平等（自由）主动创造、充满生机的未来。它的进化含义是，人类社会在获得了强大的生存能力、不再为食物匮乏所困的环境中，理想的生存与生存的理想由外在的"物"转移到内在的"质"，意识对外在物（生存或者自存）的寻找与关照，转向对自然心灵的寻找与关照，即每个个体都是为了真善美的自然心灵而活着，为他人而活着的唯一理由，是对真善美的守护和对假恶丑的鞭笞。当下的人类，要重拾部落时代缘于对自我生命存在的否定之否定，牢记初心，不忘使命，以对生命之存在有限满足的自我限制，创造出缘于存在又高于存在的生存方式、生存规则、生存观念，通过本体实现意识的精神价值追求，实现自然心灵多样性自存自由，开创克服生存与平等自身悖论，回归自然秩序获得自我主体地位、自由创造的新时代。

我们的意识空间虽然有限无界、无影无踪、飘浮不定，但自然赋予它对称确认的本能是严格自洽的。因为它是平等支撑的自由生存空间，它的动力来源于平等创造的精神价值而不只是本体生存需要的物质利益。它不会因为悖论的产生而使自己陷入困境。它的多维空间有着自然的多维生存功能。它之所以陷入悖论是本体想摆脱自然选择的约束，自作主张，丛林生存被物质利益异化的结果。倘若沿着意识的平行线（测地线，即弯曲时空中两点之间最短的距离）作上下观察，所有观察和结论都不会产生悖论。自然赋予意识的平等线就像光速作为运动物体统一的标准一样，它是意识寻找本体并对称确认相对运动的对立统一，由自然赋予的统一标准。无论站在何处，也无论是在什么时间，基于平等观察、对称确认的结果一致。平等线是自然万物之平等生存的自然存在，人为不能设定。它所分成的上下区间与趋利选择自动构成多维生存。"比上不足，比下有余"，人们常用上下观察限制对自由倾向的无条件追求，以获得本体和意识"知足常乐"对称确认的自足与愉悦。平等作为意识空间形成的自然存在的支撑，是本体构成是非判断和价值确认的尺子。当意识沿平等线作观察，本体自动生成对不平等的认知，对特权的判断和对生存状况的自我限制（激励）。相对于生存产出生存满足，平等则产出意识的自由与满足，这种自由与满足就是物质衍生的精神价值之存在。它的自然功能是自动生存意识对权力引力的限制（激励）。通过平等关照、对称确认自动抑制（激励）本体欲望，产生对不平等的自我羞辱和对平等的自我维护。不管任何人，无论是穷是富，只要使用平等观察，若用于观察他人，对弱者则产生恻隐之心；对高高在上、颐指气使者，则心生怨恨；对奴颜婢膝、阿谀奉承者，则心生鄙视；对利益熏心、坑蒙拐骗、巧取豪夺者，则心生憎恶；对有人格、有尊严、公道正派者，则心生敬佩；对无私奉献、吃苦在前、享受在后者，则充满仰慕。它是自然之中存在的真善美经过趋利的本能，意识认知、选择、创造而获得本体自由的动力来源。它与生存之间的对立生存，是意识感应感知自然心灵、整体性人格之美的本能反映。

自奴隶社会时期开始，无论是东方还是西方，都是沿着本体自存倾向的主导去拓展。本体外在的平等与内在生存的对立，因平等的关照被权力引力抑制，对立程度相应减弱，平等追求的欲望（激情）缩减，相对生存的对抗力不足。在合作博弈、丛林生存的环境中，意识在与能量场的对立运行相互作用中，本体生存占有欲趋于无限大，产生自我愉悦的空间缩小，相对于生存，平等对神经元的影响长期不足。一个乞丐得到一点恩惠就能心生愉悦和温暖，而一个富人则会因对更多财富的占有、求之不得而心生烦恼。在生存自足相对获得满足之后（或者通过它不能再获得更好的满足），趋利本能在权力引力的驱使下，意识用金钱去交换各种衍生品以获得快感或满足。炫酷、买官、高消费或者寻求各种刺激；或者著书演讲、研究科学、投资慈善、扶弱济贫等，以获取平等或不平等的价值追求与满足。这些行为，是本体寻找或者满足精神上自我需求的自然现象，是意识在与生存环境的相互作用、相互关照中失去平等自由空间的必然反映。意识之所以对此进行评判，乃是自身的趋利选择，希望自己能这样或者不这样。它若受到平等关照，符合平等价值的行为被肯定，反之被否定；若受到生存关照则正好相反，肯定变成否定，否定变成肯定。有钱人的善行不被关注，而他们有钱却受追捧。证明在意识中，生存（财富）权力引力关照变强。意识对平等的精神价值追求被淡化，重情义轻利益的传统美德被冷漠对待，共同富裕的精神价值被遗忘，中华文明舍利以求义、杀身以成仁属于人的本质意义的真实价值逐渐被遗弃。自然进化的人类社会不可能再回到奴隶社会时期，通过消灭平等实现意识的暴涨，相反，只有像部落时代那样，通过平等才能获得本体与意识的自由。如果没有意识对平等强烈的欲望冲动和追求，本体必然被生存诱惑而失去自由，开启重回动物世界之门。意识追求平等的认知与激情获得自由快乐的欲望与冲动，生存对抗力，使量子引力的自存获得充分自由的空间，增强其生存能力和创造活力，追求精神价值创造获得本体与意识的自由，提高生存质量（科学研究，人的自然寿命应该是现在人均寿命的两倍左右），是走出本体与意识的生存与平等对立运行空间缩小，幸福感下降，自绝者增多，自然寿命延长受限困境的自身需求。与有限生存不能满足造成伤害一样，在本体中意识的精神价值自由无限创造与追求长期对抗力不足，正是自然心灵、整体性人格受到伤害的根本原因。本体基于平等获得的人格、尊严，因生存裹胁（内卷）被丧失或者被交换丧失，使社会不平等现象日益严重，意识的认知与选择日益脱离本体，导致整体性人格被扭曲。人类如果失去对平等的自觉坚守和追求，意识的认知与选择将把本体带入动物生存，造成本体与意识的对抗与分裂。本体永远不可能回到劳动就是价值、存在就是他自身进而获得自然心灵的美好生存；人类未来若没有对平等自由的精神价值追求与创造，曾经通过艰难困苦、来之不易获得的一切文明进步，都将因人的本质意义的丧失而导致其真实价值的反向生存，将本体带入残酷的生存竞争更为艰难的岁月。各种势利集团将重回奴隶主的地位。他们不会像奴隶主那样去完成进化使命，只会在比动物更野蛮的贪婪中加速自我的消亡，因为他们获得的认知主导能力将在改变人的本质意义的同时，使他们自由落体地快速坠入"地狱"。

正如人们所观察的那样，宇宙对每个生命都是无私的。本体拥有天生的平等，意识的平等自由创造将使本体获得超越生存的精神价值，体味生存的更高享受，回归自然心灵的自我主体地位之美妙。人类的生存永远不可能像我们早期祖先那样艰难。生存能力的增长，意识获得更多的自主认知，权力引力效应露出真相并将失去存在的基础，用人格、尊严等伤害整体性人格换取生存的历史已经过去。在一个追求生存的必然年代或食物极其匮乏的时代，如果说它不可避免地会出现丧失，而在当今和以后人类社会的进化中，人类主要要做的则是让意识平等自由的精神价值追求与创造，保护自然心灵、整体性人格不再受到伤害。

  人类应该让自然选择主导和决定他自身。生命之存在，无论是他的肉体还是精神，也无论是他的过去还是现在和将来，都是自然进化连续不断的能量运动。他（她）生于斯、长于斯、思于斯、想于斯。其天性自然、和谐、恬静、美妙、快乐无穷。"关关雎鸠，在河之洲，窈窕淑女，君子好逑。"我们之所以这样，乃是因为我们本来就是这样。蓝蓝的天上白云飘，巍巍群山驰天际，马儿乐在草原，鸟儿唱于天空，春有百花秋有月，夏有凉风冬有雪……自然的恬静美好无不令人心驰神往、羡慕以求。中国的诗、词、歌、赋，风、雅、颂，赋、比、兴，历朝历代，中华儿女的意识平等自由创造空间在与大自然对立生存的相互交融中，展现心灵之美，寄托心灵之思，喜怒哀乐无不寄情于山水之间，悲欢离合无不倾诉于自然之中。大自然就像慈爱的母亲，倾听所有儿女的欢声笑语，抚慰他们受伤的心灵。天长地久有时尽，此情绵绵无绝期。中华民族为人类从自然中坚守自然心灵，创造了取之不尽、用之不竭的精神食粮，是人类走出丛林生存、回归自然选择的瑰宝。与培根主张从自然中寻找人的本质意义产生科学一样，中华民族则在自然之中寄托自然心灵，创造出人类本体文明的灿烂文化。于探究自然之究竟为己任的科学，足迹远至宇宙边际，眼睛深入自然骨髓，一览无遗，遍晓宇宙深藏不露之秘密。它发现的所有定律，无不是对宇宙自身之存在的确定性认知。以至于人们不得不说，不是科学发现了它的存在，而是它的存在决定了科学自身。它的定律就是宇宙完美、简洁、自洽的生存产生出的无限多的存在之存在。而人类正是它的精华。我们的肉体和精神，可见的本体和不可见的意识，从有到多以致无限的无形至有形、有形至无形演进无穷的确定性存在，因它而来，也无不受到它的制约。它既不被创生，也不被消灭；既不从哪里来，也不到哪里去；既不是什么，也不为什么。它就是存在，高兴就笑，悲伤就哭，得之喜，失之忧。而犹如白驹过隙存之一瞬的人生，是如此的短暂而珍贵，以至于历朝历代的封建帝王和黎民百姓，都渴望变成长寿的神龟和矗立的南山。这正是人类社会从存在到存在之存在，追求本体与意识平等自由生存的强烈欲望和内心冲动。自然心灵的自由追求或感应感知对称确认，使生命之存在体味自然天性之美、获得幸福且长寿；意识的平等自由追求或纯粹理性认知，使生命之存在产生的认知成为认知场效应而常在；自我主体地位的平等自由追求或唯物史观（即人类进化的共同理想），使人类生命的有限满足和获得的自由创造多姿多彩、绚丽无穷而永存。而生命就是当下每时每刻、每分每秒所感知的人之天性。人们应该感恩宇宙让我们和它一道生长。感恩每一滴水把我们滋养，感恩每一枝花带给我们芬芳，感恩每一朵白云编织我们的梦想，感恩每一滴阳光托起我们的希望……对它所创生的一切包括我们自己充满深深的敬畏。

实现自由生存的平等转向需要遵从自然选择，构建人类社会文明进步的大统一理论。霍金希望人类要立足于已知的科学发现去构建大统一理论，即量子引力论。他说："必须强调指出，将力划分成四种是种人为的方法；它仅仅是为了建立部分理论。而并不别具深意。大部分物理学家希望最终找到一个统一的理论。该理论将四种力解释为一个单独的力的不同方面。""目前粒子加速器只能使大致能量为100吉电子伏的粒子相碰撞，计划建造的机器的能量为几千吉电子伏。要建行足以将粒子加速到大统一能量的机器，其体积必须和太阳系一样大——这在现代经济条件下不太可能做到。因此，不可能在实验室里证实大统一理论。然而，如同在弱电统一理论中那样，我们可以检测它在低能量下的推论"（见《时间简史》第73页）。他希望人们摆脱唯心主义传统观念的束缚，希望科学要结束对自然的刨根问底，寻找不可见存在的过去，开辟面向自身从已知的自然存在底层结构反转生存更多的存在，实现人类美好生存的当下和未来。而人类社会文明进步的大统一理论，则是对自人类诞生以来的进化过程中，丛林生存所产生的权力引力效应的认知与判断，即它是自然选择，还是人类社会的自我创造。若持前者，它的大统一理论就是自然本身；若是后者，它就是悖论生存——人类将持续奴隶社会之后的生存之路，演绎属于自编自唱、壮怀激烈、重回恐龙时代的"英雄"进行曲。权力引力效应将持续不断地上演人间悲剧，本体与意识将无法获得自由。它的方法和结论，就是东方的"三圣"、西方的"三贤"和现代科学所创立的认知方式，以及由无数思考者基于它所探索的认知成果，而它的实质则是坚持唯心主义的传统，还是坚持马克思主义唯物史观和由它所创造的科学理论。当下的人们只需要在意识之中，抛弃唯心主义的传统观念，将纯粹理性认知的结论作连续思考、寻找对称确认，它所形成的认知像科学所发现的定律一样完美、简洁、自洽。它是人类几千年来积累的认知财富，蕴藏着无穷无尽的认知价值。量子纠缠告诉人们：宇宙深处就是量子以态的形式与引力同在。它不是魑魅魍魉，也不是阴间灵魂，人体由它而生，离开时它必然"回家"。它是宇宙给人类认知自然划定的最后边界。人们要抛弃"以太"存在的传统思维，把意识的好奇限定在宇宙允许的边界，以免被引力叠加所折磨。培根曾热情地赞扬科学革命的潜力，同时也希望：不能"为了自得其乐、争强好胜、高人一等、争夺权位，或其他任何类似卑微目的"，"而应该是为了改善生活"。他深知隐藏在意识背后的自然规律，并身体力行研究、完善、推行平衡法（见《全球通史》第12页）。当我们回到了马克思主义的立场，在共产主义理想照耀下，在平等与生存的相对运动、相互关照下，丛林生存将为自身所耻。遵从自然选择成为人们的自我追求。因为只有让量子引力获得多样性自存的充分自由，人类才能获得自然心灵、整体性人格的真正自由。人类将结束理想生存的旧时代，进入平等自由生存的新纪元。

开创新纪元，就是把先辈们创造的理想的生存和生存的理想的真实价值发扬光大。它的本质，是对过去的继承、发展和创新，而不是因为受制于传统的人类，总不能及时地变革以适应技术变化带来的新环境，去改变或抛弃传统。那样的话，人类自我主导的本体进化，将被唯心主义的错误认知改造成科学技术主导的本体被进化，科学技术也将成为追求物质利益的帮凶，它也将在把人类异化并淘汰之后回归自然，宇宙将再也听不到美妙的琴弦和动听的歌唱，再也没有人类去感知科学技术带来的任何新环境。要坚守真善美的唯一价值,用它去判别和消除邪恶丑的存在,消除意识邪恶丑的认知与选择。摒弃邪恶的绝对权力、丑恶的绝对自由和邪恶的战争,摒弃一切陈旧过时的旧观念和由丛林生存演绎的是非混淆悖论。沿着弯曲时空的测地线,将生存、平等和意识的平等自由追求,调整到距离目的地最近的范围,自觉调整生存与生存、生存与平等、自由与法治、民主与集权对立生存相对运动的合适边界,使人类生存秩序与自然选择相适应,让人类自身对自然心灵造成的伤害和恐惧永不再来,让子孙万代像自然的万事万物一样无忧无虑、和谐美好地生存。

诺大的宇宙之长期存在,是逃逸挤压叠加的量子引力产生的自存自由倾向,以最低能量消耗的非对抗博弈消耗大爆炸形成的能量,产生的真实存在、高效生存(低消耗或者平等生存的结果)和为了长期存在的多样性自存自由选择,形成的真(自存)、善(平等)和美(无限丰富的自存自由),人们理解自我、寻找自我,追求人的本质意义,必须遵循自然辩证法和唯物史观,理解和认知我们的一切无不来自自然,我们的心灵就是自然本身,不是意识的自由认知与选择。因此,服从自然选择必须遵从真实原则。宇宙是所见即所得的真实存在。它朴实无华,无所私藏,质朴而美。每个个体、民族、国家,无所谓先进与落后、文明与野蛮。他们与其环境共存数百万年。血脉融于自然,人际织于社会,文化继于传统,制度源于自身。只有民族的才是世界的。它就是存在或者存在之存在,是量子引力多样性自存无比丰富的存在。倘若人们认为他真的贫穷,不要臆断它是民主未就造成,还是专制腐败所致。本体对此有着天生的感应感知。那些被权力引力所俘获产生的腐败和不公,终将被意识自我觉醒和思考的能力找回的进化灵魂而治愈,为意识的平等自由创造所消除,为自然心灵真善美产生的自我羞辱而摒弃。这是自然选择的自然进化和生存。意识生存与平等的相互抑制与关照,并不由丛林生存的认识所主导。任何人不能凭借主观臆断强其所难,己所不欲,勿施于人。而应该伸出援手送去温暖。简·雅各布斯在《美国大城市的死与生》中,对现代城市高矗的大楼和宽阔笔直的马路,割断人脉、传统、文化的和谐生存形成冷漠悲情社区的思考，告诉人类什么才是更重要的真正人生价值。如今，人类有条件让乡愁留下、文化相守、情感相连，不再让喧嚣的机器声呼啸在心灵深处。第一，遵从最少投入最大收益的效率原则。营造公平公正的经济发展秩序和环境，让现代Q企业自组织更好发展，实现效率生存。物尽其用，杜绝挥霍浪费，弘扬勤俭建国、艰苦奋斗的优良传统，为子孙万代留下足够的生存所需。把物的利用价值扩大到极限，把生命存在之有限需求限定在健康的范围，让意识的平等自由创造伸展本体的自由和快乐。意识自由认知的奢侈追逐让本体疲惫不堪，生命之存在危机四伏。抑郁、"三高"、癌症不期而至，老年病年轻化日益普遍。当本体放纵身体去满足意识的无尽欲望，则灵魂萎缩、身躯被损，必然被折磨得人不像人、鬼不像鬼。这样的悖论生存就是被权力引力带入由俭入奢易、由奢入俭难的困境。这些都是自然现象，作为具有认知主导能力的人类，就是认知和避免它的产生，保护自然心灵整体性人格。第二，遵从多数原则。实现量子引力多样性自存的充分自由是人类自然进化获得本体自由的精髓。只有所有人生存得好才能使少数人生存得好；多数人的贫困只能使少数人的生存变坏。少数富有者失去进化灵魂，对自由真实价值的盲目认知与误读，必然因不平等造成的恶性循环使其财富得而复失，受到更大的伤害。这是平等多样生存与"帕累托最优"相反的自然从优法则。地球生物圈正是从少到多演化出无限多样性生存的生态，才产生出与太阳共有的最佳收益。人类的进化反复验证：意识自由主导的丛林生存使所有人的权力为少数人私用，人类无法战胜自身的生存与平等自由的理想相对抗，并不断使平等自由惨遭毁灭的敌人——权力内卷资本或资本内卷权力或愚昧的精神崇拜使本体与意识异化的恶性循环。少数人建立在挤压多数人利益之上、对有限生存无限追求的生存退化选择，必然使量子引力丧失自存自由而产生权力引力效应，造成民族、国家和人类的衰退。它的周期性后果是，所有本体与意识只能从中获得灾难和痛苦，不是这一代，就是下一代，或者再下一代。人类社会只能遵从自然选择，服从多数原则，以民主的创造确保法治的公平，以法治的公平确保本体与意识的自由。探索自由与法治对立生存产生民主的多种形式和机制，形成意识与现代企业与国家之间的有机连结充满活力的生存秩序，充分发挥每个人的积极性和创造性，产出丰富的物质和精神产品，满足所有人有限生存满足和平等自由追求的理想，使国家的神圣存在与意识的平等自由对称确认。当人类社会回归到生存以不伤害他人生存为边界，平等（自由）以不伤害他人平等（自由）为边界的自然状态或者自我管理状态，民主制度生存最佳效果，社会管理成本相对于人们的生存（财富）则忽略不计。人类要共同实现毛泽东提出的伟大理想，创造出既有纪律，又有自由；既有民主，又有集中；既有统一意志，又有个人心情舒畅那样一种生动活泼的局面。

今天的人类社会，绝大多数人享有的生活，其丰富程度已经远远超过人类任何时期。精神生活需求日益扩大，生命价值被重新定义。唯一谋求生存的时代悄然离去，物质和精神相融共生的时代已经到来。意识的平等自由创造精神价值，追求产生多样性自存，是实现人的本质意义的必然趋势和内在需求。文字语言在意识中产生的精神产品将更加丰富，对本体平等自由的追求将成为主流，追求人的本质意义的生存选择日趋自主和多样。价格作为市场经济的语言，将引导生产者与消费者以及它们之间的自主选择和协调互动。自然语言（计算机语言）在二者之间架起新的"桥梁"，为意识的平等自由创造提供了趋于无限的对称寻找和表达空间。由它构成的信息社会，使0和1变成像阳光、空气和水那样无处不在、取之不尽、越用越富有的宝贵资源。自然语言成为意识空间更加开放、更加自由趋于无限表达与交流的有效工具；成为个人与国家更好运用权力引力，保障法律面前人人平等、维护社会公平正义、促进人类天性相连、和谐共生趋于无限的有效工具；成为价格语言更广泛、更深入、更准确表达与交流，生产要素需求与供给互联互通，使效率提升和市场拓展趋于无限的有效工具。信息技术自身，不仅是推动科技向前发展的基础工具，也是产生新的生产力的重要舞台。它为人类社会产生新的生存能力，将本体从繁重的体力和脑力劳动中解放出来，为实现意识的平等自由创生了新的空间。它的网络联接与生存，无疑将催生基于自然选择的人类市场经济秩序、意识与国家对立互动与相互作用的社会新秩序、国家与国家之间平等相守和平共处的国际社会新秩序,以及人类社会与自然界和谐共生的新秩序。显然,人类要深刻理解信息社会的本质。它的重要价值与其说是它自身,不如说是为了帮助人类沿着先辈们开辟的正确道路自然进化。它是宇宙对他的子孙后代奉献的终极关爱和最后遗产,是信守丛林生存阻挡自然进化之路的死亡陷阱。

经过几百万年的自然进化,人类社会离道法自然的自然生存进化越来越近。按照自然辩证法和唯物史观认知宇宙运动存在的本质,人类已经创生了与宇宙产生的原理一样的三大运行机制:自然之道生存了意识的平等自由空间,意识生存了实现多样性自存和平等自由生存的机制,即:平等-生存≤产生意识、生存-生存≤产生效率、自由-法治≤产生民主。人类基于意识创造"三生万物"的时代已经来临。偶然性与必然性合一,那只"蝴蝶"和那头"灰犀牛"不会再来。人类社会文明进步的新纪元将诞生在我们这一代人的进化过程之中。在自然选择主导下的人类进化,人与人之间、民族与民族之间、国家与国家之间的相处,像家庭和氏族的自然相处一样,变得单纯、质朴而美好。平等共处,坦诚相待,肝胆相照,和衷共济,成为真善美的自然选择;而曾经真真假假、是是非非、掩耳盗铃、巧取豪夺的存在将成为假恶丑,为人类自然心灵的相互关照所抛弃。那些曾经为了生存而生存,将自身打扮得花枝招展,或者超凡脱俗、弄巧成拙的雕虫小技将被人类自身所厌恶。世上没有无缘无故的爱,也没有无缘无故的恨。千里之行,始于足下。如果是因为意识关照生存的那个艰难困苦的岁月,为权力引力所惑产生的一切纯粹理性悖论选择所造成的是非,为蝇头小利或者一官半职、爱恨情仇而产生的怨恨,对自己的亲人、朋友或者是路人造成的伤痛,应该深深地自责、虔诚地悔过、真诚地改正。人们应该敞开心扉,让这一切随风而去,烟消云散。应该放下包袱,轻装上阵再出发。

实现自由生存的平等转向,要牢记"三圣"的真诚告诫:对生存有限满足的自我限制,意识平等自由创造精神价值是人的本质意义,是人类获得的进化灵魂。它不是来自意识与能量场的相互关照,而是来自自然心灵的自我守护。生命之存在,只是自我的开始,人生最终价值在于觉醒和思考的能力。坚持物质决定意识,重温《共产党宣言》,毫不动摇地坚定共产主义的理想和信念,继承、创新本体文明和自由文明进行新的长征,共同构建人类命运共同体。

名词解释

自洽的宇宙：由量子引力挤压叠加而大爆炸产生的宇宙，是其在膨胀、收缩过程中，少量过剩的夸克（构成微观世界的基本粒子）在引力作用和不相容原理引起的排斥力，达到平衡而保持其半径不变的 1–1≤0 的 Q 自组织（或相对独立的能量运动空间）形成相互之间 1–1≤0 的 Q 相对运动空间（或引力场），构成了我们在宇宙中所见到的一切。所有 Q 自组织以及它们相互之间在引力作用下的对立生存和平衡（或平等）的相对运动，形成宇宙微观自洽和宏观有序。

进化灵魂：对生存有限满足的自我限制，产生自然心灵、整体性人格的自足与愉悦。

自然生存：自然界的一切，都是宇宙相对运动产生的现象。人类社会的进化与动物世界的不同，表现在自我主导的人类，通过对生命有限满足的自我限制，可以实现意识趋于无限的自由创造与追求。人类社会，就是宇宙运动的一部分，服从自然法则。

丛林生存：意识是宇宙赋予人类的特殊存在，是人类存在本身。人类社会进化与动物世界的不同，是自我主导的人类对生命存在的有限满足，可以实现趋于无限的自由创造与追求。

自然法则：量子引力逃逸挤压叠加，避免被俘获，而相应产生的自存选择和释放最少能量以争取更多逃逸机会的自由选择。自存选择使自身吸引力总是大于对抗力，自由选择使自身产生的对抗力总是小于吸引力，自由服从自存并被自存所制约，形成 Q 自组织相互之间相对运动、对立共存的非对抗博弈。又称为宇宙意志或者自然选择。

量子引力：宇宙存在并相对运动的能量。

Q自组织：宇宙中相对独立、相互作用的能量运动空间。大到整个宇宙，小到一个细胞和一个量子纠缠态；大到人类社会，小到一个个体和朋友交往圈，凡是基于能量运动产生的、实现自然法则的相对运动空间，都是这种Q自组织或者Q。

能量场：即引力场，是Q自组织相对运动、相互对抗与吸引，产生的能量运动场或者生存环境。

耗散结构：Q自组织从无序产生（非线性、平衡态）到有序运动（线性、非平衡态），再到因能量消耗，产生混沌、坍塌或者进入黑洞消失的运动过程结构。

意识：基于人类大脑产生的、由平等支撑的自由运动空间，与本体的生存对立生存，在与能量场相对运动、相互作用中产生的认知场效应。它是量子引力绝对自由的本质特性，获得多样性自存自由的自然现象，或者产生的宇宙结构。

自然心灵：自存制约自由，自由倾向服从并满足有限自存的自然现象。

自我主体地位或者整体性人格：自然心灵通过意识，在与能量场（或者认知场）生存与平等对立共存、相对运动、相互关照中，平等（或者自由）对生存有限满足的自我限制，获得自然心灵趋于无限的自由追求与愉悦。又称自我。

非自我主体地位（或者非整体性人格）：因为有限生存或者无限生存不能满足，失去进化灵魂，形成的自由（平等）绝对追求，意识的认知与选择对自然心灵造成的自我伤害。又称非自我。

生存的理想或者平等生存：本体基于意识，通过可见的存在寻求更多存在，从而实现有限生存需求产生的认知与选择。本体对意识的生存有限满足进行平等抑制或激励，自存制约自由倾向。

理想的生存或者生存平等：本体基于意识，通过不可见的存在寻求更多存在，从而实现有限生存需求产生的认知与选择。意识对本体的生存有限满足进行平等抑制或激励。自存不制约自由倾向。

权力引力效应：本体基于意识获得的自我主导能力，对生存有限满足的无限自由追求，失去了本体生存（自存）与平等（自由）的对立共存、相对运动、相互关照，遭受自然法则的惩罚，而反向生存的意识诱导本体，陷入坍塌或者进入黑洞的能量运动效应。

自然自足：自然心灵对生存有限满足的自我限制，产生的对意识自由追求的过程和结果。或者自存制约自由倾向，量子引力获得最大自由空间的过程和结果。

意识自身悖论：意识诱导本体追求绝对自由，或者本体诱导意识追求绝对生存，失去生存（自存）与平等（自由）对立共存、相对运动、相互关照，进而失去进化灵魂，本体量子引力挤压叠加，导致本体向动物退化的自然现象。又称意识的生存与平等对立悖论，或者本体的生存与生存对立悖论。

对称确认：本体基于意识，在能量场感应感知而获得的认知与选择。

参考文献

1.《习近平著作选读》(第一卷 第二卷) 人民出版社,2023年4月第一版。

2.《毛泽东选集》(第一卷至第五卷),人民出版社。

3.《邓小平文选》(第一卷至第三卷),人民出版社。

4.《三国演义》,人民文学出版社,2010年11月出版。

5.《西游记》,人民文学出版社,2004年8月出版。

6.《水浒传》,人民文学出版社,1997年1月出版。

7.《红楼梦》,人民文学出版社,1996年12月出版。

8.《历史研究》,[英]汤因比,上海人民出版社,2010年1月出版。

9.《全球通史》([美]L·S·斯夫里阿诺斯,分为1500年的世界和1500年后的世界),天津人民出版社,2018年9月出版。

10.《若干重大决策与事件的回顾》上、下册,薄一波,中共中央党校出版社,1993年6月出版。

11.《心智》(科学认知导论),[加拿大]萨加德,上海辞书出版社,2012年5月出版。

12.《自然的观念》,[英]柯林武德,华夏出版社,1999年1月出版。

13.《政治科学原理》,[意大利]加塔诺·莫斯卡,译林出版社,2002年10月出版。

14.《中国制度史》,吕恩勉,上海教育出版社,1985年5月出版。

15.《中国思想通史》候外庐、赵纪彬、杜国痒、邱汉生,人民出版社,1957年5月出版。

16.《重组的世界——1989—1991年世界重大事件的回忆》,[美]乔治·布什，布伦持·斯考克罗夫特，江苏人民出版社，2000年9月出版。

17.《自由论》，［英］以赛亚·伯林，译林出版社，2003年12月出版。

18.《爱因斯坦文集》，徐良美、赵中立、张宜三编译，商务印书馆，1979年10月出版。

19.《心灵、自我与社会》，［美］米德，上海译文出版社，2004年出版。

20.《历史主义贫困论》，［英］卡尔·波普尔，中国社会科学出版社，1998年12月出版。

21.《重申自由主义：选择、契约、协议》，［英］安东尼·德·雅赛，中国社会科学出版社，1997年7月出版。

22.《自组织的宇宙观》，埃里克·詹奇，中国社会科学出版社，1990年6月出版。

23.《世界观的革命——理解西方思想流变》，［美］霍菲克，中国社会科学出版社，2010年10月出版。

24.《新科学》，［意大利］维柯，商务印书馆，1989年6月出版。

25.《西方的没落 世界历史的透视》，［德］奥斯瓦尔德·斯宾格勒，商务印书馆，1963年12月出版。

26.《革命的时代：1789—1848》《帝国的年代：1875—1914》，［美］艾瑞克·霍布斯鲍姆，江苏人民出版社，1999年8月出版。

27.《恶的象征》，［法］保罗·里克尔，上海人民出版社，2005年4月出版。

28.《哲学研究》，［奥地利］维特根斯坦，商务印书馆出版，1996年12月出版。

29.《古今中外名书禁书大观》，李寿，群众出版社，1994年1月出版。

31.《释梦》，［奥地利］弗洛伊德，商务印书馆出版，1996年12月出版。

32.《社会科学方法论》，［德］韦伯，华夏出版社，1999年1月出版。

33.《战争论》（上下册），［德］克劳塞维茨，陕西人民出版社，2001年1月出版。

34.《不战而胜》,[美]尼克松,世界知识出版社,1997年1月出版。

35.《冷却的太阳》,[美]巴恩斯,中央编译出版社,1999年1月出版。

36.《内在时间意识现象学》,[德]胡塞尔,华夏出版社,2000年1月出版。

37.《达尔文的黑匣子》,[美]贝希,中央编译出版社,1998年9月出版。

38.《数字化世界》,[美]葛洛蒂[中]张国治,电子工业出版社,1999年10月出版。

39.《本体论研究》,俞宣孟,上海人民出版社,2005年11月出版。

40.《知识社会学问题》,[德]舍勒,华夏出版社,1999年9月出版。

41.《自然哲学》,[德]莫里茨·石里克,商务印书馆,1984年11月出版。

42.《陈寅恪读书生涯》,王子舟,长江文艺出版社,1997年10月出版。

43.《基因的革命》,白玄、柳郁,中央文献出版杜,2000年9月出版。

44.《文明的疑踪》,[美]迈克尔·贝金特,光明日报出版社,2000年6月出版。

45.《认识与谬误》,[德]马赫,华夏出版社,1999年9月出版。

46.《社会实在问题》,[德]许茨,华夏出版社,2001年1月出版。

47.《华盛顿规则——美国通向永久战争之路》,[美]安德鲁·巴塞维奇,新华出版社,2011年1月出版。

48.《苏联的最后一年》(典藏版),[俄]罗伊·亚历山德罗维奇·麦德维杰夫,社会科学文献出版社,2013年6月出版。

49.《文明的冲突与世界秩序的重建》(修订版),[美]赛缪尔·亨廷顿,新华出版社,2010年1月出版。

50.《人类理智新论》,[德]莱布尼茨,商务印书馆,1982年11月出版。

51.《国富论》,[英]亚当·斯密,中国华侨出版社,2018年5月出版。

52.《宗教社会学》,[德]韦伯,广西师范大学出版社,2005年11月出版。

53.《开放中的变迁:再论中国社会超稳定结构》,金观涛、刘青峰,法律出版社，2010年出版。

54.《美国陷阱》，[法]弗雷德里克·皮耶鲁齐、[法]马修·阿伦，中信出版集团股份有限公司，2019年4月出版。

55.《旧制度与大革命》（权威全译本），[法]托克维尔，商务印书馆，2012年8月出版。

56.《文明》，[英]尼尔·弗格森，中信出版社，2012年1月出版。

57.《巨人：美国大帝国的代价》，[美]奈尔·弗格森，华东师范大学出版社，2007年12月出版。

58.《政治秩序与政治衰败：从工业革命到民主全球化》，[美]福山，广西师范大学出版社，2015年9月出版。

59.《恩格斯自然辩证法》，人民出版社，1971年8月出版。

60.《现代的历程》，杜君立，上海三联书店，2016年7月出版。

61.《历史的终结与最后的人》，[美]弗朗西斯·福山，广西师范大学出版社，2014年9月出版。

62.《上帝的方程式——爱因斯坦、相对论和膨胀的宇宙》，[美]阿米尔·D·阿克塞尔，世纪出版集团上海译文出版社，2005年10月出版。

63.《人类简史》，[以色列]尤瓦尔·赫拉利，中信出版集团股份有限公司，2017年2月出版。

64.《石油战争》，[美]恩道尔，知识产权出版社，2008年4月出版。

65.《美元的衰落》，[美]维金，机械工业出版社，2008年8月出版。

66.《即将来临的经济崩溃》，[美]斯蒂芬·李柏，格伦·斯特拉西，东方出版社，2008年1月出版。

67.《材料与记忆》，[法]柏格森，华夏出版社，1999年1月出版。

68.《帝国的终结》，易中天，复旦大学出版社，2007年11月出版。

69.《恩格斯反杜林论》，人民出版社，1970年12月出版。

70.《后现代转向》，[美]贝斯特，南京大学出版社，2002年7月出版。

71.《蒋介石：1887—1975》上，师永刚、张凡，华文出版社，2011年5

月出版。

72.《资本是如何操纵世界的？》，[美]卡尔·考茨基，新世界出版社，2014年4月出版。

73.《金钱关系》，[英]尼尔·弗格森，中信出版社，2012年4月出版。

74.《现代性的困境——哲学文化和反文化》，[美]劳伦斯·E·卡洪，商务印书馆，2008年1月出版。

75.《西方将主宰多久：东方为什么会落后 西方为什么能崛起》，[美]伊恩·莫里斯，中信出版社，2014年5月出版。

76.《现代资本主义——三次工业革命中的成功者》，[美]托马斯·K·麦格劳，江苏人民出版社，2000年1月出版。

77.《自然科学发展简史》，潘永祥，北京大学出版社，1984年12月出版。

78.《廉价的代价——资本主义、自然与星球的未来》，[美]拉杰·帕特尔，[美]詹森·W.摩尔，中信出版集团股份有限公司，2018年1月出版。

79.《自私：生命的游戏》，[德]弗兰克·施尔玛赫，机械工业出版社，2014年9月出版。

80.《国家与社会革命——对法国、俄国和中国的比较分析》，[美]西达·斯考切波，上海人民出版社，2015年出版。

81.《美国思想史》，[美]沃依·路易·帕灵顿，吉林人民出版社，2002年12月出版。

82.《上帝与黄金：英国、美国与现代世界的形成》，[美]沃尔特·拉塞尔·米德，社会科学文献出版社·甲骨文工作室，2017年2月出版。

83.《古拉格：一部历史》，[美]阿普尔鲍姆，新星出版社，2014年6月出版。

84.《正在到来的数据革命，以及它如何改变政府、商业与我们的生话》，涂子沛，广西师范大学出版壮，2012年7月出版。

85.《百年孤独》，[哥伦比亚]加西亚·马尔克斯，南海出版公司，2011年6月出版。

86.《科学中的革命》，[美]科恩，商务印书馆，1998年9月出版。

87.《故国人民有所思：1949年后知识分子思想改造侧影》，陈徒手，生活·读书·新知三联书店，2013年5月出版。

88.《傲慢与偏见》，[英]简·奥斯汀，上海译文出版社，1990年7月出版。

89.《人的权利与人的多样性——人权哲学》，[英]A.J.M.米尔恩，东方出版社，1991年12月出版。

90.《自由史论》，[英]阿克顿，译林出版社，2001年8月出版。

91.《通往奴役之路》（修订版），[英]哈耶克，中国社会科学出版社，1997年8月出版。

92.《纸牌屋》，[英]迈克尔·道布斯，百花洲文艺出版社，2014年3月出版。

93.《进步的演化》，[美]欧文·佩基，内蒙古人民出版社，1998年2月出版。

94.《专制与民主的社会起源——现代世界形成过程中的地主和农民》，[美]巴林顿·摩尔，上海译文出版社，2012年12月出版。

95.《王阳明大全集》，杨嵘，中国华侨出版社，2011年11月出版。

96.《时空本性》，[英]史蒂芬·霍金，罗杰·彭罗斯，湖南科学技术出版，2007年出版。

97.《宇宙的结构——空间、时间以及真实性的意义》，[美]布莱恩·格林，湖南科学技术出版社，2012年1月出版。

98.《数学：确定性的丧失》，[美]M·克莱因，湖南科学技术出版社，1997年6月出版。

99.《时间、空间和万物》，[英]B·K·里德雷，湖南科学技术出版社，2005年9月出版。

100.《解码生命》，[美]克雷格·文特尔，湖南科学技术出版社，2009年4月出版。

101.《第二自然——意识之谜》，[美]杰拉尔德·埃德尔曼，湖南科学技术出版社，2010年10月出版。

102.《君主论》，[意大利]马基雅维利，天津教育出版社，2004年9月出版。

103.《时间简史》，[英]斯蒂芬·霍金，湖南科学技术出版社，2000年4月出版。

104.《美国批判——自由帝国扩张的悖论》，丁一凡，北京大学出版社，2006年1月出版。

105.《资本主义文明的衰亡》，[英]锡德尼·维伯，比阿特里斯·维伯，上海人民出版社，2005年4月出版。

106.《熊十力的新唯识论和胡塞尔的现象学》，张庆熊，上海人民出版社，1995年11月出版。

107.《荣格文集》，[瑞士]荣格，改革出版社，1997年4月出版。

108.《自然哲学概论》，[德]奥斯特瓦尔德，华夏出版社，1999年9月出版。

109.《终极抉择：威胁人类的灾难》，[美]艾萨克·阿西莫夫，上海科技教育出版社，2000年12月出版。

110.《进步及其问题》，[美]劳丹，华夏出版社，1999年1月出版。

111.《现代性的后果》，[英]古登斯，译林出版社，2002年1月出版。

112.《依附性积累与不发达》，[德]安德烈·冈德·弗兰克，译林出版社，1999年12月出版。

113.《大灭绝，寻找一个消失的年代》，[瑞士]许靖华，三联书店，1997年1月出版。

114.《知识社会学问题》，[德]舍勒，华夏出版社，1999年9月出版。

115.《人类本性与社会秩序》，[美]库利，华夏出版社，1999年1月出版。

116.《国家权力与个人自由》，[英]斯宾塞，华夏出版社，1999年9月出版。

117.《平等与效率：重大的抉择》，[美]阿瑟·奥肯，华夏出版社，1999年1月出版。

118.《反潮流：观念史论文集》，[英]伯林，译林出版社，2002年10月出版。

119.《人类学与现代生活》，[美]博厄斯，华夏出版社，1999年1月出版。

120.《创造进化论》，[法]柏格森，华夏出版社，1999年9月出版。

121.《黑洞与时间弯曲——爱因斯坦的幽灵》，[美]基普·S·索恩，湖南科学技术出版社，2000年4月出版。

122.《穆勒政治经济学概述》，[俄]尼·加·车尔尼雪夫斯基，商务印书馆，1984年5月出版。

123.《自我的超越性——一种现象学描述初探》，[法]让·保尔·萨特，商务印书馆，2005年出版。

124.《科学的规范》，[美]皮尔逊，华夏出版社，1999年1月出版。

125.《实在论，可判定性和过去》，[法]帕陶特，华夏出版壮，2001年1月出版。

126.《西方世界的兴起》，[美]罗伯特·托马斯，道格拉斯·诺斯，华夏出版社，1999年1月出版。

127.《后现代文化：技术发展的社会文化后果》，[德]彼得·科斯洛夫斯基，中央编译出版社，1999年12月出版。

128.《纯粹现象学通论》《纯粹现象学和现象学哲学德观念，第一卷》[德]胡塞尔，商务印书馆，1992年12月出版。

129.《后现代精神》，[美]格里芬，中央编译出社，1998年1月出版。

130.《社会过程》，[美]库利，华夏出版社，1999年9月出版。

131.《我们为什么生病——达尔文医学的新科学》，[美]R.M.尼斯、G.C.威廉斯，湖南科学技术出版社，1998年出版。

132.《一个幻觉的未来》，[奥地利]弗洛伊德，华夏出版社，1999年1月出版。

133.《出类拔萃之辈》，[美]戴维·哈尔伯斯坦，三联书店1973年12月出版。

134.《实践感》，[法]皮埃尔·布迪厄，译林出版社，2003年12月出版。

135.《共产党宣言》，马克思、恩格斯，人民出版社，1949年9月出版。

136.《传统的发明》，[英]埃里克·霍布斯鲍姆，特伦斯·兰杰，译林出版社，2004年3月出版。

137.《权力游戏》，[美]海瑞克·史密斯，中国言实出版社，1997年11月出版。

138.《国家威胁》[美]亨利·克伦普顿，中信出版社，2012年出版。

139.《美国的历程》上、中、下册，[美]J.布卢姆等，商务印书馆，1988年11月出版。

140.《中国近代史》，蒋廷黻，中华书局，1983年4月出版。

141.《汉晋春秋通释》，柯美成，人民出版社，2015年7月出版。

142.《理性乐观派：一部人类经济进步史》，[英]里德利，机械工业出版社，2011年11月出版。

143.《奇点临近》，[美]库兹韦尔，机械工业出版社，2011年9月出版。

144.《另一个地球：互联网+社会》，[美]马克·格雷厄姆，威廉·H·达顿，电子工业出版社，2015年10月出版。

145.《科技想要什么》《必然》，[美]凯利，电子工业出版社，2016年1月出版。

146.《常识》，[美]托马斯·潘恩，石油工业出版社，2017年9月出版。

147.《乌合之众》，[法]勒庞，中央编译出版社，2004年1月出版。

148.《人生十论》，钱穆，广西师范大学出版社，2004年5月出版。

149.《契约经济学》，[美]科斯·哈特·斯蒂格利茨等，经济科学出版社，1999年3月出版。

150.《路德维希·费尔巴哈和德国古典哲学的终结》，恩格斯，人民出版社，1972年4月出版。

151.《产权经济学——一种关于比较体制的理论》,[南斯拉夫]斯韦托扎尔·平乔维奇,经济科学出版社,1999年3月出版。

152.《历史的真实》,林克,中央文献出版社,1998年12月出版。

153.《自私的基因》,[英]里查德·道金斯,吉林人民出版社,1998年10月出版。

154.《社会学方法的规则》,[法]迪尔凯姆,华夏出版社,1999年1月出版。

155.《知识、创新和经济:一种演化论的探索》,[波兰]维托德·瓦斯尼基,江西教育出版社,1999年10月出版。

156.《人道主义与反人道主义》,[英]凯蒂·索珀,华夏出版社,1999年1月出版。

重印后记

所有的思考，都是对人的本质意义和人类命运的关注。尽管人们的立场和观点千差万别，但都是在与所处生存环境的相互作用中，对现实存在所作的思考。我的这本书花费了近一辈子的心血，所述内容绝大部分来源于平时的读书笔记和对日常生活所遇所想，先后写了近五年，从开始的五十多万字压缩到现在这个样子。虽然数易其稿还是不太满意。因为我想写一本通俗的读物，并期望所有读到这本书的人从中得到愉悦，珍惜人生来之不易，对家庭、对社会、对未来充满信心和责任。

本书自出版以来，受到社会各界的关注，对热心的专家、学者、读者提出的宝贵意见，作者认真吸收，重印时在文字上作了相应修改完善。此次重印增加了专家、学者所写的序，并将原来的序言合并到前言之中。

在出版过程中，中国财政经济出版社的同志们付出了大量心血。高进水、付克华等领导认真审阅了全书。孙琛编辑等编审人员精心修改，做了大量审校工作。

汪新先生为该书付出了辛勤劳动。我的朋友耿健鑫做了大量的工作。

最先看到这本书的是我的朋友李明山，他给我提供了许多帮助，提出了宝贵的修改意见。汪璇爱读英文版的哲学原著，为我提供了相关资料。妻子冯菁为了支持我写好这本书，任劳任怨。陈景琦、李希贤参加了我写作过程中所有章节的讨论，并结合他们这一代人对现实生活的理解，提出了一些建议。

在本书出版之际，在此一并表示衷心的感谢！

陈文海

2024年8月于江城